黄河流域环境犯罪惩防机制研究

姚显森 著

河南大学出版社
HENAN UNIVERSITY PRESS
·郑州·

图书在版编目（CIP）数据

黄河流域环境犯罪惩防机制研究 / 姚显森著 .
郑州 : 河南大学出版社 ,2024.11.--ISBN 978-7
-5649-5536-6

Ⅰ .D924.364

中国国家版本馆 CIP 数据核字第2024F48S90号

黄河流域环境犯罪惩防机制研究
HUANG HE LIUYU HUANJING FANZUI CHENGFANG JIZHI YANJIU

责任编辑	陈　炜
责任校对	王丽芳
封面设计	高枫叶

出版发行　河南大学出版社
　　　　　地址：郑州市郑东新区商务外环中华大厦2401号　　邮　编：450046
　　　　　电话：0371-86059752（大众文化出版中心）
　　　　　　　　0371-86059701（营销部）
　　　　　网址：hupress.henu.edu.cn
排　　版　河南大学出版社设计排版中心
印　　刷　郑州市今日文教印制有限公司
版　　次　2024年11月第1版　　　　　　　　　印　次　2024年11月第1次印刷
开　　本　710 mm×1 010 mm　1/16　　　　　印　张　16.25
字　　数　286 千字　　　　　　　　　　　　　定　价　49.00元

（本书如有印装质量问题，请与河南大学出版社营销部联系调换。）

目 录

第一章 黄河流域环境犯罪及惩防机制概说 ……………001
 一、黄河流域环境犯罪概述 ……………………………002
 二、黄河流域环境犯罪预防机制概说 …………………028
 三、黄河流域环境犯罪惩治机制概说 …………………033
 本章小结 …………………………………………………038

第二章 黄河流域环境犯罪预防与惩治的理论依据 ………039
 一、环境刑法原理 ………………………………………039
 二、流域治理理论 ………………………………………057
 三、犯罪预防理论 ………………………………………064
 四、生态司法理论 ………………………………………078
 本章小结 …………………………………………………088

第三章 黄河流域环境犯罪惩防的立法评析 ………………090
 一、黄河流域环境犯罪惩防的立法理念演进 …………090
 二、黄河流域环境犯罪惩防的立法价值 ………………101
 三、黄河流域环境犯罪惩防的立法问题剖析 …………105
 本章小结 …………………………………………………113

第四章　黄河流域环境犯罪预防和惩治的实践检视……………114

一、黄河流域环境犯罪预防实践检视……………………………114

二、黄河流域环境犯罪惩治实践检视……………………………132

本章小结……………………………………………………………169

第五章　黄河流域环境犯罪预防机制的优化路径……………170

一、黄河流域环境犯罪预防的主要模式…………………………170

二、黄河流域环境犯罪社会预防机制的优化……………………174

三、黄河流域环境犯罪情境预防机制的优化……………………183

本章小结……………………………………………………………199

第六章　黄河流域环境犯罪惩治机制的完善路径……………201

一、转变环境犯罪惩治理念………………………………………201

二、增强环境犯罪惩治主体能力…………………………………206

三、丰富环境犯罪惩治手段………………………………………216

四、优化环境犯罪惩治程序………………………………………221

本章小结……………………………………………………………232

参考文献………………………………………………………………234

第一章
黄河流域环境犯罪及惩防机制概说

黄河流域是中华民族的重要发源地之一，是我国重要的生态屏障和经济地带。近些年来，黄河流域生态保护及高质量发展受到高度关注，为践行"生态优先、绿色发展"战略，自2019年起，习近平总书记先后4次实地调研黄河流域生态保护情况。2019年9月18日，习近平总书记在河南主持召开黄河流域生态保护和高质量发展座谈会，明确了黄河流域环境保护在国家发展的整体布局以及在社会主义现代化建设的全局中占据着至关重要的战略位置。鲜明指出"保护黄河是事关中华民族伟大复兴和永续发展的千秋大计"，从国家重大战略层面强调黄河流域生态保护和高质量发展应当与京津冀协同发展、长江经济带发展、粤港澳大湾区建设、长三角一体化协同发展。[1]2024年9月12日，习近平总书记在甘肃兰州主持召开全面推动黄河流域生态保护和高质量发展座谈会，明确要求开创黄河流域生态保护和高质量发展新局面。近年来，黄河流域环境犯罪治理取得了长足进展，2019年启动的"昆仑"专项行动，至今已连续开展5年，在惩治黄河流域环境犯罪方面，成效显著。然而，我们也应当注意到，黄河流域治理涉及水灾泛滥、断流、水土流失、水质污染等问题，流域环境犯罪是黄河流域生态保护面临难题的突出表现，亟须从多角度出发，加大黄河流域环境犯罪治理力度，建立健全黄河流域环境犯罪的惩

---

[1] 参见《黄河流域生态保护和高质量发展规划纲要》（中共中央、国务院印发，2021年10月8日），前言中提到习近平总书记强调黄河流域生态保护和高质量发展是重大国家战略，要共同抓好大保护，协同推进大治理，着力加强生态保护治理、保障黄河长治久安、促进全流域高质量发展、改善人民群众生活、保护传承弘扬黄河文化，让黄河成为造福人民的幸福河。

治与预防机制，协同治理黄河流域环境犯罪。

一、黄河流域环境犯罪概述

黄河流域是中华民族发展的重要支撑和宝贵财富，承载着厚重的历史文化遗产和丰富的自然资源。从地理角度看，黄河流域连接着中国北部和中部的多个省区，涵盖了多样的生态环境和地理形态。黄河流域环境是流域内的水资源、土壤、气候、生物群落等多要素相互作用形成的生态系统。"黄河流域环境犯罪"涵盖了"黄河流域环境"和"环境犯罪"两大要素，明确这两大要素的含义，是建立健全黄河流域环境犯罪惩防机制的重要依据。

（一）黄河流域环境

黄河流域是我国重要的生态屏障和经济地带，其环境具有以下特点：自然环境方面，黄河流域跨越多个气候带和地形区，拥有丰富的自然资源。水资源是其关键要素，但存在时空分布不均、总量不足等问题。流域内生态系统多样，包括森林、草原、湿地等，但部分地区生态脆弱，面临水土流失、土地荒漠化等挑战。气候方面，黄河流域降水分布不均，上游降水相对较多，中下游降水较少。生态方面，由于历史上的过度开发和不合理利用，生态破坏较为严重，如森林减少、草原退化等。同时，黄河水含沙量大，河道淤积，中下游洪涝灾害频繁。社会经济环境方面，流域人口众多，农业发达，一些地方存在严重的工业污染和农业污染问题，整体上经济发展相对滞后，产业结构有待优化。近年来，我国高度重视黄河流域生态保护和高质量发展，并采取一系列积极措施改善黄河流域的环境状况，促进该流域经济社会与生态环境的协调发展。

1. 黄河流域的基本情况

黄河流域[1]是指黄河水系干流、支流和湖泊所在的集水区域，即黄河水从源头到入海口所流经的地理生态区域。黄河流经我国北方多个省区，其流域范围包括了黄河主要干流和区域性支流所流经的省（自治区）、市、县、乡，

---

[1] 流域是指由分水线所包围的河流集水区。流域分地面集水区和地下集水区两类。如果地面集水区和地下集水区相重合，称为闭合流域；如果不重合，则称为非闭合流域。平时所称的流域，一般是指地面集水区。

以及主次水系所流经和覆盖的广大陆地和水域。黄河主要流经青海、四川、甘肃、宁夏、内蒙古、山西、陕西、河南、山东等地。根据历史传统和水域常识，当地百姓将黄河所流经地区的相关面积，称为黄河流域。根据《人民网》的最新报道，黄河从青海发源，直至山东入海，其所涵盖的流域面积已经达到75万平方公里。就地貌而言，黄河流域自西向东依次跨越了青藏高原、内蒙古高原、黄土高原以及黄淮海平原这四个地貌单元。依照地势特点、自然资源状况以及发展条件，能够把黄河流域划分成上游、中游、下游这三大区域。其中，上游起自青海源头，终止于内蒙古呼和浩特市托克托县河口镇；中游始于河口镇，结束于河南省郑州市桃花峪；而桃花峪之下的黄河河段则被界定为黄河下游。[1] 黄河的上游流域，主要包括了青海、甘肃、四川和宁夏这四个省，其中游地区涵盖了内蒙古、山西和陕西这三个省区，其下游地区主要涉及河南和山东这两个省。

黄河流域是我国重要的经济带，同时也是我国重要的农业、能源以及矿产资源基地。黄河流域社会经济的发展状况主要体现在以下几方面：首先，流域内人口众多，贫困人口较为集中，贫困问题成为黄河流域部分省区经济发展的制约因素。[2] 其次，黄河流域属于我国重要的农业生产区域，但城镇化水平滞后，严重限制了黄河流域地区经济的转型、升级、迭代，同时也无法解决和促进黄河流域农村剩余劳动力的就业问题。[3] 再次，黄河流域存在着众多以资源为龙头产业的城市，以及大批加工煤炭、石油的能源化工基地，其产业结构比较陈旧，在经济转型发展中面临着较大的产业转型升级压力。最后，以侵害、破坏和污染黄河流域为目的的环境犯罪数量，正呈现出逐年快速增长的趋势。上述这些发展现状对黄河流域内各省区的高质量发展形成了严重的阻碍。

---

[1] 安树伟、李瑞鹏：《黄河流域高质量发展的内涵与推进方略》，《改革》2020年第1期。

[2] 崔盼盼：《黄河流域能源消费碳减排成效评价及减排潜力研究》，博士学位论文，南京师范大学地理系，2021，第15页。

[3] 姜长云、盛朝迅、张义博：《黄河流域产业转型升级与绿色发展研究》，《学术界》2019年第11期。

2. 黄河流域环境的含义

黄河流域环境的含义涵盖了地理生态学区域、生态环境特点、生态环境问题、生态环境保护与治理等多方面的综合概念,其包含了自然环境、人文环境和社会经济环境等多个层面的内容。从不同角度、不同层面、不同意义上界定黄河流域环境的含义,会产生相互交叉甚至是相互矛盾的理解和认识。因此,有必要从"语言学语境""环境科学研究语境""生态学研究语境""法学理论研究语境""环境保护立法语境"等多重语境出发,分析这些语境中"环境"的内涵,比较其关于"环境"的内涵和外延,以期合理把握"黄河流域环境"这一概念的核心与边界。

语言学语境下的环境。在语言学的语境下,需要探究"环境"这一语词的渊源。"环境"的英文表达为"environment",其词根为"environ",在这个词根的基础上,引申出"environment"这一单词。"environ"这一个英文词根源于法语,是由法语单词"envionner"和"environ"演变而来。而法语单词"envionner"和"environ",又是出自拉丁语系,是拉丁语中的"in(en)"加上"circle(viron)"而组成的。[1]《辞海》将"环境"概括为某一物体周围的境况,如自然环境、社会环境。[2]《现代汉语词典》对"环境"一词的释义是:周围的地方;周围的情况和条件。[3]《新牛津英语词典》中将"环境"解释为:一个人或一个社区能够在其中生活、工作、发展等的氛围或条件,尤其指与生命之可能性维度相关的自然条件,或者是指某件事情存在着或正在起作用,影响动植物生活的外在条件。

环境科学研究语境下的环境。在《中国大百科全书·环境科学》里,环境被定义为"围绕着人群的空间,及其中可以直接、间接影响人类生活和发展的各种自然因素的总体,但也有些人认为环境除自然因素外,还应包括有关的社会因素"[4]。学者关伯仁在《环境科学基础教程》中,基于影响人类生

---

[1] 杨兴、谭涌涛:《环境犯罪专论》,知识产权出版社,2007,第3页。

[2] 辞海编辑委员会:《辞海》,上海辞书出版社,1979,第2575页。

[3] 中国社会科学院语言研究所词典编辑室:《现代汉语词典》(第7版),商务印书馆,2016,第568页。

[4] 《中国大百科全书·环境科学》编委会:《中国大百科全书·环境科学》,中国大百科全书出版社,2002,第134页。

活和发展的各种自然因素与社会因素之上,对环境内涵进行全新阐述:与人相关的社会因素主要涵盖了城市、村庄以及道路等经由人类改造后的物质性要素及其所构成的状态;而与人有关的自然因素则包含了河流、山川、草原以及空气等未经人类改造的自然存在要素。[1]

生态学研究语境下的环境。环境是生存条件和生态平衡的关键,是生物生存和发展的基础条件。从生态学的视角出发,有学者认为"环境"是以整个生物界作为中心和主体,包括围绕生物界且构成其生存必要条件的外部空间和无生命物质,例如大气、水、土壤、阳光等,这些都是生物的生存环境。[2]也有学者提出,"环境"主要是以生物为核心,像空气、森林、水源等外部空间以及其他对生物生存具有重要意义的无生命物质,对于生物的生存都极具价值。[3]

法学理论研究语境下的环境。它并非仅仅局限于自然环境的范畴,而是包含众多法律层面的要素。从权利与义务的视角来看,环境概念涉及个体、组织以及国家在环境方面所拥有的权利和应当承担的义务。[4]比如,公民享有在健康、良好环境中生活的权利,而企业则有义务遵守环境法规,控制污染排放。在法律责任的框架内,环境概念明确了造成环境损害的主体应承担的法律责任。既包括民事赔偿责任,也涵盖行政乃至刑事责任。[5]从法律关系的角度分析,环境概念塑造了不同主体之间围绕环境问题形成的复杂关系,如政府与企业、开发者与当地居民等在环境利用和保护方面的权利、义务关系。在法律规范的层面,环境概念是一系列法律法规制定的基础和依据,用以规范各类与环境相关的活动和行为,确保环境的可持续性和生态平衡。[6]此外,在国际法学领域,环境概念还涉及国家之间在环境保护方面的合作义

---

[1] 关伯仁主编《环境科学基础教程》,中国环境科学出版社,1997,第1页。
[2] 刘斌斌、李清宇:《环境犯罪基本问题研究》,中国社会科学出版社,2012,第4页。
[3] 蒋兰香:《环境犯罪基本理论研究》,知识产权出版社,2008,第23页。
[4] 刘斌斌、李清宇:《环境犯罪基本问题研究》,中国社会科学出版社,2012,第5页。
[5] 周珂:《环境法》,中国人民大学出版社,2008,第7页。
[6] 赵秉志、王秀梅、杜澎:《环境犯罪比较研究》,法律出版社,2004,第4页。

务、责任分担以及国际环境公约的遵守和执行。[1]综上所述，法学理论研究语境中的环境概念是一个综合性、多层次的概念，与法律权利、义务及其相互关系、法律规范等紧密相连，旨在通过法律手段实现环境的有效保护和合理高效利用。

我国环境保护立法中关于环境的定义。1979年《中华人民共和国环境保护法（试行）》（以下简称"《环境保护法（试行）》"）第三条规定：本法所称环境，是指大气、水、土地、矿藏、森林、草原、野生动物、野生植物、水生生物、名胜古迹、风景游览区、温泉、疗养区、自然保护区、生活居住区等。1989年《中华人民共和国环境保护法》第2条规定：本法所称环境，是指影响人类生存和发展的各种天然的和经过人工改造的自然因素的总体，包括大气、水、海洋、土地、矿藏、森林、草原、野生生物、自然遗迹、人文遗迹、自然保护区、风景名胜区、城市和乡村等。2014年《中华人民共和国环境保护法》第2条规定：本法所称环境，是指影响人类生存和发展的各种天然的和经过人工改造的自然因素的总体，包括大气、水、海洋、土地、矿藏、森林、草原、湿地、野生生物、自然遗迹、人文遗迹、自然保护区、风景名胜区、城市和乡村等。

本书所指的黄河流域环境，是涵盖自然生态、人文社会、区域经济等多要素的环境生态系统，既包含黄河及其支流所流经的地理区域内的气候条件、地形地貌、土壤植被等自然环境因素所形成的自然环境生态，也包括流域内的人口分布、城乡建设、产业结构、文化传承等人文社会因素所形成的人文环境生态，是流域内自然环境生态与人文环境生态相互关联、相互影响的综合环境生态系统。从自然生态角度来看，黄河流域的生态系统多样且脆弱，其水资源的合理分配与保护，水土流失的治理，生物多样性的维护，都至关重要。在社会经济视阈下，黄河流域内丰富的历史文化遗产与流域内能源资源开发、农业现代化建设、新兴产业培育等现代社会经济发展需求相互交织；古老的灌溉系统、传统的农业模式与现代工业、服务业的碰撞与融合，形成流域内独特的经济发展态势。同时，流域内环境保护政策的制定与执行，也直接关系到流域内居民的生活质量及经济社会的可持续发展。综上所述，黄

---

[1] 蒋兰香：《环境犯罪基本理论研究》，知识产权出版社，2008，第22页。

河流域环境是一个相互关联、相互影响的综合环境生态系统,对流域生态的研究和保护需要综合考虑自然、人文和经济等多方面因素,以实现黄河流域的生态保护和高质量发展。[1]

3. 黄河流域环境的类型

环境是指影响人类生存和发展的各种天然的和经过人工改造的自然因素的总体。黄河流域环境是指影响人类生存和发展的各种天然的自然因素和经过人工改造的自然因素所形成的环境系统,是生态学、社会学、经济学视角下的黄河流域自然环境和人文环境要素的集合。关于黄河流域环境类型,根据环境的主体、空间范围、环境要素,可将黄河流域环境划分为三种类型。

首先,按照主体划分的环境类型。按照环境的主体,可以将环境分为两种类型:一种是指人类的生存环境,另一种是指生物的生存环境。人类的生存环境是一个复杂且多元的系统,涵盖了物质、社会和精神等多个层面。在物质方面,包括自然提供的各种自然环境资源,如清新的空气、清洁的水源、肥沃的土地以及丰富的矿产等环境资源;同时包括经过人工改造的自然环境资源,如人类自身建造的各种基础设施,像城市中的高楼大厦、交通网络、能源供应系统等人工建造的环境。在社会层面,包含政治制度、法律法规、文化传统、教育体系、医疗卫生条件等因素,这些因素共同塑造了人类社会的运行模式和人们的生活方式。在精神层面,体现在艺术、文学、宗教信仰、价值观念等方面,赋予了人类内心的寄托和追求,影响着人们的思维方式和行为准则。生物的生存环境主要聚焦于为各类生物提供栖息地、食物来源等生存和繁衍条件,包括适宜的气候条件,如温度、湿度、光照等;多样的生态环境,如森林、草原、湿地、海洋等;平衡的生态关系,如竞争、捕食、合作、共生等维护生物间相互关系的平衡。此外,生物的生存环境受自然因素变化和人类活动程度的双重因素影响。气候变化、地质活动等自然因素变化会导致生物栖息地的改变;而人类过度活动,如过度开发、环境污染、物种入侵等,会给生物生存环境带来巨大压力,甚至导致许多物种濒临灭绝。

其次,按照范围划分的环境类型。按照范围划分的环境类型是指根据范

---

[1] 周珂、蒋昊君:《整体性视阈下黄河流域生态保护体制机制创新的法治保障》,《法学论坛》2023年第3期。

围大小来划分的环境类型。宏观层面上，环境可以涵盖整个地球甚至是宇宙空间。例如，全球气候模式的变化、大气层的构成和变化、太阳活动对地球的影响等都属于这个范畴。这种大范围的环境变化对整个生态系统、人类社会乃至地球上所有生物的生存和发展都有着深远的影响。中观层面上，环境通常是以国家、地区或较大的地理区域为单位。比如，一个国家的自然资源分布、产业布局、政策法规对环境的影响，或者某个特定地理区域的生态系统特征、环境污染状况等。这一层面的环境因素对于区域的经济发展、社会稳定以及居民的生活质量将会产生直接影响。微观层面上，环境则聚焦于更小的特定空间，如一个城市、一个社区、一个工厂甚至是一个家庭的内部环境。在城市中，交通规划、垃圾处理方式、绿化面积等都会影响居民的生活环境质量；在工厂里，生产流程中的污染物排放控制、工作场所的安全与卫生条件等将会直接关系到工人的健康和周边环境的状况；家庭内部的装修材料选择、能源使用习惯、生活垃圾处理等微观环境也会对生物的生存和发展环境产生一定的影响。

最后，按照要素划分的环境类型。根据环境要素的属性可以将环境划分为自然环境和社会环境两大类，在这两大类之下又可以划分为若干个子类型。自然环境包括气候、地形、土壤、水文、生物等子类型。气候子类型涵盖了不同的气候带，如温带气候、亚热带气候、热带气候等，以及各种气候特征，如季风气候、海洋性气候、大陆性气候等。地形子类型包含山地、高原、平原、盆地、丘陵等，每种地形都有其独特的地质构造和地理特征。土壤子类型则有黑土、红壤、黄土、砂土等，其肥力、酸碱度和保水性各异。水文子类型包括河流、湖泊、海洋、地下水等，它们的水量、水质和水循环方式都有所不同。生物子类型包含了丰富多样的植物、动物和微生物种群，以及它们所构成的生态系统。社会环境包括人口、文化、经济、政治、科技等子类型。人口子类型涉及人口数量、人口密度、人口年龄结构、人口性别比例等方面。文化子类型涵盖了语言、宗教、风俗习惯、艺术、教育等内容。经济子类型包括产业结构、经济发展水平、贸易模式、金融体系等。政治子类型有政治制度、政府政策、法律法规等。科技子类型包含科学研究水平、技术创新能力、信息技术应用等。以上这些子类型相互作用、相互影响，共同构成复杂多样的环境系统。按要素对环境进行分类，有助于更深入、细致地了解环境的构成及其特征，便于制定更具有针对性和有效性的环境保护和发展策略。

综上所述，本书认为环境分为自然环境和人文环境两大类。自然环境是人类生存和发展的基础，它包括了广袤的土地、蔚蓝的天空、浩瀚的海洋、奔腾的江河、茂密的森林、多样的生物等自然环境因素。这些自然元素相互依存、相互作用，共同构成地球的生态系统。自然界的规律和平衡对于维持生命的延续至关重要，其提供的资源和服务，如清新的空气、干净的水源、肥沃的土壤等，是人类社会赖以生存和繁荣的根本。人文环境则是人类活动的产物，涵盖了丰富的文化、多样的社会制度、复杂的经济体系、先进的科技以及各种艺术和思想的表达。从古老的文明遗址到现代的都市景观，从传统的风俗习惯到当下的流行文化，从农业社会的田园风光到工业社会的工厂车间，人文环境反映人类的智慧和创造力，体现人类社会的进步与变迁。自然环境和人文环境并非孤立存在的，而是相互交织、相互影响的。人类的活动在塑造和改变人文环境的同时，也对自然环境产生着深远的影响；反之，自然环境的变化也会制约或促进人类社会的发展。因此，人类在追求经济发展和社会进步的过程中，应当充分重视环境保护，可以利用环境保护法、民法、刑法等法律对环境加强法治保护，努力营造一个自然环境与人文环境和谐共生的生态发展局面。

（二）黄河流域环境犯罪

黄河流域环境犯罪是指行为人违反相关法律法规，实施破坏黄河流域生态环境的犯罪行为。这类犯罪通常包括但不限于以下几种形式：非法排放、倾倒、处置有放射性的废物、含传染病病原体的废物、有毒物质或者其他有害物质，从而导致水体、土壤等环境污染；非法采矿、采砂、取土等破坏黄河流域的矿产资源和土地资源；非法捕捞、狩猎，危害流域内的生物多样性；违法占用、破坏湿地、林地等生态空间；违反水利工程建设或水资源开发利用的相关规定，从而导致生态失衡、水土流失等环境犯罪行为。黄河流域环境犯罪的危害性较为复杂，它不仅对自然环境质量造成直接损害，还对流域内人民的生命健康、生态平衡及经济可持续发展造成直接影响。

1. 环境犯罪的概念

（1）域外环境犯罪的概念

外国对环境犯罪概念的界定因各国的法律体系、文化背景、环境状况以及对环境保护的重视程度的不同而存在差异。"环境犯罪"属于国际通用的表述，是学界针对破坏环境与资源保护犯罪的统称。因为各国对"环境"这一概念的外延界定存在差异，所以，"环境犯罪"的内涵在不同的国家和地区并非完全一致。

由于法制历史的传统不同，国外理论界关于环境犯罪的概念主要有以下几种表述：第一种表述侧重于将环境犯罪定义为对环境法的违反。这种观点认为，只要个体或组织的行为违反了特定的环境法律法规，该行为就构成了环境犯罪。它强调的是法律条文的权威性和具体规定，将环境犯罪的认定建立在明确的法律规范之上。[1]第二种表述更关注环境犯罪对环境本身造成的损害结果。按照这种观点，只有当某种环境违法行为导致严重的环境污染、生态系统失衡、物种灭绝等实质性环境破坏结果，才会被认定为环境犯罪。这种定义方式突出了对环境实际危害的考量。第三种表述将环境犯罪视为对人类健康产生威胁的与环境相关的行为。也就是说，如果某一行为通过对环境的影响进而威胁到了人类的身体健康，例如工业排放和汽车尾气污染空气、非法倾倒危险废物、利用剧毒化学品污染环境等违法行为会直接或间接对人类健康产生威胁，那么这一行为就属于环境犯罪。第四种表述则较为综合，认为环境犯罪既包括违反环境保护法律法规的行为，也涵盖对环境造成实际损害以及威胁人类健康的相关行为。它试图整合多种因素，以形成一个更为全面和系统的环境犯罪概念。这些不同的表述反映了各国在环境犯罪定义上的多样性和复杂性，也体现了不同国家在环境保护与环境规制的侧重点各不相同。

（2）我国环境犯罪的概念

我国理论界有关环境犯罪概念的表述主要有如下几种：其一，从犯罪行为的角度理解，环境犯罪是指违反环境保护相关法律法规，故意或过失地实施危害环境的行为。这类行为可能包括非法排放污染物、非法开采自然资源、破坏生态平衡等，强调行为的违法性和对环境的直接危害。[2]其二，以犯罪结果为导向定义，环境犯罪是指导致环境质量严重下降、生态系统遭受

---

[1] 胡雁云：《环境犯罪及其刑事政策研究》，法律出版社，2018，第25页。

[2] 赵秉志：《比较刑法暨国际刑法专论》，法律出版社，2004，第561页。

重大破坏或者对人类生存和发展造成严重威胁的犯罪行为。这种观点重点关注犯罪行为所引发的环境恶果。[1]其三，将环境犯罪定义为对环境法益的侵害。环境法益不仅包括环境本身的利益，还涵盖了因良好环境而产生的人类利益，如健康权、生命权等权益。只要对这些法益造成损害，即构成环境犯罪。[2]其四，还有一种较为综合的观点，认为环境犯罪是指违反环境保护法规，故意或过失地实施了危害环境的行为，且该行为导致了环境质量恶化、生态破坏或对人类生存发展形成威胁，同时侵犯了环境法益。[3]其五，有部分学者将环境犯罪视为对社会可持续发展造成阻碍的犯罪行为。这种观点强调环境犯罪不仅对当下的环境和人类利益产生损害，更会影响到未来后代的发展权益，从长远的社会发展角度来界定环境犯罪。[4]其六，也有观点从刑法的角度出发，认为环境犯罪是指严重违反刑法中有关环境保护的规定，应当受到刑事处罚的犯罪行为。[5]此观点突出了刑法在打击环境犯罪中的重要作用，将环境犯罪与刑事法律责任紧密联系起来。[6]其七，还有观点认为，环境犯罪是人类在经济活动或其他活动中，不合理地开发利用资源、破坏生态平衡等行为，对整个生态环境系统的结构和功能造成了严重损害的行为。[7]这些环境犯罪概念的不同表述，反映了我国理论界对于环境犯罪概念的深入探讨和多元思考，也为我国环境犯罪的立法、司法实践以及相关理论研究提供了多元化的理论基础。

（3）国内外环境犯罪概念的分析

在国外，日本和英国学者都将环境犯罪称为公害罪。日本关于公害罪的定义较为明确和具体，主要侧重于工业生产等活动所造成的严重环境污染和对公众健康的危害。在日本的法律体系中，对公害罪的认定通常会考虑诸如

---

[1] 付立忠：《环境刑法学》，中国方正出版社，2001，第180页。
[2] 蒋兰香：《环境犯罪基本理论研究》，知识产权出版社，2008，第29页。
[3] 赵星：《环境犯罪论》，中国人民公安大学出版社，2011，第176页。
[4] 赵秉志：《环境犯罪及其立法完善研究——从比较法的角度》，北京师范大学出版社，2011，第13页。
[5] 胡雁云：《环境犯罪及其刑事政策研究》，法律出版社，2018，第92页。
[6] 郭建安、张桂荣：《环境犯罪与环境刑法》，群众出版社，2006，第222页。
[7] 赵秉志：《环境犯罪及其立法完善研究——从比较法的角度》，北京师范大学出版社，2011，第13页。

污染物的排放程度、对周边居民健康的影响以及企业是否存在故意或疏忽等因素。英国的公害罪概念则相对较为宽泛，不仅涵盖了工业污染，还包括了诸如噪声污染、光污染、视觉污染等对公众生活环境造成不良影响的行为。并且，英国在对公害罪的判定中，十分重视公众的感受和社会的整体利益。

德国是以概念法学著称的大陆法系国家，对环境犯罪概念采用归纳式概括方式，德国将环境犯罪定义为一系列与环境保护相关的违法行为，这些行为可能包括但不限于非法排放有害物质、破坏自然保护区、未经许可处理危险废物等，并通过对各类具体环境违法行为的归纳总结，形成较为系统和全面的环境犯罪概念。德国的环境保护法对于环境犯罪的认定注重行为的性质、危害程度以及行为人的主观过错。对于那些故意实施严重危害环境行为的主体，将给予严厉的刑事处罚；对于因过失导致一定环境损害的，也会根据具体情况追究相应的法律责任。此外，德国根据社会发展和环境保护的需要，对环境犯罪的概念不断进行更新和完善，以确保环境保护法律法规能够有效应对日益复杂多样的环境犯罪形式。这种归纳式概括方式使得德国的环境犯罪法律体系具有较强的适应性和可操作性，为保护环境资源提供了有力的法律保障。[1]

国外学者关于环境犯罪概念的表述，从内涵和外延上看，其主要特点如下：其一，强调环境犯罪的多元性。不仅包括直接破坏环境的行为，如污染土地、水源和空气等破坏行为，还涵盖了间接破坏环境的活动，如非法的资源开采、过度的能源消耗等破坏活动。其二，注重环境犯罪的跨国性。随着全球化的推进，环境问题不再局限于某一国家或地区的边界，跨境的废物倾倒、跨国企业的非法排污等环境犯罪的影响往往跨越国界。其三，突出环境犯罪的复杂性。环境犯罪常常与经济利益、政治因素和社会发展紧密相连，并涉及多个领域和层面的问题，这使得其成因和影响都较为复杂。其四，关注环境犯罪的隐蔽性。许多环境犯罪行为不易被察觉，其危害结果可能在较长时间后才显现出来，例如某些化学物质的缓慢累积对生态系统的潜在威胁现象。其五，强调环境犯罪的技术性。随着科技的进步，新的环境犯罪手段不断出现，对环境犯罪的侦查和认定也越来越依赖先进的科学技术和专业知

---

[1] 周峨春、孙鹏义：《环境犯罪立法研究》，中国政法大学出版社，2015，第3页。

识。其六，重视环境犯罪的预防性。越来越多的观点认为，对于环境犯罪不能仅仅依靠事后惩罚，而应加强预防措施，通过制定严格的环境标准和监管机制，从源头上减少环境犯罪的发生。

在中国，关于对环境犯罪概念的界定，学者们主要从刑法学角度进行阐述。不管是在形式上还是在内容上，都体现了刑法学中犯罪概念所具有的特征。在形式上，我国学者对环境犯罪概念的界定首先强调其法定性。这意味着环境犯罪的构成要件、行为方式以及相应的刑罚处罚，都必须由明确的刑法条文予以规定。只有当具体的危害环境行为被明确写进刑法规范之中，才能依据法律对其进行定罪和处罚。这种法定性确保环境犯罪的认定具有明确的法律依据，避免执法和司法过程中的随意性和不确定性。同时，形式上的环境犯罪概念界定还注重行为的违法性表现。环境犯罪通常表现为违反国家制定的环境保护法律法规，如《中华人民共和国环境保护法》《中华人民共和国大气污染防治法》《中华人民共和国水污染防治法》等相关法律中禁止性的规定。这些禁止性的法律法规为环境犯罪的认定提供了具体的违法判断标准。此外，形式上的确定性还体现在对犯罪构成要素的明确规定。主要包括犯罪主体，即哪些人能够成为环境犯罪的实施者；犯罪的主观方面，是故意还是过失；犯罪的客观方面，即具体的危害环境的行为方式和结果。

从内容上看，学者们对环境犯罪的界定主要是围绕人类中心主义和生态中心主义展开。持人类中心主义观点的学者认为，人类的利益和价值是首要的考量因素，主张环境的存在和保护是为了满足人类的需求和福祉。在这种观点下，环境犯罪被定义为那些对人类的生命、健康、财产和生活质量造成直接或间接严重损害的行为。例如，大规模的工业污染导致周边居民患上严重疾病，或者过度开发自然资源致使资源短缺从而影响人类社会的正常运转，这些行为都会被认定为环境犯罪。人类中心主义观强调人类的生存和发展权利高于一切，认为保护环境的最终目的是保障人类的可持续发展。持此观点的学者认为，判断一种行为是否构成环境犯罪，关键在于其对人类造成的危害程度和后果。如果某种行为虽然对环境造成了一定的影响，但尚未严重威胁到人类的利益，那可能不会被视为严重的环境犯罪。在此观点背景下，在制定环境法律和政策时，应当优先考虑人类的生存和发展权利，同时要在一定程度上限制那些可能危害人类可持续发展的破坏环境的行为，并主张通过利用科技和合理的规划来实现人类发展与环境保护之间的平衡。

目前，我国学者关于环境犯罪概念的界定，表现出以下五个方面的特点：一是，情节严重或恶劣、后果严重是构成环境犯罪的条件。这意味着并非所有轻微的、对环境影响较小的行为都被纳入环境犯罪的范畴，只有那些达到一定严重程度，给环境带来显著破坏或者对公众的生命、健康和财产造成重大威胁的行为才会被认定为环境犯罪。二是，强调主观过错。即行为人在实施危害环境的行为时，其主观上的故意或者过失心态是判断其是否构成环境犯罪的重要因素。如果是故意实施的危害环境行为，通常会被认定为具有更大的危害性和可谴责性；而过失造成的环境犯罪，其责任的认定和处罚程度会相对轻微。三是，突出对生态法益的侵害。环境犯罪不仅仅是对个人或集体财产的损害，更重要的是对整个生态系统的平衡、稳定和可持续性造成的破坏。这种对生态法益的关注，体现了从更宏观、更长远的角度审视环境犯罪的本质和危害。四是，概念具有局限性或片面性。界定环境犯罪概念如果不从社会系统的整体视角出发，将环境犯罪与社会结构、经济运行模式、文化观念等方面紧密联系起来，全面深入剖析所有的环境犯罪种类，就难以真正把握环境犯罪的本质属性和内在规律。五是，没有触及环境犯罪的本质。当前的一些环境犯罪概念界定，主要侧重于描述犯罪的行为表现和危害结果，而未能深入挖掘其背后深层次的本质原因。对于环境犯罪所侵害的核心利益，也未能做出清晰准确的揭示。我国环境犯罪概念的模糊，在判断环境犯罪危害结果是仅损害了当前的环境资源和生态平衡，还是破坏了未来人类社会可持续发展的利益，存在难以判断的问题。

（4）本书对环境犯罪概念的界定

环境犯罪的实质是对人类生存环境及其可持续发展造成严重危害。环境犯罪带来的危害不仅是对人类的自然生态和社会生活环境的威胁与破坏，还会危害人类社会的可持续发展。由此可知，学者对于环境犯罪危害本质的认识和理解，已经从传统的、狭窄的、仅针对个人利益的危害和损失范畴，拓展到关注整个人类生存和社会发展的环境生态利益。也就是说，环境犯罪概念的界定，要意识到被侵害的法益应囊括人类的生命、健康、身体等生存权利，以及人类在经济、社会、文化领域的发展权利。因此，我们在界定环境犯罪的概念时，应当围绕环境污染和生态环境的破坏展开，这样能让人们更有效地抓住环境犯罪的核心,方便人们在现实生活中对这类犯罪的判定;同时应兼顾环境刑法的行政从属性,打破传统环境犯罪形态中只确认结果犯而忽视危险犯的弊端。

综上所述,本书认为,界定环境犯罪概念的含义,需要着眼于如下几方面:其一,环境犯罪是一个集合性的表述,包含多种犯罪类别。在定义环境犯罪时,应当立足于所有环境犯罪危害的总体特点和状况以界定环境犯罪的本质特征,不要以偏概全而把某一种具体环境犯罪的特点当作整个环境犯罪的普遍特征确定适用。其二,环境犯罪是对人类赖以生存环境的损害,在定义环境犯罪时要囊括环境构成要素。其三,就犯罪形态而言,环境犯罪既包括结果犯,也包含危险犯。其四,危害行为只要致使环境遭受一定程度破坏的危害结果,就有可能构成环境犯罪。在判断环境犯罪成立要件时,不要局限于环境危害结果一定要造成人身伤亡或者公私财产的损害。其五,环境犯罪兼具犯罪故意和犯罪过失这两种罪过形态。其六,环境犯罪有狭义和广义之分:狭义的环境犯罪指的是对刑法中环境保护法律秩序的侵犯;广义的环境犯罪则是对国家、法人和公民的环境权利的侵犯。概而言之,本书立足于犯罪学来探究广义的环境犯罪,对于环境犯罪基本含义的界定涵盖了犯罪学中犯罪概念所具有的特征,但是,犯罪学中的环境犯罪概念和刑法中环境犯罪所具有的要素特征有所不同。一是,犯罪学中的环境犯罪并非以违反环境法律规范为依据。二是,在犯罪学中,界定环境犯罪不以危害人类生命或者健康为条件,只要对自然环境造成了重大危害,就应当认定为环境犯罪行为。三是,犯罪学中的环境犯罪概念必须体现预防的思想。预防和减少犯罪是犯罪学的主要职责,在环境犯罪概念的界定中必须以预防犯罪作为首要目的,充分彰显犯罪学的学科任务。综上所述,我们认为,环境犯罪是指损害人类生存和人类社会可持续发展的环境权利,需要由国家和社会予以预防和惩处的严重危害行为。

2. 黄河流域环境犯罪的构成要件

环境犯罪是集合性名词,包括因环境污染或者生态破坏所造成的各式各样的犯罪现象。环境犯罪是一类新型的犯罪,关于环境犯罪的特征应在其概念的基础上,从客体、客观方面,主体、主观方面等犯罪要件方面予以概括环境犯罪的特征。[1]本书所指的黄河流域环境犯罪，是指广义上的环境犯罪，应根据环境犯罪的特征，从主体、客体方面，主观、客观方面展开分析黄河流域环境犯罪的构成要件。

（1）黄河流域环境犯罪的主体

黄河流域环境犯罪的主体，是指实施了污染或破坏环境行为，依法应负刑事责任的人。关于环境犯罪的主体，在1997年《刑法》修订以前，我国刑法理论界关于单位能否成为犯罪主体一直争论不休，这很不利于及时准确地制裁犯罪主体。一部分学者认为，单位不应该成为犯罪主体。此观点主要基于传统的刑法理论，认为犯罪主体应当是具有独立的主观意志和行为能力的自然人。进一步讲，他们认为，单位是一个组织体，其行为是通过单位的集体决策和执行来实现的，不是某个自然人的主观意志所实施的法律行为，不能简单地将单位作为犯罪主体。然而，另一部分学者则主张单位可以成为犯罪主体。他们认为，在现代社会经济活动中，单位尤其是企业等组织在追求经济利益的过程中，具备做出决策和实施行为的能力。当单位为了自身利益，故意或者过失地实施了污染或破坏环境的行为，并且这种行为具有严重的社会危害性和刑事违法性时，应当追究单位的刑事责任。随着社会经济的发展和环境问题的日益突出，1997年《刑法》修订，明确单位可以成为犯罪主体。这一规定增强了黄河流域环境犯罪的打击力度和实效。在现实社会，很多严重的环境破坏行为往往是由单位组织实施的，经常发现一些企业大规模地向黄河偷排污水、在黄河流域违规建设高污染工厂等破坏环境的现象。如果不将单位纳入犯罪主体范围，难以对这类严重危害环境的犯罪行为做到高效有力的惩罚和遏制。在确定单位作为黄河流域环境犯罪主体的同时，还需要明确单位犯罪中直接负责的主管人员和其他直接责任人员的刑事责任，只有这样，才能确保黄河流域生态环境的健康安全。

（2）黄河流域环境犯罪的客体

环境犯罪与其他犯罪一样，都会侵犯特定法益。关于环境犯罪的客体，通说主张环境犯罪所侵犯的客体是环境权。环境权是一项基本人权，包括公民在健康、良好的环境中生活和工作的权利以及合理利用环境资源的权利。

---

[1] 赵秉志、王秀梅、杜澎：《环境犯罪比较研究》，法律出版社，2004，第15页。

环境犯罪会直接或间接损害公民的环境权利。例如，企业违规排放大量污染物，导致周边地区空气质量恶化，居民无法享受到清新的空气，正常的生活受到干扰，这就是对居民环境权中享受良好环境质量权利的直接侵犯。环境犯罪还会侵犯社会对环境资源的公平分配和可持续利用的权利。一些非法的资源开采活动过度掠夺自然资源，严重破坏了环境资源发展的公平性和可持续性，这不仅损害了当代人的环境利益，也剥夺了后代人利用环境资源的机会。本书认为，黄河流域环境犯罪的客体是指广义上的环境权，是法律赋予人民享有适宜、健康和良好生活的环境，以及合理利用环境资源的基本权利。

将环境权确认为环境犯罪的客体，主要基于以下几点理由：一是，环境权是人类生存和发展的基础。黄河流域是我国重要的生态区域和经济发展带，其环境质量直接关系到流域内居民的生活质量和经济的可持续发展。如果流域环境受到犯罪行为的破坏，人们的生存权利会受到威胁，如饮用水源被污染会导致疾病传播，土壤被破坏会影响农作物的生长，这些都严重侵犯了人们的环境权利。二是，环境权具有不可替代性。它与其他权利不同，一旦被侵犯，往往难以完全恢复。比如，黄河流域的湿地被非法侵占，其生态功能的恢复需要漫长的时间和巨大的投入。因此，将环境权作为环境犯罪的客体，能够突出对该权利的重视和特别保护程度。三是，确立环境权为环境犯罪的客体是符合现代法治的发展趋势。随着社会的进步和人们环保意识的增强，法律对于环境保护的力度不断加大。将环境权纳入环境犯罪客体的范畴是法治社会不断完善和发展的需要。四是，从社会公平的角度来看，环境权是每个人都应平等享有的权利。将环境权确认为犯罪客体，有助于保护和平衡环境资源和环境利益的公平分配。五是，把环境权作为环境犯罪客体，能够增强公众的环保意识和法律意识。环境权是公民的一项重要生存权利，必将受到法律的严格保护，对侵害环境权的环境犯罪行为进行严厉制裁，有利于教育和引导公民更加自觉地遵守环境保护法律法规，形成全社会共同保护环境的良好氛围。综上所述，将环境权确认为黄河流域环境犯罪的客体，具有多方面的合理性和必要性，对于加强黄河流域的环境保护，打击环境犯罪行为具有重要的理论和实践意义。

（3）黄河流域环境犯罪的主观方面

黄河流域环境犯罪的主观方面，是指行为人针对其实施的污染或破坏环境的行为可能导致的危害环境资源的结果所秉持的心理态势。犯罪主观方面是犯罪构成的必备要件之一。[1] 在环境犯罪中，主观方面既可能是故意，也可能是过失。一般而言，破坏环境的行为一般是主观故意，而污染环境的行为往往是过失行为。现实中的环境犯罪大多数是污染环境类犯罪，从环境犯罪的主观方面看，过失犯罪居多，故意犯罪较少。鉴于此，有必要对传统的过失理论予以修正和完善，便于环境危害行为归入犯罪范畴。

完善黄河流域环境犯罪的主观过失理论，学者们主要提出了三种：一是，无过失责任理论。该理论主张，只要行为人进行了法律禁止的某种行为，或者造成了法律禁止的后果，即便主观上没有过错，也要承担刑事责任。二是，抽象预见理论。此理论认为，只要行为人具有抽象的预见可能性，就可认定过失犯罪成立。三是，结果规避义务理论。该理论是在抽象预见理论的基础上发展而来，它表示行为人既然了解自己所从事业务的危险性以及给他人带来损害的可能性，就有义务采取各种有效的办法来避免危害结果的发生，如果行为人未采取有效办法以致这些危险造成了损害，应判定过失犯罪成立。如果采取了有效阻止办法，即便产生危害，行为人也没有过失犯罪。综上所述可知，无过失责任理论虽然对环境保护极为有益，但其违背了主客观相统一的原则，可能致使所有危害环境的行为都要受到罪责追究，存在惩罚范围过宽、打击力度过大的缺陷。抽象预见理论虽然在形式上遵循了主观主义责任原则，但是，犯罪过失认定标准偏低，容易导致过失犯罪扩大化。因此，抽象预见理论在本质上与无过失责任理论相同，也难以在环境犯罪领域广泛应用。结果规避义务理论既不存在传统过失论的呆板，又能克服抽象预见理论和无过失责任理论的弊端；在实践中既能充分发挥刑罚的环境保护作用，又能促进经济环境的发展，因而结果规避义务理论可以应用于环境犯罪主观过失的认定。

（4）黄河流域环境犯罪的客观方面

黄河流域环境犯罪的客观方面，是指在黄河流域范围内，违背国家关于黄河流域环境保护的法律法规，严重损害黄河流域生态环境及其相关利益的客观行为。黄河流域环境犯罪的客观行为既可以是积极的作为，也可以是消

---

[1] 赵秉志、王秀梅、杜澎：《环境犯罪比较研究》，法律出版社，2004，第76页。

极的不作为。该客观行为的表现形式可以归结两大类：一是，污染环境的行为。行为人通过实施环境污染行为致使水、空气、土壤等环境资源受到严重污染从而构成犯罪的行为，此类犯罪包含作为与不作为这两种行为方式。二是，破坏环境的行为。行为人运用各种行为手段对动植物、矿产、土地等自然环境资源予以破坏，这类行为大多以作为的方式表现。

环境犯罪客观方面的主要特征，是指环境犯罪在客观行为上的表现形式，主要牵涉到环境犯罪的客观行为方式、客观危害后果、犯罪行为与结果之间的因果关系这三个方面的核心问题。环境犯罪客观方面的特征对于认定和处罚环境犯罪具有至关重要的意义。环境犯罪客观方面的特征包括以下几点：一是，环境犯罪的原因行为在价值评判上需要兼顾社会妥当性与合法性。在生态系统健康发展的限度内，各类开发建设以及排污等环境污染或迫害行为一般不会引发环境污染和生态破坏，也不会造成对环境权法益的侵害现象。然而，当环境犯罪的原因行为对环境的影响超出了生态系统的承受能力，导致环境污染或者生态破坏时，往往会造成环境犯罪的情形，进而转变为受刑法惩处的犯罪行为。对于环境犯罪的原因行为，既不能一概禁止也不能毫无约束，而是应当权衡社会、经济、环境等各类利益，确立在发展经济、保障人体健康以及环境资源等方面都能接受的"平衡点"，并依据此对环境犯罪的原因行为进行一定程度的调控与限制以保护环境法律关系主体的环境权利。这种"平衡点"，在环境法当中主要体现为各类环境标准，如环境质量标准和污染物排放标准等。可以说，环境犯罪在性质上属于一种"合法或者适法犯罪"，在一定环境限度内能够被容许的危险。二是，环境犯罪行为具有多样性。环境犯罪行为展现出多样性的特征，大致能够划分为污染环境行为和破坏环境资源行为两大类，而这两大类犯罪行为还能够进一步细分为若干小类。污染型环境犯罪行为一般要借助环境载体进行间接性影响，以实现对人们的人身、财产等法益的侵害。三是，环境犯罪的行为手段具有专业性和隐蔽性。在一些重大的环境污染事件当中，常常涉及高科技的专业背景，犯罪主体在实施犯罪行为时往往采用隐蔽的方式进行，并且在检测污染物的产生和排放指标方面又具有较高的环保专业知识和检测技术。这使得侦查机关在取证方面存在较大难度。四是，犯罪后果具有潜伏性、长期性和严重性。环境犯罪行为所导致的负面结果通常不会直接显现，而是以一定的自然环境因素为媒介,对人类造成间接损害。在环境犯罪中,很少有行为人和被害人特定的情况,绝大多数情况下表现为众多非特定污染源的复合污染,对相当区域内不特定的多数人的多种权益同时造成侵害。在这种情形下,行为人和被害人甚至相互交织,行为人有可能同时也是被害人,这导致损害后果具有不确定性以及危害结果发生具有迟缓性。侵害的对象涵盖了多数人的生命、身体、健康、财产或者其他生活方面的利益等,通常会造成危害范围广泛、程度严重的社会性法益侵害。[1]五是,环境犯罪的因果关系复杂,运用"谁主张谁举证"的原则来认定危害结果存在较大难度。因果关系是连接危害行为与危害结果的纽带,其在定罪过程中的地位至关重要。公诉机关或者自诉人只有提供充分的证据来证明这一严重环境危害行为,才能够追究被告的刑事责任,否则,被告可能会因为"疑罪从无"而被免除刑事处罚,这是"谁主张谁举证"原则在环境犯罪案件中的体现。

综上所述,传统刑法理论在判断因果关系是否成立时,通常采用相当因果关系论,但是,由于环境犯罪具有特殊性和复杂性,其中的因果关系通常不是简单的一对一关系,而是多个因素相互关联、相互作用。因此,设置环境犯罪的因果关系不能囿于传统的因果关系理论。假如继续依照传统刑事犯罪的证明责任分配理论,由刑事追诉机关承担因果关系的证明责任,将会导致许多犯罪分子逃避法律的制裁。鉴于此,我们可以参考日本的因果关系推定原则。日本1970年的《关于危害人体健康的公害犯罪制裁法》第5条规定:"如果有人因为工厂或企业的业务活动排放了对人体健康有害的物质,从而让公众的生命和健康面临严重威胁,并且在产生严重危害的区域内正在发生由于这种物质的排放所造成的对公众生命和健康的严重危害,那么此时就可以推定这种危害完全是由排放者所排放的那种有害物质所引发的。"日本的因果关系推定原则本质上是将医学因果关系理论纳入刑法领域,只要能够证明行为主体的危害环境行为对于产生危害结果具有极大的可能性,就可以推定该因果关系是符合确定刑事责任的因果关系。这种因果关系推定原则的适用将会导致证明责任发生转移,如果被告不能对其他同样的有害物质排放所导致健康受害事实进行举证,就不能免除其罪责。在环境犯罪处理中,采用因果

---

[1] 胡雁云:《环境犯罪及其刑事政策研究》,法律出版社,2018,第32页。

关系推定原则主要因为在公害的情况下，从科学层面去证明被排放的物质构成公害的过程非常困难，所以，改变了"怀疑不罚"这一刑法上的重要原则，要求排放有害物质的企业就自身排放物的无害性进行举证，以增强企业的责任感。这种规定也与我国民事领域中对环境污染侵权责任的认定原则相符合，也符合我国社会主义法治的公平正义理念。

3. 黄河流域环境犯罪的特征

黄河作为中国的第二长河，流经9个省区，流域面积十分广阔，流域人口密集，资料显示，2019年末该流域总人口约1.6亿。黄河流域的环境保护在国家发展大局和社会主义现代化建设全局中具有举足轻重的战略地位。[1]当前，黄河流域的环境犯罪呈现出数量逐渐增长、犯罪类型多样化、犯罪手段隐蔽化、危害结果复杂等特点，这为黄河流域环境治理带来巨大挑战。本书通过分析在中国裁判文书网检索的相关判决书，来对黄河流域环境犯罪特征进行研判。

（1）黄河流域环境犯罪的惩处主体联动性

黄河流域环境犯罪的有效惩处需要环保等行政执法机关与公安、司法机关之间相互配合。污染环境犯罪专业性强且公安机关缺乏对污染环境类违法行为的行政执法权，仅凭公安机关显然无法很好应对，需要环保等行政执法机关与公安司法机关之间的协同配合。环保等行政执法机关在日常监管中能够获取第一手的环境监测数据和相关信息。这些数据对于判断犯罪嫌疑人是否存在污染环境的行为以及行为的严重程度至关重要。然而，行政执法机关在处理涉嫌犯罪案件时，可能缺乏刑事侦查的手段和权限，无法深入追究犯罪嫌疑人的刑事责任。公安、司法机关则具备强大的侦查能力和法律强制手段。通过与环保等行政执法机关的协作，可以迅速对涉嫌犯罪的线索展开调查，采取强制措施控制犯罪嫌疑人，收集和固定证据，为后续的刑事诉讼提供有力支持。行政执法机关与公安、司法机关在协同配合的过程中，信息共

---

[1] 参见《黄河流域生态保护和高质量发展规划纲要》（中共中央、国务院印发，2021年10月8日），前言中提到习近平总书记强调黄河流域生态保护和高质量发展是重大国家战略，要共同抓好大保护，协同推进大治理，着力加强生态保护治理、保障黄河长治久安、促进全流域高质量发展、改善人民群众生活、保护传承弘扬黄河文化，让黄河成为造福人民的幸福河。

享是关键。环保等行政执法机关应及时将发现的可能涉嫌犯罪的线索和相关证据材料移交公安、司法机关,公安、司法机关也应将案件的办理进展和处理结果反馈给行政执法机关,使紧急案件或重要线索及时共享,形成一个良性的协同共治局面。

(2)黄河流域环境犯罪的危害复杂

首先,环境犯罪危害范围广泛且难以预防。黄河流域面积广阔,生态系统复杂多样。一旦发生环境犯罪,其损害结果往往不会局限于某一特定区域,而是沿着河流的走向和生态链条扩散,影响到上下游的众多地区。例如,上游的非法采矿可能导致水土流失,不仅危害当地的生态平衡,还会使泥沙在中下游淤积,抬高河床,从而威胁防洪安全,影响灌溉和航运甚至破坏中下游的湿地生态系统。由于黄河流域的生态系统相互关联,一个环节的破坏可能引发连锁反应。比如,工业废水的违规排放可能导致水质恶化,不仅影响到水生生物的生存,还会对依赖黄河水进行灌溉的农田造成污染,进而危及农产品质量安全,威胁消费者的身体健康。预防这类环境犯罪面临诸多困难:其一,黄河流域的地理环境复杂,一些违法行为可能发生在较为偏远、监管难以触及的地区,增加了发现和制止犯罪的难度。其二,环境犯罪的手段不断翻新,一些企业可能利用新技术、新设备来规避监管,或者通过复杂的生产流程暗中排放污染物,使得监管部门难以在第一时间察觉。其三,部分地方政府为了追求短期的经济增长,对一些污染企业监管不力,甚至存在地方保护主义,为环境犯罪的滋生提供了土壤。此外,相关法律法规的不完善以及执法力量的不足也使得预防工作难以有效开展。

其次,流域环境犯罪危害结果的潜伏期长且破坏性大。环境犯罪危害结果的潜伏期长的特点常常使得环境犯罪的危害在初期难以被察觉。一些污染企业可能持续多年向黄河流域偷偷排放污水或废气,在短期内周边的生态系统似乎没有明显的恶化迹象。然而,随着时间的推移,污染物在土壤、水体和生物体内不断累积,逐渐超过生态系统的自我净化和修复能力。例如,长期排放的重金属可能在土壤中慢慢聚集,在短时间内对农作物的影响不明显,但经过数年甚至数十年的日积月累,将会导致土壤肥力下降,农产品质量受到严重威胁,最终导致受害农田无法耕种。同样,工业废水排入河流,在潜伏期内,水中的生物可能还能勉强生存,但当污染物浓度达到临界值时,会引发水生物种的大量死亡，破坏整个水域的生态平衡。工业废水排污的损害结果，往往是不可逆的，破坏性更是触目惊心。大面积的森林被砍伐可能导致水土流失加剧，山体滑坡、泥石流等灾害频发，不仅威胁到当地居民的生命安全，还会让大量肥沃的土地被掩埋，丧失原有的农用地价值。非法采砂活动会严重破坏河道的结构和稳定性，当洪水来临时极易引发决堤，淹没周边的城镇和农田，造成巨大的经济损失和人员伤亡。此外，黄河流域的生态破坏还会对气候产生深远影响。如植被减少会导致局部气候干旱，水资源短缺，形成恶性循环；生物多样性的丧失也会削弱环境生态系统的水源涵养、气候调节等生态平衡功能，甚至影响整个区域乃至更大范围的生态可持续稳定发展。总之，黄河流域环境犯罪的损害结果因其潜伏期长而具有隐蔽性，又因其破坏性大且损害无法挽回而令人痛心疾首。因此应加强环境监管，提高预防和打击环境犯罪，以确保黄河流域生态安全与可持续发展。

最后，流域环境犯罪危害过程具有复合性。一是，危害过程的复合性主要体现在危害成因的复杂多样性方面。危害成因既可能是单一类型的犯罪行为直接导致的，比如某企业长期大量违规排放工业废水；也可能是多种不同类型的环境犯罪行为相互交织、共同作用的结果。通常一些地区非法采矿破坏山体结构、过度放牧破坏植被、违法建设侵占湿地等多种犯罪行为并存且相互叠加，显然加深危害过程的复合性。二是，犯罪危害的表现形式复杂多样。流域环境犯罪危害结果往往出现水资源污染、土壤质量下降、生物多样性减少、生态系统功能退化等多方面危害同时发生。如工业污水的排放不仅会直接污染河流，导致水质恶化，影响水生生物的生存，还可能通过灌溉等途径进一步污染周边的农田土壤，影响农作物的生长和质量，进而严重影响当地居民的生活质量。三是，黄河流域环境犯罪的损害过程还常常与社会经济活动紧密结合。一些经济发展过程中的不合理规划和短视行为，可能间接助长或诱发环境犯罪。比如，为了追求短期的经济增长，过度开发水资源用于工业生产，导致河流流量减少、地下水位下降，进而引发一系列生态问题。四是，复合性还体现在时间和空间维度上。从时间上看，过去的环境犯罪行为所造成的损害可能在当前乃至未来持续显现和加剧；从空间上看，某个局部地区的环境犯罪损害可能通过大气循环、水流等自然过程扩散和传递到更广泛的区域，形成区域性甚至跨区域的环境问题。

（3）黄河流域环境犯罪的证据特殊

"在法庭上，只有证据，没有事实。"这句法谚深刻地道出了证据在司法裁判中的核心地位。没有确凿的证据作为支撑，即使有合理的事实陈述也会是空中楼阁，难以被法庭采信。司法公正是基于"以事实为依据，以法律为准绳"这一原则，证据正是能够将抽象的事实可衡量化、准确化的关键。证据是连接法律条文与案件事实的桥梁，是让法官和陪审团能够在众多言词和主张中辨别真相的依据。一个案件中，对于事实可能存在多种描述和解读，但唯有经过法定程序审查认定的证据，才能构建起被法庭接受的"事实"。如果没有充分的证据，所谓的"事实"就如同无根之木、无源之水，无法在法律的天平上站稳脚跟。[1]黄河流域环境犯罪的证据也是再现、还原案件事实的真实面目，它犹如拼图的碎片，每一块都承载着关键的信息，只有将它们完整、准确地拼凑起来，恢复原貌，才能勾勒出犯罪行为的全貌。根据《中华人民共和国刑事诉讼法》（以下简称《刑事诉讼法》）第50条的规定可知，我国刑事诉讼中法定证据的种类有八种，即（一）物证；（二）书证；（三）证人证言；（四）被害人陈述；（五）犯罪嫌疑人、被告人供述和辩解；（六）鉴定意见；（七）勘验、检查、辨认、侦查实验等笔录；（八）视听资料、电子数据。当然，流域环境犯罪证据也具有刑事证据所具有的普遍性，其法定证据的种类也是上述八种。从黄河流域环境犯罪的特殊性看，其证据的特殊性主要表现在以下方面：

第一，黄河流域环境犯罪证据具有易逝性。一是黄河流域的水流具有较强的流动性，污染物一旦进入水体会迅速扩散和稀释。例如，工业废水的非法排放可能在短时间内随着水流被带往下游甚至融入更广阔的水域，使得污染物的浓度和范围发生变化，原始的污染证据难以准确获取。二是大气环境中的污染物也具有类似的特点。一些废气的排放可能会随着风向和大气环流快速扩散，其成分和浓度在短时间内发生改变。同时，受降雨、降雪等气象条件影响，污染物可能会发生沉降、溶解等物理、化学变化，导致相关证据的消失或难以检测。三是黄河流域的生态系统具有一定的自我修复和净化能力。被破坏的植被、被污染的土壤在一定条件下可能会逐渐恢复或自然降解

---

[1] 张建伟：《刑事诉讼法通义》第二版，北京大学出版社，2016，第242页。

污染物。如果不能及时收集证据，环境损害的原始状态可能会被掩盖，难以证明犯罪行为造成的最初危害程度。四是，人为因素也会导致证据的易逝。犯罪嫌疑人可能会在犯罪行为发生后，迅速采取措施销毁证据，通过转移或掩埋污染物、破坏现场等手段尽力毁灭证据，这更增加了收集证据的难度。

第二，黄河流域环境犯罪证据具有复杂性。主要体现在如下几方面。一是，黄河流域生态系统的多元性导致证据的来源广泛且多样。黄河流经不同的地理区域，涵盖了高原、山地、平原等多种地形，涉及森林、草原、湿地等多种生态类型。因此，环境犯罪的证据可能存在于空气、水体、土壤、生物等多个生态要素中，需要从多个角度和层面进行收集和分析。[1]二是，流域环境犯罪行为与损害结果之间的因果关系难以判定。环境犯罪的损害结果往往是通过长期累积才能显现，危害结果具有滞后性和潜伏性。例如，企业长期的超标排污可能在一段时间后才导致水生态系统崩溃、生物多样性锐减等严重后果。但是，要证明此类犯罪构成的因果关系需要大量的科学研究和数据分析，这无疑增加了证据的复杂性。三是，环境犯罪的证据证明具有较专业的科学技术性。为了准确认定环境犯罪，需要运用先进的检测技术和设备对污染物的成分、浓度、来源等进行精确分析，还需要借助生态模型和评估方法来量化环境损害的程度。这些技术手段不仅专业性强，而且不断更新换代，增加获取证据和证据证明的难度。四是，流域环境犯罪的跨部门、跨区域性导致证据整合更加困难。黄河流域跨越多个省份，不同地区的执法标准和监测数据难免存在差异。同时，环境犯罪可能涉及环保、水利、国土资源等多个部门的管辖范围，各部门之间的信息共享和协作机制尚不健全，导致证据分散、不连贯，难以形成完整的证据链条。五是，法律法规的不断变化和完善也增加了证据适用的复杂性。随着对环境保护的重视程度不断提高，相关法律条文和司法解释也在不断更新和完善，证据的合法性、关联性和证明力的规范和要求也在不断更新变化，这就给执法和司法人员准确把握证据的适用标准加大了难度。

第三，黄河流域环境犯罪证据具有隐蔽性，这给案件的侦破和审判带来

---

[1] 熊丰：《公安部要求依法严厉打击黄河流域破坏环境资源保护犯罪》，2021-08-17，https://baijiahao.baidu.com/s?id=1708305492494915580&wfr=spider&for=pc，访问日期：2024年9月19日。

了极大的挑战。一是，这类犯罪的作案地点通常较为偏僻。犯罪者往往选择黄河流域中那些人迹罕至的区域，如偏远的支流、山谷或未被充分监管的角落进行非法活动。这些地方交通不便，外界难以察觉，使得犯罪证据不易被发现。二是，犯罪手段日益智能化和高科技化。犯罪分子可以利用复杂的管道系统暗中排放污染物，或者采用先进的设备对非法开采、捕捞等行为进行伪装和掩盖。他们还可以通过窜改监测数据、破坏监控设备等方式逃避监管，进一步增加了证据的隐蔽性。三是，黄河流域环境犯罪的时间跨度一般较长。一些企业可能在很长一段时间内持续进行小规模的污染排放或资源掠夺，这种渐进式的犯罪行为不易引起注意，证据也容易在时间的流逝中被掩盖、混淆或消失。四是，犯罪主体之间常常形成严密的利益链条和攻守同盟。他们相互包庇，相互串通隐瞒犯罪事实，使得调查人员难以从相关人员处获取有价值的线索和证据。[1]

第四，黄河流域环境犯罪证据具有一定的专业性和复杂性。案件调查中，对于土壤污染、水质变化等的检测和评估需要专业的设备和知识，普通的侦查手段很难有效识别和收集相关证据。因此，环境犯罪证据的专业性要求调查和审判人员具有较高的专业知识和技能。一是，对于污染行为的检测和分析需要专业的环境科学知识。[2]要确定污染物的种类、浓度、来源及其在黄河流域生态系统中的迁移转化规律，需要运用化学分析、物理检测、生物监测等多种专业技术手段。如，通过气相色谱－质谱联用仪分析水样中的有机污染物，或者利用原子吸收光谱仪测定土壤中的重金属含量，这些检测方法不仅要求操作人员熟悉仪器的使用方法，还需要对相关的化学原理有深入理解。[3]二是，评估环境损害的程度需要专业的生态评估方法。了解犯罪行为对黄河流域的生物多样性、生态系统功能、水资源质量等方面造成的影响，

---

[1] 彭峰、侯婉颖、闫立东:《环境污染犯罪中证据问题的实证分析》,《环境保护》2015 年第 6 期。

[2] 胡向阳、季恒:《论环境污染诉讼中的证据保护》,载《中国环境科学学会学术年会 2013 论文集》第八卷,《中国学术期刊（光盘版）》电子杂志社,2013,第 6865 页。

[3] 任惠华、殷福杰:《论危害环境犯罪案件的侦查——以证据调查为中心》,《犯罪研究》2008 年第 3 期。

需要运用生态模型、生物指标体系等专业工具。在计算物种丰富度、生态系统服务价值的变化以量化生态损害时，办案人员需要具备生态学、统计学等多学科的知识背景。三是，法律层面的证据认定和适用需要较深的环境法律知识。理解和运用相关的环境保护法律法规、司法解释以及国际公约，准确判断证据的合法性、关联性和证明力，对于执法人员和司法人员来说是必备的专业素养。四是，证据涉及地质学、水文学、气象学等多学科领域，整合证据需要跨学科专业知识。研究污染物在地下水层的扩散与地质结构的关系，或者分析气候变化对黄河流域生态系统敏感性的影响，需要跨学科领域的专业人员才能更全面和准确地揭示危害后果。

第五，黄河流域环境犯罪证据具有行政从属性。在收集和认定流域环境犯罪相关证据的过程中，行政机关的行为结果具有重要的影响力。一是行政机关在日常的监管和执法活动中，所获取的各类信息和数据往往成为环境犯罪证据的重要来源。环保部门的监测报告、检查记录、行政处罚决定等行政文书，通常为后续的刑事侦查和诉讼提供重要资料和线索，并且行政材料中的数据和事实描述，在一定程度上影响着刑事证据的采信程度。二是，行政机关对于环境标准、污染物排放标准的规定为判断环境犯罪的构成和危害程度提供重要的参照依据。如果行政机关认定某一企业或个人的行为违反了相关的行政规定，那么这种行政上的违规认定在很大程度上会引导刑事证据的收集方向并影响对犯罪性质的判断。三是，行政机关所采取的行政强制措施对环境犯罪证据的保全和固定产生直接影响。行政机关采取查封、扣押、责令、停产停业等行政强制措施，有助于防止证据的灭失或篡改，保障诉讼证据的完整性和可靠性。然而，这种证据的行政从属性也可能带来一些问题。受行政机关的执法水平和规范标准的差异性影响将会导致证据的质量和可信度参差不齐。如果行政机关与刑事司法机关之间的沟通和协调不畅会导致证据转换与衔接的困难而影响刑事诉讼的顺利进行。

综上所述，由于黄河流域环境犯罪证据的特殊性，在刑事诉讼过程中，对于证据的收集、审查和运用需要采用跨学科的专业技术知识和专业团队，从而形成黄河流域环境犯罪惩治的强大合力。由于证据的易逝性，侦查机关应迅速行动，第一时间到达犯罪现场，运用科学的方法和先进的设备收集证据，避免关键证据的流失。鉴于证据的复杂性，公检法等部门需要组建具备多学科知识背景的专业团队，包括环境科学专家、法律专家以及技术鉴定人员，加强专业团队协同工作，以准确判断证据的证明力和关联性。考虑到证据的隐蔽性，应加强情报收集工作，拓宽线索来源渠道。不仅要依靠群众举报和日常巡查，还要利用大数据分析、卫星遥感等先进技术手段，挖掘潜在的犯罪证据。同时，加大对犯罪嫌疑人的审讯力度，突破其心理防线，获取更多有价值的证据线索。针对证据的专业性，要建立权威的专家证人制度，让具有专业知识的人员能够在法庭上对证据进行科学解释和说明。由于证据的行政从属性，必须强化行政机关与刑事司法机关之间的协作与沟通，规范证据的移送标准和程序，确保行政证据能够顺利转化为刑事诉讼中的有效证据。

二、黄河流域环境犯罪预防机制概说

黄河流域环境犯罪预防机制旨在保护黄河流域生态环境、预防或遏制环境犯罪行为而构建的一系列措施和体系。

（一）黄河流域环境犯罪预防机制的含义

1. 黄河流域环境犯罪预防机制的基本含义

犯罪预防机制旨在减少和遏制犯罪行为的发生，通过一系列相互关联、相互作用的方法、手段和策略所形成的一个综合体系。[1]黄河流域环境犯罪预防机制主要指针对黄河流域环境犯罪采取的一系列预防措施、方法和体系。它涵盖了对流域环境犯罪产生的原因、特点和规律的深入研究，以确定预防的重点和方向。对于环境犯罪，犯罪危害只是需要研究的一个方面，而最终国家、社会、组织以及个人采取何种举措，预防并治理这些环境损害才是真正应当进行研究的。[2]虽然休斯（Hughes）提出了"预防犯罪"的概念，但是其"犯罪"概念仅包括对违反刑事法律规范，被法律所禁止的作为或不作为，"预防"是为了减少或预防这些违法行为对人身和财产造成的损害。事实

---

[1] Eugene McLaughlin and John Muncie, *The Sage Dictionary of Criminology*, California: SAGE Publications Ltd, 2001, pp. 63-64.

[2] Rob White and Diane Heckenberg, *Green Criminology: An Introduction to the Study of Environmental Harm*, London: Routledge, 2014, p.2.

上，环境犯罪学家通常不将其调查研究范围局限于现有（刑事）法律所规定的损害，这导致有关环境犯罪的研究宽泛超前，但其相关法律规范严重不足。有关气候变化、空气污染、水域污染以及过度消耗森林海洋资源等环境犯罪，要么缺乏相关立法，要么缺乏严格的法律规制，这非常不利于预防和遏制环境犯罪。在实践中，对于犯罪率和犯罪模式的管控效果不佳，刑事处罚不仅管理成本高昂，而且还会给罪犯及其配偶、子女带来附带性的损害。在众多案件里，监狱与监禁刑致使罪犯在重新回归社会时处于不利的境地，阻碍了他们通过正常渠道重新过上安稳的生活，监狱与监禁刑本身就增大了再次犯罪的可能性。鉴于此，许多国家更新环境治理观念，犯罪预防及其措施引起高度重视。经过实践检验发现，环境犯罪的刑事处罚效果并不一定比犯罪预防效果理想，甚至比犯罪预防效果差很多。根据环境犯罪的特点，放眼长远，遏制环境犯罪采用预防策略更为可取。

2. 黄河流域环境犯罪预防机制的主要内容

一是法律保障体系。通过制定和完善相关法律法规，明确环境犯罪的定义、构成要件和处罚标准，为预防环境犯罪提供法律依据。不仅包括建立完善的法律法规体系，明确环境犯罪的界定和处罚标准。注重环境教育和宣传，提高公众对黄河环境保护的意识和责任感，减少因无知或疏忽导致的犯罪行为。还包括运用科技手段进行监测和预警，及时发现可能导致环境犯罪的隐患，并采取相应措施加以防范。通过对这些方面的综合说明，构建一个全面、有效的黄河环境犯罪预防机制，以保护黄河流域的生态环境。

二是科学的监测与监管体系。运用现代技术手段如卫星遥感、水质监测设备、大数据分析等，对黄河流域的生态环境状况进行实时、全面的监测，及时发现可能的环境犯罪线索。

三是多元主体协同合作机制。强调多部门之间的协同合作，如环保部门、公安部门、司法机关等，共同构建预防网络。整合犯罪证据需要生态环境、水利、自然资源、公安等多部门协同合作，加强信息共享和联合执法，提高预防和打击环境犯罪的效率。

四是宣传教育预防机制。通过多种渠道向社会公众普及环境保护知识、环境法律法规以及环境犯罪的危害，提高公众的环保意识和守法意识，鼓励公众积极参与环境保护和监督，同时增强企业自律与社会责任，引导企业遵守环保法规，自觉履行环境保护责任。

五是风险评估与预警机制。对黄河流域可能存在的环境犯罪风险进行评估，提前制定应对策略并及时发布预警信息，做到防患于未然。

总之，黄河流域环境犯罪预防机制是一个综合性的系统工程，需要构建多元合作、协同预防机制，以实现黄河流域生态环境的有效保护和可持续发展。

（二）黄河流域环境犯罪预防机制的演进

1. 黄河流域环境犯罪预防机制的初步形成

2011年颁布的《中华人民共和国刑法修正案（八）》（简称"《刑法修正案（八）》"）对有关环境犯罪的刑法条文，进行了较为全面且重大的修改，主要表现为：将原有的"重大环境污染事故罪"变更为"污染环境罪"。此次修改不仅对环境犯罪的行为对象予以扩展，还放宽了对犯罪结果的要求，使刑法规定更契合环境犯罪的实际特点，促使环境犯罪得以"重塑"。[1]此后，最高人民法院和最高人民检察院分别于2013年和2016年，出台《关于办理环境污染刑事案件适用法律若干问题的解释》。时至2020年末，《中华人民共和国刑法修正案（十一）》（简称"《刑法修正案（十一）》"）再次进行了较大幅度的修订。由此可见，我国在应对环境犯罪方面，已逐渐从传统的事后治理模式向事前预防的治理模式转变，也即将环境预防性保护置于优先地位，预先防范环境危险行为转化成环境犯罪。

《刑法修正案（八）》在环境犯罪领域初步蕴含了预防性立法思维，为更有效地保护环境提供了法律支持。该修正案修改了入罪规定：将原重大环境污染事故罪要求"造成重大环境污染事故，并致使公私财产遭受重大损失或者人身伤亡的严重后果"才能构成此类犯罪，修改为"违反国家规定，排放、倾倒或者处置有放射性的废物、含传染病病原体的废物、有毒物质或者其他有害物质，严重污染环境的"就构成重大环境污染事故罪。这种修改体现了环境犯罪治理理念从惩罚性向预防性转变，意义重大。一是，在犯罪构成要件方面，修正案降低了入罪门槛。修改后的"污染环境罪"只需"严重污染

---

[1] 何群、储槐植：《论我国刑罚配置的优化》，《政法论丛》2018年第3期。

环境"即可构成犯罪。这一转变体现了对环境犯罪从结果犯向行为犯的拓展，不再依赖于实际发生的严重后果，而是更加注重对可能造成环境污染的行为本身进行规制，更有利于事前预防和遏制环境犯罪的发生。二是，在量刑情节的设定上，《刑法修正案（八）》增加了对环境犯罪情节严重程度的细化考量。通过区分不同的情节层次，对尚未造成严重后果但具有较高环境风险的行为给予相应的刑罚，从而实现了在刑罚适用上的早期介入和预防。三是，关于环境犯罪的行为方式，修正案进行了更为广泛的列举和界定。不仅包括传统的排放、倾倒污染物等行为，还涵盖了其他可能导致环境污染的新型行为方式，使得法律规定能够更好地适应不断变化的环境犯罪形式，提前防范新的环境危害行为。四是，在法律责任的承担上，加大了对环境犯罪主体的处罚力度，包括提高罚金数额、增设资格刑等。这种严厉的法律责任配置对潜在的环境犯罪行为人产生强大的威慑力，有效遏制了可能发生的环境犯罪行为，体现了预防为主的环境保护立法导向。

2. 黄河流域环境犯罪预防机制的基本形成

随着经济的快速发展和工业化进程的加速，环境问题日益严峻，对人类的生存和发展构成了严重威胁。环境犯罪的形式和手段不断翻新，原有的刑法规定在应对环境犯罪方面存在一定的滞后性和不足。为了更好地保护生态环境，加强对环境犯罪的打击力度，预防环境犯罪的发生，迫切需要对刑法进行修正和完善。

2020年《刑法修正案（十一）》将更多的环境危害行为纳入刑法的规制范围，加大对环境犯罪的打击力度，有效遏制破坏环境的违法犯罪行为，从而更好地保护生态环境，促进人与自然的和谐共生。同时，该修正案体现了预防性立法思维，预防性立法思维强调提前介入，通过法律的威慑作用预防环境犯罪的发生，降低环境损害的风险和后果，在一定程度上填补了刑法中有关环境犯罪惩处的法律漏洞，促进了刑法与环境保护相关法律法规的有效衔接，完善了环境犯罪惩处的法律体系。

《刑法修正案（十一）》通过新增罪名和修订罪状这两种方式，对生态环境污染犯罪进行全面且有针对性的修改。此次修订新增三种罪名，分别是非法猎捕、收购、运输、出售陆生野生动物罪（第341条第3款），破坏自然保护地罪（第342条之一）以及非法引进、释放、丢弃外来入侵物种罪（第344条之一）。除了新增罪名，还对污染环境罪（第338条）的罪状进行大幅度调整。总体上看，该修正案在原罪名的基础上显著提高了污染环境罪的法定刑。以不同的犯罪情节和危害后果的严重程度为划分依据，区分三种对应的法定刑，增加规定情节极其严重和造成严重后果的四种处罚情形，并施以较重的刑罚。这些修正是贯彻落实习近平总书记提出的"实行最严格的生态环境保护制度"的重要举措。此外，针对此罪与彼罪法条竞合时如何定罪量刑的问题也做出了明确规定，为严厉惩治环境犯罪刑事政策在司法实践中的贯彻执行提供了规范指引。在修订前，污染环境罪共有两档法定刑，"严重污染环境"的判处三年以下有期徒刑或者拘役，并处或者单处罚金；"造成后果特别严重"的判处七年有期徒刑。然而，面对环境犯罪日益高发，危害人类生命财产安全与生态利益的程度较为严重，并且刑法对此规定不完善，刑罚处罚偏轻等多元问题的存在，迫切需要完善刑事法律法规。从近年来我国的刑法立法、司法解释以及治理目标和理念的调整来看，污染环境罪的刑罚配置始终呈现出"从重处罚"的趋势。《刑法修正案（十一）》第40条将污染环境罪修订为三个阶梯的罪刑阶段，保留了污染环境罪一般情形和后果严重情形的刑罚设置，刑期为三年至七年；将附加刑规范中的"并处或者单处罚金"变更为"并处罚金"，并配置单位犯罪的罚金刑；新增加重情形，主要针对在饮用水水源保护区、重要的江河湖泊、自然保护区核心区等排放、倾倒、处置有害物质，造成特别严重后果的，处七年以上有期徒刑并处罚金；针对数罪竞合的情形，则选择重罪进行处罚。《刑法修正案（十一）》新增加重情形主要是因为饮用水水源保护区、自然保护区等核心保护区以及国家确定的重要江河、湖泊以及永久性的基本农田等，关系到生态安全、粮食安全、食品安全和饮用水安全，一旦遭到污染所产生的后果将极为严重，所以需要采取更为严格的保护措施。

《刑法修正案（十一）》通过新增罪名与修订罪状的修法方式，进一步强化了刑法对生态环境的保护力度。新增罪名方面诸如非法引进、释放、丢弃外来入侵物种罪等罪名的设立，有力回应了当前生态环境保护中出现的新问题、新挑战。这些新罪名填补了以往刑法面对环境犯罪特定领域的惩处空白，使得那些具有严重环境危害性却不能入法规制的行为而受到应有的刑事制裁，从而有效预防和遏制相关犯罪的发生。修订罪状更加注重对已有罪名构成要件的精细化调整。针对污染环境罪，通过对罪状的修订，扩大其适用范围，降低了入罪门槛,将更多具有潜在生态环境风险的行为纳入刑法的调整范畴。这次修订不仅使刑法对生态环境污染犯罪的打击更加及时、准确,也体现了刑法在保护环境方面的前瞻性和主动性。

三、黄河流域环境犯罪惩治机制概说

黄河流域作为中国经济社会发展的重要支撑区域,流域生态环境质量直接关系到区域内居民的生活质量和经济社会的可持续发展。然而,随着社会经济的快速发展,流域环境生态面临着诸多安全隐患和潜在的风险性问题,其中非法排污、非法采砂、滥伐森林等环境犯罪问题尤为突出。这不仅破坏了流域的生态环境质量,也严重阻碍着流域的社会经济发展,在此背景下,建立和完善黄河流域环境犯罪的惩治机制显得尤为紧迫和重要。

(一)黄河流域环境犯罪惩治机制的含义

在国外,尤其是在不同的法律体系和文化背景下,"惩治"的含义主要包括以下几方面。一是,依法惩处。遵循所在国家或地区的具体法律规定,对犯罪行为给予相应的惩罚,惩罚的形式和程度会因法律制度的不同而有所差异。二是,人权保障。在惩治犯罪的过程中,注重保障犯罪嫌疑人的合法权利和程序公正,确保惩治行为符合法治原则和人权标准。三是,社会修复。强调通过惩治犯罪来修复被犯罪行为破坏的社会关系和社会信任,促进社会和谐共生。四是,预防为主。一些国家更侧重于通过有效的预防措施以减少犯罪的发生,将惩治作为一种辅助手段,通过预防措施达到社会长治久安。

在国内,"惩治"通常包括几层含义。一是法律制裁。惩治旨在依据国家的法律法规,对违法犯罪行为进行惩处,通过刑事处罚、行政处罚等手段以维护社会的公平正义和法律的权威。二是纠正错误。惩治不仅是对犯罪行为的惩罚,还包括通过教育、改造等方式纠正犯罪人的错误观念和行为,促使其重新回归社会成为守法公民。三是社会警示。通过惩治犯罪分子能够起到对其他潜在的违法犯罪者产生威慑和警示作用,预防类似犯罪行为的发生。四是恢复秩序。通过对犯罪行为的惩治能够恢复被破坏的社会秩序和公共安全,保障人民的正常生活和社会的稳定发展。[1]

---

[1] 佐伯仁志:《制裁论》,丁胜明译,北京大学出版社,2018,第6页。

关于机制的含义有多种理解。《辞海》中"机制"一词具有三重含义：用机器制造的；指有机体的构造、功能和相互关系；指一个工作系统的组织或部分之间相互作用的过程和方式。[1]《现代汉语词典》中"机制"主要有四种含义：机器的构造和工作原理；机体的构造、功能和相互关系；指某些自然现象的物理、化学规律；泛指一个工作系统的组织或部分之间相互作用的过程和方式。在法治领域，法律机制是指在一个法治系统内使法律功能据以发挥或实现的各构成要素相互作用的机理。乌杰在《系统哲学》一书中指出，机制是指"系统本身渗透在各个组成部分中并协调各个部分，使之具有按一定的方式运行的自动调节、自组织、自增长、自催化的功能"[2]。社会科学意义上，机制是指将构成某系统的各类要素（各个部分）以一定方式建立起联系（相互关系），以促进系统协调运转的有机运行方式。可见，机制对于系统来说是不可或缺的，其基本功能是将系统内或与某事物有关的因素，建立起科学合理的相互关系，以推动系统或事物以科学、合理、有效的方式运行和发展。流域治理的复杂性决定了黄河流域的保护，应当实行多元化的综合治理，建立多元化的治理机制。机制是保障一个系统在规定的体制内有序协调运行的系统措施。机制有序运转离不开一系列制度的支撑和保障。按照不同的标准可以将机制划分为不同种类：按照机制性质划分，可以分为协调机制、行政机制、监督机制、司法机制；按照机制的作用划分，可以分为统筹机制、积极机制、消极机制和保障机制等。

概念上，犯罪惩治机制指的是一套有组织、有规则的内部协调有序运转的犯罪治理体系和系统。其旨在通过运用法律、政策、机构和资源等手段，对犯罪行为进行识别、调查、起诉、审判和处罚，从而达到保护法益的目的。犯罪惩治机制的内涵主要包括以下几方面：一是，搭建法律框架。搭建法律框架是犯罪惩治机制的基础，包括制定明确的刑法、刑事诉讼法等法律法规；界定各种犯罪的构成要件、刑罚种类和量刑标准，为惩治犯罪提供明确的法律依据。二是，环境犯罪侦查与调查。利用专门的执法人员和机构，运用各种侦查手段和技术，收集犯罪证据，追踪犯罪嫌疑人，查明犯罪事实和犯罪

---

[1] 辞海：https://www.cihai.com.cn/detail?q=%E6%9C%BA%E5%88%B6&docId=5688650&docLibId=1107&spell=j%C4%AB%20zh%C3%AC，访问日期：2024 年 9 月 19 日。

[2] 乌杰：《系统哲学》，人民出版社，2008，第 300 页。

过程。三是，公诉机关审查起诉。检察机关根据侦查结果和法律规定，对犯罪嫌疑人提起公诉，希望追究其刑事责任。四是，法院依法裁判。依法裁判是人民法院依据法律和证据对案件进行认真审理，判断犯罪嫌疑人是否有罪以及应承担的刑事责任，确保审判的公正、公平和合法。五是，严格规范刑罚执行。对于被判定有罪的犯罪人，通过监狱、社区矫正等司法机构执行刑罚，实现惩罚犯罪、改造罪犯和预防再犯罪的目的。六是，采取犯罪预防与教育措施。犯罪预防与教育措施不仅关注对已发生犯罪的惩处，还注重通过教育、宣传、社会政策等手段预防犯罪的发生，提高公众的法律意识和道德素质，化解潜在风险，遏制犯罪发生。七是，鼓励多元主体参与。鼓励社会组织、社区和公众参与犯罪的预防和监督，形成全社会共同打击犯罪的合力。八是，强化资源保障。加强人力、物力、财力等犯罪惩防资源的投入，以支持执法机构的运转、司法程序的开展、罪犯改造设施的建设。综上所述，犯罪惩治机制是一个综合性、动态性的惩治系统，应不断更新法治理念，改进惩治手段，做好立法、执法、司法、预防和社会参与等多方面的有机协调运转，实现对犯罪的有效惩治。

（二）黄河流域环境犯罪惩治机制的演进

黄河流域环境犯罪惩治机制的发展历程与新中国环境犯罪惩治机制的历史演进步调基本一致，主要经历如下几个阶段。新中国成立初期，环境犯罪的概念尚未明确，相关法律几乎空白，对环境污染和破坏行为的约束较弱。20世纪70年代末至80年代，随着环境问题逐渐显现，开始出现零星的污染治理条例，但仍不成体系，且执行力度不足。1979年《中华人民共和国刑法》（以下简称"《刑法》"）中没有专门的环境犯罪章节，相关规定散见于危害公共安全犯罪条文中。1997年《刑法》设专章保护环境资源，污染环境行为首次入罪，但"重大污染环境事故罪"的司法适用效果不理想，入罪门槛较高。2011年《刑法修正案（八）》对相关罪状作出调整，降低了入罪门槛，不再以人身和财产损失为必要条件，并将严重污染后果的情形纳入犯罪，但刑罚刑种和刑度未变。近年来，随着生态文明建设的推进，环境犯罪惩治机制不断完善，法律条款更加细化，处罚力度逐渐加大，同时注重与其他相关法律法规的衔接，形成更加严密的环境保护法律体系。

1. 初创时期（1949—1978年）

新中国成立初期，国家对于环境犯罪的认识相对有限。在这个阶段，国家的主要任务是重建经济和恢复社会秩序，集中力量进行工业化建设。由于当时的科技水平和认知水平相对较低，人们对环境问题的性质、危害以及其与人类活动的关系缺乏深入的理解。环境犯罪的概念尚未明确形成，相关法律法规也十分匮乏。对于一些可能导致环境污染和生态破坏的行为，更多的是从生产事故或公共卫生事件的角度去看待和处理，而没有将其上升到犯罪的高度。当时的工业生产主要以粗放型为主，资源利用效率低下，污染排放严重，但这些破坏环境资源的情况在一定程度上被认为是发展过程中难以避免的发展代价。同时，公众对环境保护的意识也普遍薄弱，社会对环境问题的关注度不高，缺乏对环境犯罪行为的监督和抵制。[1]尽管如此，还是出现一些关于环境污染治理的条例，针对在工业领域某些特定行业的废水、废气排放制定了初步的排放标准和限制。虽然这些早期的环境保护条例比较简单和粗放，但是在一定程度上反映了国家对于环境污染问题开始有了初步的关注和治理意识。[2]直到1972年6月，中国派代表到瑞典参加联合国召开的人类环境会议，参会代表将会议内容向当时的国家领导反映后，从此环境问题才开始得到重视。

2. 形成时期（1979—1996年）

1979年对于我国环境保护事业来说，是具有里程碑意义的一年，这一年我国的环境保护事业迎来了新的转折点和发展机遇。1979年，我国颁布第一部《中华人民共和国环境保护法（试行）》（以下简称"《环境保护法（试行）》"）开始实施，环境保护工作正式步入法治轨道。《环境保护法（试行）》的出台，为我国环境保护工作提供了初步的法律框架和规范，明确了环境保护的基本目标和原则，为我国环境保护事业提供了法律保障。此外，1979年我国第一部《刑法》的诞生，为打击各类违法犯罪行为，包括与环境相关的犯罪，提供了更为有力的法律武器。然而，十一届三中全会以后，我国将工作重心转移到经济建设上来，全力推动经济的快速发展。在这个过程中，由于过于追

---

[1] 金瑞林、汪劲：《20世纪环境法学研究评述》，北京大学出版社，2003，第2页。

[2] 唐旭斌：《新中国成立30年来农村环境的污染与治理》，《江苏大学学报》（社会科学版）2011年第3期。

求经济增长的速度和规模,环境保护问题没有得到应有的重视。当时,各级政府和企业普遍将主要精力和资源投入到工业生产和基础设施建设,对环境保护的意识相对淡薄。为了实现短期内的经济增长目标,许多高污染、高能耗的产业迅速兴起。大量工厂在生产过程中缺乏有效的污染治理设施,随意排放废气、废水和废渣,导致空气、水体和土壤遭受严重污染,并且乱砍滥伐、过度开采矿产资源等行为使得生态平衡遭到严重破坏,生物多样性锐减,生态系统服务功能下降。与此同时,在1979年的《刑法》中,并未专门设立关于环境犯罪的独立章节或具体罪名,相关规定只是零散地分布在一些危害公共安全的犯罪条文中。这种分散且不明确的法律规定,使得对于环境犯罪的打击缺乏针对性和系统性,难以有效地遏制日益严重的环境破坏行为。由于《刑法》规定的缺失,环境违法成本较低,无法对潜在的环境破坏者形成足够的威慑,进一步加剧了环境资源的损害。仔细分析这一时期的中央政策、时代背景和立法规定,可知1979年《刑法》并未将生态环境作为独立法益进行保护,而是看重生态环境的经济性价值,纳入"财产"范畴予以间接性地保护。虽然《刑法》未对自然环境资源给予专门保护,但其他环境保护单行法的出台,为今后《刑法》在环境保护方面的立法完善奠定了一定的基础。

3. 发展时期(1997年至今)

基于环境犯罪治理经验以及环境保护法律制度不断完善的基础,1997年《刑法》设置专门章节,增加新的罪名,对环境资源予以特殊保护,为生态环境保护拉开了新的序幕。此后,污染环境行为也被纳入犯罪范畴,开启了污染环境行为入罪的时代。然而,从"重大污染环境事故罪"的司法实效来看,成效并不乐观。原因在于该罪规定的入罪门槛颇高,"只有给人身和财产带来了实际的损伤方可构成犯罪,也就是说,不管行为对生态环境造成的损害程度如何,只要未对公私财产或人身安全造成损害,就不能追究行为人的刑事责任"[1]。鉴于环境犯罪刑事立法的缺陷,2011年《刑法修正案(八)》对该罪的罪状予以优化调整,一方面调整了罪名与罪状;另一方面,不再将人身和财产的损失作为环境犯罪的必要条件,只要出现环境严重污染后果的情形也

---

[1] 高铭暄:《中华人民共和国刑法的孕育诞生和发展完善》,北京大学出版社,2012,第562页。

能够认定为污染环境罪。但需要指出的是，尽管该罪在罪名和入罪门槛方面有所改进，但是刑罚的刑种和刑度并未得到适当改进。

本章小结

黄河流域环境犯罪不仅对当地生态系统造成了直接破坏，还对流域内的经济发展和社会稳定产生严重的负面影响，因此加强黄河流域环境犯罪的预防与惩治势在必行。该类犯罪的惩治和预防是遵循"生态优先、绿色发展"战略的重要举措，具有普通犯罪惩防及其机制建设的共性，也具有自身的特点与发展规律。鉴于此，为建立健全黄河流域环境犯罪预防与惩治机制，应遵循流域环境犯罪治理基本规律，着眼于生态保护和经济可持续发展长远规划，明确流域环境犯罪治理基本思路，增强环境保护法律法规的宣传教育作用、刑罚的威慑作用，引导公众积极参与环保行动，提高社会的法治意识和环境责任感等策略，从而实现预防和遏制环境犯罪目的。应强调"以惩为主，兼顾修复"，既强调对环境犯罪行为的打击力度和维护法律的权威，也注重环境生态预防性保护的重要价值；既注重环境权、环境秩序和社会公平正义等方面的保护，又注重社会经济绿色可持续发展的维护。应秉持"惩防并举，兼顾修复"的治理理念，突出惩治机制对于打击环境犯罪行为的可行性以及维护法律权威和社会公平正义的重要性，积极践行"生态优先、绿色发展"战略，增强公民的环境保护责任感，注重环境刑法与相关环保法律法规的有效衔接，加强多元主体协同合作以实现协同共治局面。

第二章
黄河流域环境犯罪预防与惩治的理论依据

黄河流域环境犯罪预防与惩治具有深厚的理论基础。环境刑法原理揭示了黄河流域环境犯罪追诉必要性与正当性的理论依据，表明其是折中实现刑法报应功能与预防功能的内在要求。流域治理理论为黄河流域环境犯罪预防与惩治机制的优化提供了直接理论依据，主要包括流域生态环境协同共治理论、制度性集体行动理论、新区域主义理论等。犯罪预防理论是黄河流域环境犯罪预防正当性与合理性的理论依据，为优化黄河流域环境犯罪预防机制提供了理论支撑。生态司法理论强调将生态环境保护纳入司法范畴，通过司法保护生态环境，为黄河流域环境犯罪惩治机制的完善提供了基本思路。鉴于此，本书将在环境法、生态学、经济学和社会学等多学科的理论框架下，从环境刑法原理、流域治理理论、犯罪预防理论和生态司法理论这四方面出发，阐释黄河流域环境犯罪预防和惩治的理论依据，力求为黄河流域环境犯罪治理提供理论指导。

一、环境刑法原理

环境刑法原理主要研究在环境保护领域中，刑法如何发挥作用以及应当遵循的基本理论和原则。它涵盖了环境犯罪的构成要件，包括主体和主观方面、客体和客观方面等要素的认定标准。探讨环境刑法的目的即探讨为何要运用刑法手段来保护环境以及期望达到的效果。研究环境刑法的归责原则，明确何种情况下犯罪人应当为环境犯罪行为承担刑事责任，还涉及环境刑法与其他相关法律，如环境保护法、行政法等的关系和衔接问题。同时，分析环境刑法的适用范围，包括对不同类型环境犯罪行为的规制，如污染环境、破坏自然资源等。总之,"环境刑法原理"为环境犯罪的认定、处罚以及法律体系的构建提供了理论基础和指导。

(一)环境刑法必要性理论

针对个别组织、个人甚至个别地方政府违背我国建设资源节约型、环境友好型社会的基本理念而片面追求经济增长却忽视环境的问题,依据刑法所具有的功能目标及其作用的特殊性,有必要有效利用刑事法律制止环境污染和生态破坏,依法惩治环境犯罪,保护环境资源,是环境保护客观发展规律的必然要求。

1. 刑法的惩罚功能与威慑功能理论

预防原则是各国应对环境问题所遵循的"黄金原则",为控制或管理那些可能有害于环境的物质或行为,防止环境危害的发生[1],即使缺乏其相关的结论性证据,仍需采取适当的和必要的预防性手段及措施。刑法的惩罚与威慑功能有利于预防与惩治环境犯罪。学界对刑罚威慑功能的认识不够统一,但普遍认为在预防环境危害乃至环境犯罪行为的发生方面,刑法具有其他法律不可替代的功能与作用,尤其是对社会上某些不稳定分子,刑罚的威慑作用更为明显。刑法通过禁止性规范,明确规定哪些是犯罪行为以及犯罪行为应当承担相应的法律责任,通过这些具有强制性和惩罚性规范以指引每个公民正确评价和预测自己的行为。对我国《刑法》而言,在1997年修订后,明确规定了罪刑法定原则,较修订前的《刑法》,在发挥刑法的威慑功能,依法进行环境犯罪惩治与环境资源保护方面的规定有很大的突破:从只追究公民环境犯罪责任扩大到追究单位犯罪主体的刑事责任,由只认定故意犯罪扩大到存在主观过失也构成环境犯罪,由只惩治3类环境犯罪行为扩大到追究14类犯罪行为,由只有3年有期徒刑的法定最高刑提高到15年有期徒刑。这些修改表明,为有效保障社会经济整体持续良性发展,有必要通过刑法依法惩治破坏环境资源、严重危害社会公益的犯罪行为,警示和威慑每一个公民乃至法人,指引人们遵守相关法律规定,从而有效地预防环境犯罪。

同时,发挥刑法的惩罚功能,有效惩处环境犯罪。从刑罚诞生之日,就

---

[1] 林灿铃:《国际环境法》,人民出版社,2004,第177页。

天然具有惩罚功能，这是由刑罚与犯罪的辩证关系决定的。如果刑罚所造成的痛苦小于因犯罪所带来的利益和快乐甚至不能给犯罪者造成身体和精神上的痛苦，就难以有效发挥刑罚的预防功能。针对环境犯罪，修订前《刑法》规定环境犯罪的法定最高刑只有3年有期徒刑。在环境犯罪刑罚力度普遍偏轻的情况下，当遇到暴利或者其他利益的诱惑下，有些人容易铤而走险而实施环境犯罪行为，并且如果这种环境犯罪得不到适当的惩罚或只受到轻微处罚，将会导致刑法及刑罚的威慑力大打折扣，这显然不利于有效预防和减少环境犯罪的发生。《刑法》修订后，将环境犯罪的法定最高刑提高到15年有期徒刑，并根据犯罪情节的轻重差异相应地扩大了环境犯罪的量刑幅度，进而实现环境犯罪的罚当其罪，有效发挥《刑法》及刑罚的打击环境犯罪行为的功能。需要指出，将法人明确规定为环境犯罪主体符合社会发展的要求，也是规制环境犯罪的客观需要。大部分的环境污染犯罪源于企事业单位的生产经营活动，一方面法人或单位的成员众多，生产环节复杂，难以确定环境犯罪的具体责任人；另一方面责任人的环境犯罪行为又是在履行生产、经营职责中发生的，此种情况下如果仅制裁单位个人，则对于单位严重破坏环境资源的打击力度远远不够，难以有效规制单位环境犯罪行为。因此，依法明确单位环境犯罪的主体身份，能够有效遏制法人、非法人企业以及其他组织的单位环境犯罪行为。

另外，刑罚介入环境保护，能够促进刑法学的发展与完善。环境问题具有高度的科技背景，存在广泛的利益冲突与较大的决策风险。作为调整环境犯罪问题的刑法分支，环境犯罪往往具有外部不经济性与价值的双重性特点，因此需要兼顾其不同于一般刑法的特点，作出决策权衡，需要充实与完善传统刑法理论。[1] 近代工业革命以后，实质意义上的污染及破坏环境行为随之出现，传统刑法理论无法涵盖并完全解决这些现代社会特有的环境犯罪问题，客观上要求积极回应各类环境犯罪行为，突破环境刑法保护法益之特殊性、环境犯罪构成要件及刑事责任的适用等传统刑法理论的束缚和桎梏，建立健全有别于传统犯罪体系的科学、全面的犯罪构成和犯罪理论体系，从而实现刑法理论的调适与创新发展。

---

[1] 叶俊荣：《环境政策与法律》，中国政法大学出版社，2003，第136页。

2. 刑法的教育功能理论

刑法的教育功能有利于提升公众的环境法治观念。一方面，通过环境犯罪惩治与预防，能够加强环境法治宣传教育，增强公众的环境法律意识。目前，公民的环境法治意识不够强，缺乏相关法律知识，不少民众因不能正确认识自己行为的犯罪性质而触犯法网进而被追诉。国家制定、适用和执行环境刑法，对惩治环境犯罪行为和法律宣传具有重要意义，体现了刑法的法律教育功能。立法机关制定环境犯罪法律规范能够发挥引导、评价、预测、教育、强制等功能，指导公众促进环境生态与经济持续健康发展，明辨什么是有害于环境生态的犯罪行为。贯彻公平性、持续性、协调性等生态学基本原理，将环境保护思想与国家可持续发展观融入刑法制定和实施的全过程，把国家可持续发展理念对刑法制度发展的客观要求及时上升到立法的高度。在环境司法与执法方面，依法规制和防范各种环境犯罪，增加工作过程的透明度，充分发挥环境刑法宣传教育的社会效应，使环境保护意识深入人心。重构环境刑法的价值理念，努力化解人与自然、经济发展与环境保护之间的矛盾冲突，提升全民正确科学的生态环境保护观念和环境法治意识。

另一方面，通过环境刑法及其刑罚，惩治环境犯罪行为，增强公民的环境道德意识。随着法治国家的积极推进，刑法在保护环境和保障经济、社会、环境的可持续发展方面发挥着重要作用。世界第一部专门的环境刑法是日本于1970年颁布的《关于危害人体健康的公害犯罪制裁法》，其开创了世界环境刑事保护的先河。随后，联合国1982年召开的内罗毕会议通过了国际环境保护法规，中国1989年颁布了《环境保护法》，巴西1999年颁行并于2014年新修订了《环境犯罪法》等。目前，环境刑事法律的颁行已成为世界环境保护的一种发展趋势，为保护环境发挥着独特的重要作用。刑法任务要求其保护人类社会生活秩序，但刑法又不能干预所有社会生活问题，只能限制在社会基本价值保护领域。如果环境犯罪过于宽泛，既不利于实施，也容易扩大环境刑法的打击面，进而增加社会生活中的强制成分。如果环境犯罪过于狭窄，则刑法的威慑与惩治功能就难以全面实现。因此，刑法应当秉持环境道德底线，坚持刑罚的预防思想，环境犯罪应当限定在环境犯罪主体违反环境保护法律规定，故意或过失造成人身、财产和环境严重损害的行为。通过适当惩罚环境犯罪人能够发挥预防环境犯罪的作用，增强环境保护意识，从而促进环境道德的形成。

需要指出，相比环境违法的民事责任和行政责任，环境犯罪的刑事责任通常由司法机关提起，一旦罪名成立并且不具备免责条件，则犯罪人应向国家承担刑事法律责任，这对于环境道德的形成发挥着不可替代的作用。环境民事责任具有特殊的社会、自然、经济基础和自身特有的发生机制，是公民、法人环境侵权应当承担的补偿性的法律责任，是必须基于当事人一方主要是受害人一方提出索赔要求而适用的民事法律救济手段。若受害方不行使或者中途放弃这种要求，司法、行政手段不会强行介入这种法律关系，则侵权人就无须承担这种民事责任。环境行政责任属于行政权范畴的责任追究，因环境违法行为的性质轻于环境犯罪，威慑力不及环境刑事责任，处罚方法也轻于刑事责任，因此在预防能力与效果方面一般低于环境刑事责任。

（二）环境刑法特殊性理论

1. 环境犯罪案件当事人具有多元性和交叉性

环境犯罪的犯罪主体盘根错节。例如在非法开采和乱砍滥伐的案件中，有的存在主管部门及其直接责任人员监守自盗、以权谋私，有的存在地方保护，等等。在这些案件中，有承包者、有视而不见的监督检查者、有现场开采者、砍伐者，也有运输和销售的商人，这种错综复杂的行为主体及其利益关系、主从关系、幕前幕后关系往往交叉在一起，多环节、多群体、多人员，盘根错节，十分复杂，大大增加了办案难度。即使查处其中一个环节也难以根本解决问题，更难以斩草除根，甚至会死灰复燃。在实践中，这些特殊破坏行为难以"犯罪"论处，常常以"违法"论处，一罚了之。

环境犯罪被害人构成复杂，被害人具有多元性和交叉性。从种类看，传统犯罪被害人学中的"被害人"，可能是暴力和财产犯罪中具有社会或经济地位优势的被害人。然而在环境犯罪案件中，被害人往往是缺乏侵害抵御能力的普通农民、渔民、市民，加害方则是企业或企业集团。加害方往往经国家注册许可，一般具有法律地位和特殊的经济、科技、信息实力。从具体范围看，除自然人外，单位、民族或者国家，甚至是全人类，都可能成为环境犯罪的被害人。作为公共利益代表的国家，可以成为环境犯罪的被害人。在一些环境犯罪中，如"洋垃圾"进口案件，似乎没有具体的被害人而只有受益人，然而，深入考察不难看出，公共利益遭受了严重的损害，处置"洋垃圾"会花费大量国家钱财，国家成为实际意义上的环境犯罪被害人。从地域看，全人类也可能成为环境犯罪的被害人。随着科技的不断进步，人类已经穿越地球的两极和外层空间，这些地域出现的环境污染会危害全人类的共同利益，若达到严重程度理应通过刑事法律予以处理。在此类案件中，全人类就成为环境犯罪的被害人。南极地区废弃物和北极上空的臭氧层空洞问题导致紫外线辐射程度成倍增加，甚至造成在此区域的人类患皮肤癌的可能性增大，并诱发呼吸道感染、引发白内障等疾病。这些环境犯罪危及的是全人类的生存环境，后代人也可能成为环境犯罪的被害人。此时被害人很难指出侵害人是哪个国家，哪个团体或哪个人。各种破坏环境资源的环境犯罪，导致不可再生资源耗竭、可再生资源减少、资源环境功能丧失，都将危害后代人的生存环境和生活质量。厄尔尼诺现象就是前代人以牺牲后代人的环境生存利益，大规模发展工业，而后代人被迫承受由前代人环境犯罪所带来的恶果。另外，环境犯罪的被害人可能存在多种被害人的叠加。

2. 环境犯罪具有过程隐蔽性及后果不可逆转性

一方面，环境犯罪具有隐蔽性。在脱贫致富、振兴经济、改造城市等各种幌子或借口掩盖下，许多环境犯罪得以发生，有些动机不坏但结果却是以牺牲生态环境为代价换取眼前的局部利益甚至构成犯罪。这种环境犯罪具有极强的蒙蔽性，很难识破。有的环境犯罪是在政府部门和地方保护主义的庇护下，通过欺上瞒下的方式进行的，这种案件在实践中占大多数。无论以何种方式实施环境犯罪，从结果意义上看，都是严重破坏了生态环境。同时，环境犯罪危害结果的发现往往历时较长。有的环境犯罪结果要经历潜伏期，需要几年甚至几十年乃至更长，如涉及子孙后代的健康和利益的日本熊本水俣病事件，20世纪50年代初发现食鱼的猫"自杀"，到50年代中期周围居民一直无法查清原因，有几十人因神经中毒死亡，直到熊本大学医学院做了大量猫的解剖化验，检测排污口发现属于甲基汞中毒。先前，发达国家采用环境殖民化政策，利用经济、技术优势向发展中国家投资兴办高污染的造纸、纺织、化工等企业，将各自国家的环境被害结果转嫁到欠发达国家，以实现环境殖民化目的。目前，发达国家通常采用隐蔽性、欺骗性手段，以"帮助落后国家发展经济"为借口，实为发展本国经济而转移环境污染物，为发达国家进行间接环境污染迁移提供了合法途径。另一方面,环境犯罪具有不可逆性。环境犯罪所造成的被害损失难以修复。近几十年来,因环境危害行为频发,地球环境在日益恶化,从而引发物种资源减少、森林面积急剧减少、温室效应日益加剧、土壤侵蚀严重等问题,其中的生物种群灭绝、全球气候变暖引发海平面水位上升等环境侵害后果是无法弥补的。当前有很多植物物种已经从地球上灭绝,森林的再造也绝非一年之功就能够恢复的。

3. 环境犯罪具有事实证明困难性及刑罚的有限性

一方面,环境犯罪事实证明困难,主要表现在取证、举证等方面。如破坏国家资源和生态环境的非法开采案件,老百姓由于在技术和财力上受限,取证、举证都难以做到。如果采用举证责任倒置,在地方保护主义的层层设障下,容易长期扯皮,久拖不决,最终可能通过一些赔偿和处罚进行象征性处理,这很难实现处理过程与结果的公正性,也难以发挥刑法的威慑力,从而使诸多犯罪人员因此逍遥法外。不像传统犯罪被害的因果关系,非法开采行为问题具有累积性、广延性、间接性等特点,需要进行严格价值判断和较高的技术手段才能明晰加害行为和被害结果之间的因果关系,进而揭示其危害性。一般人包括普通的司法人员往往不具备环境、化学、生物、医学、水文等专业知识,认定该类犯罪难度很大,常常需要高科技手段或者特定的技术与设备,并且需要投入大量的人力、物力和时间。环境犯罪案件被害因果关系判断具有推定性特点。在超标排放污染物犯罪案件中,排放行为主体可能是多元的,这些主体在案件中往往会相互推诿。在分析和鉴别诸如毒性,病理转化、扩散,生物降解和积累等其后的化学、物理、生物的各种环境要素之间的反应和作用关系是非常复杂和困难的。因此,在环境犯罪裁判中,应采用因果关系推定理论才能突破传统因果关系说的局限。因果关系推定理论要求被害人只需说明侵害人具有环境加害行为以及自己遭受的被害事实即可,被害人无须证明被害事实和加害行为具有因果关系。因果关系推定理论要求加害方承担因果关系举证责任,如果加害方不能证明被害事实与加害行为间不存在因果关系就自行推定两者间存在因果关系,加害方应当承担败诉后果。

另一方面,刑法功能具有有限性。与暴力犯罪相比,环境犯罪行为受到的非难和谴责远没有那么强烈,司法机关的积极性也较低。建立健全环境犯罪综合防御体系客观上要求刑事立法和司法的强势介入。在社会合理地利用、保护和改善环境的体系中，刑法占据着重要地位。然而，环境犯罪行为首先作用的是环境载体，其次作用于受害人往往具有滞后性甚至附随性，因此单纯或片面地依赖刑法实现环境保护的目标是远远不够的。正如苏联学者指出的那样，刑法的能力在客观上是有限的，只能作为保护环境的辅助手段，它不能消灭公共危害环境的根源，因为适用范围会受到其惩罚和教育手段的限制，如果过高估计其在环境保护方面的作用，可能会错过别的更加有效的保护环境的方法而导致无效治理甚至是贻误战机。当然，在环境保护的法律体系中，环境犯罪是最严重的危害环境行为，刑罚权是危害环境行为的法律制裁体系中的最后手段，在同最严重危害环境行为作斗争中，其作为最后的救济手段和保障权益的工具，仍然发挥着重要的教育性和预防性的作用。这就要求我们准确厘定环境犯罪行为与一般环境危害行为的区别与联系，明确需要追究法律责任的种类及其大小。[1] 正如有学者所言，刑法是"防范犯罪的最后手段"。在环境犯罪案件中，选择制裁形式需要法官能动司法，认真考量用刑法控制环境犯罪的适用条件，也即"只有在侵权行为法与行政处罚法不足以控制犯罪的情况下，才动用刑法加以控制"[2] 某种危害社会的行为。

（三）环境刑法正当性理论

刑法是社会治理方式之一，动用国家暴力机器实现惩治与预防犯罪的价值追求。然而，由于其特有的最严厉性与最终性，如果这种方式运用不当，则极可能会引发诸多不良社会影响和后果。因此，要对严重环境侵权行为追究刑事责任，依据刑法惩治某种行为，需要在理论上阐释这种刑事手段的正当性，保证刑罚存在与适用具有合理依据，从而解释为什么需要刑罚和刑罚

---

[1] 我国《刑法》第十三条但书的规定，将定量分析纳入犯罪定义之中，具有使人出罪而紧缩犯罪圈的功能。该条规定确立了我国"立法定性＋定量"的犯罪化模式。具体内容可参见储槐植：《论我国刑法中犯罪概念的定量因素》，《法学研究》1988年第2期；储槐植、汪永乐：《再论我国刑法中犯罪概念的定量因素》，《法学研究》2000年第2期。

[2] 陈兴良：《本体刑法学》，商务印书馆，2001，第79页。

在多大程度上合乎理性这一问题。[1] 必须回答这种问题，否则容易招致人们的质疑。从某种意义上说，环境刑法存在的正当性基础是环境刑法首先需要回答的基础性学科问题。

1. 环境刑法正当性理论争议

环境刑法正当性主要有报应论、功利论、折中论等三种传统观点和学说。

报应论具有较强的客观性倾向，强调已然之罪对刑罚的决定作用，将刑罚的正当性建立在对犯罪的一种必要的报复之上，蕴涵着浓重的公平公正观念，并在很大程度上发挥着避免随意出入罪的效果。依其历史嬗变过程，报应论先后出现过神意报应论、道义报应论和法律报应论等几种观点。神意报应论具有明显的宗教迷信色彩，将报应视为神灵意志的必然体现；道义报应论则认为刑罚是道德上的一种谴责和惩罚，是对可以自由选择自己行为的犯罪人实施的恶害行为；法律报应论则将刑罚视为法律对犯罪行为施加的一种报复。当然，报应论明显存在逻辑不周延的问题，其忽视刑罚应当具有的防控效果，过度强调已然之罪对刑罚的影响制约作用。

功利论重视犯罪预防主要通过刑罚可能取得的功利性效果来阐释采取刑事手段的合理性。在历史上有时被称为预防论，这种完全的预防论的观点一般认为，与其说刑罚应当是对已然之罪的报应，毋宁说是对未然之罪的预防。因此，刑罚之所以是合理的，主要是因为它是预防犯罪的手段，在此意义上，预防论可以被视为是一种以"目的的合理性来证明手段的正当性"的学说[2]，这在很大程度上体现了刑法的功利主义，并强调刑法的目的在于预防犯罪。但是，预防论单纯强调刑罚的预防犯罪目的，有悖于刑法的总体功能和根本目的。折中论克服了报应论与预防论的片面性，将预防与报应都作为刑罚正当性的依据，认为刑罚正当性的根据在于报应所蕴含的公正价值和功利所涵摄的预防价值。[3] 在阐释折中论的内涵时，有学者忽视报应论和功利论的内在关系，从犯罪种类与刑事处罚阶段进行比较阐释，显然有悖于报应论关于

---

[1] 陈兴良、周光权：《超越报应主义与功利主义：忠诚理论——对刑法正当根据的追问》，《北大法律评论》1998年第1期。

[2] 陈兴良：《刑法公正论》，《法学研究》1997年第3期。

[3] 陈兴良、周光权：《超越报应主义与功利主义：忠诚理论——对刑法正当根据的追问》，《北大法律评论》1998年第1期。

刑罚的正当性理论，也导致刑罚的功利性功能被虚化。事实上，报应性功能、功利性功能是刑罚功能不可分割的两极，两者既相互区别又相互关联，在一定程度上具有互补性。实践中，应平衡和协调好两者关系，若过分强调哪一个方面都是不科学的。

环境犯罪刑事制裁体系是根据一定的理念或合理化根据建立的，申言之，优化污染环境罪刑罚配置，完善污染环境罪刑事制裁体系，找准其背后的理念根据或正当化根据，方可达到理想的效果。"任何法律都必须有其根据，即根据某种明确的观点或信念，否则便无法解释和毫无意义。"[1] 刑罚正当化根据是刑事制裁体系制定和适用的根据。[2] 刑罚的目的则是要解决刑罚存在的合理性问题和刑罚的存在是什么的问题。[3] 刑罚正当性理论的发展趋势反映着社会发展的需要。污染环境罪刑事制裁体系发展的理论基础要在刑罚正当性发展趋势中去把握。此外，从刑罚正当性发展过程中衍生的法益恢复理论和恢复性司法理论也为污染环境罪刑事制裁体系提供了理论基础。无论是刑罚正当性理论的发展，还是法益恢复理论和恢复性司法在污染环境罪刑事制裁体系中的应用，在世界一些发达国家的污染环境罪治理中均得到了践行。这些国家的实践经验也为我国污染环境罪刑事制裁体系的完善提供了借鉴。

2. 刑罚正当化理论及其发展趋势

在刑罚的相关研究中，刑罚正当化理论的研究具有重要的地位，因为刑罚的正当化依据对于刑罚的制定、创新以及适用都具有重要的指导意义。[4] 对刑罚正当性根据理论的研究，首先应当对刑罚目的理论的发展演进过程进行梳理，了解每一种新学说的背后必是对旧学说的修正与发展。在梳理过程中才能更好理解为何研究刑罚目的、如何确立刑罚目的以及如何表达刑罚目的，对反思我国污染环境罪刑事制裁体系具有重要意义。

传统刑罚目的理论主要有三种：绝对刑论、相对刑论和综合刑论。绝对刑论强调刑罚的报应功能，报应应当具有正义性；相对刑论则侧重于刑罚的有效性；综合刑论兼顾刑罚报应的正义性和有效性。

---

[1] 鲍桑葵：《关于国家的哲学理论》，汪淑钧译，商务印书馆，1995，第78页。
[2] 张明楷：《责任刑与预防刑》，北京大学出版社，2015，第1页。
[3] 王世洲：《现代刑罚目的理论与中国的选择》，《法学研究》2003年第3期。
[4] 陈兴良：《刑罚目的新论》，《华东政法学院学报》2001年第3期。

（1）绝对刑论

绝对刑论（Absolute Straftheorie）又被称作报应刑论、赎罪论或正义论。绝对刑论提倡通过对犯罪人课以使其痛苦的处罚的正义的方式来报复犯罪人，犯罪人只有承担了痛苦的刑罚才能得到赎罪。[1]严格意义而言，绝对刑论是为刑罚提供正当性根据，而非刑罚目的。诚如德国法学家毛拉赫所言："报应刑是'不受目的约束的君王'（zweckgelösteMajestät）。"或许可以将这句话理解为"君王面对他的臣民，不负有论证义务"[2]。根据报应刑论的主张，刑罚的意义在于"施以犯罪行为人刑罚恶害，以衡平其本身之罪并重建正义"[3]。一般而言，提及绝对刑论一般会联系到康德（Kant）和黑格尔（Hegel），以及后来的宾丁（Binder）。

康德的绝对刑论。康德是较早提出绝对刑论的，他反对"集体主义式"（kollektivistisch）的"大众福利之追求"，主张"法官宣告的刑罚……决不能只当作促进其他利益的手段，不管是犯罪人自身的或公民社会，而是必须不论任何情况，都只能因为他犯罪而对他宣告"。因为"行为人不能为了他人而被当作工具使用，亦不能被当作物权法下的东西，而侵害其与生俱来之人格"。在康德看来，行为人之所以受到刑罚是因为其所犯罪行，并用了著名的小岛案例来证明这一观点："假如一个公民社会经过全体统一决定解散（例如生活在一个岛上的全体住民决定，打算彼此分离，各自前往世界各地），则在解散之前必须将监狱里的最后一个死刑犯进行处决。"[4]在绝对刑论看来，报应和正义是法律必须遵循的基础，并据此反对在法律身上附加功利性目的。[5]康德反对将行为人作为工具，即反对将惩罚行为人作为达到社会预防的目的。因为犯罪行为是行为人在意志自由的条件下违反了理性的法律命令，而刑罚

---

[1] 王世洲：《现代刑罚目的理论与中国的选择》，《法学研究》2003年第3期。
[2] 霍恩勒：《刑罚理论》，钟宏彬、李立暐译，《台湾刑事法杂志》2013年第5期。
[3] 刘传璟：《论刑罚的目的——报应之综合理论的再建构》，《台湾刑事法杂志》2015年第5期。
[4] 刘传璟：《论刑罚的目的——报应之综合理论的再建构》，《台湾刑事法杂志》2015年第5期。
[5] 王世洲：《现代刑罚目的理论与中国的选择》，《法学研究》2003年第3期。

是对犯罪人违背理性的惩罚和报复，是理性所要求的。[1]换言之，刑罚不能作为促进其他目的的手段。因为人必须以自我为目的，人的本质上是理性的，具有良知和自主意志的。在康德看来，人的本质即是自由，这种认识源于其对自由意志的推崇，自由是人应当拥有的权利，故而反对为达到预防的目的而侵害行为的自由。然而刑法本身即是对行为人自由的侵害，康德也认知到这点，对此他解释道："没有人是因为想要刑罚而被处以刑罚，他们只是想要为可罚之行为。因为，如果他们所遭受的是他们想要的，这就不是刑罚；然而，也不可能有人想被处以刑罚。"[2]申言之，行为人的犯罪行为是出于"理性上的自由"，行为人不会因为对其施以刑罚而受到伤害，其所承受的刑罚是其自身理性自由的产物。此外，康德还十分强调同害报复，要实现绝对的正义，刑罚必须遵循同害报复原则，对犯罪人施加痛苦，并且保证痛苦与犯罪人的罪过在数量上是绝对的同等。[3]

黑格尔的绝对刑论。黑格尔从自由意志论和唯心主义的辩证法的角度出发，对报应刑论进行阐释。黑格尔认为刑罚是犯罪挑战的必要回应，这种情形下不考虑民事范畴的损害赔偿。黑格尔认为，犯罪是对理性的否定，刑罚则是对犯罪行为的谴责和否定，基于此，可以说刑罚是"否定之否定"。现实中法律是对犯罪行为的一种扬弃，法律通过这种扬弃证实了自己的中介定在。[4]刑罚对犯罪的否定具有宣示性，规范是刑罚的载体，通过刑罚对犯罪虚无性的宣示，法律效力得以重建。刑罚的实施和运行过程是正义恢复的过程。根据黑格尔的观点，本质上刑罚就是报复。值得注意的是，黑格尔的报复是"等价的报复"，而康德的报复是"等量的报复"。黑格尔认为康德的等量报复容易导出"以眼还眼、以牙还牙"的同态复仇结论。[5]黑格尔还强调对受刑人的保护，他认为："在刑罚中受刑人亦必须被当作理性、有理解与决

---

[1] 梁根林：《刑事制裁：方式与选择》，法律出版社，2006，第5页。

[2] 刘传璟：《论刑罚的目的——报应之综合理论的再建构》，《台湾刑事法杂志》2015年第5期。

[3] 梁根林：《刑事制裁：方式与选择》，法律出版社，2006，第5页。

[4] 黑格尔：《法哲学原理》，范扬、张企泰译，商务印书馆，1982，第100页。

[5] 梁根林：《刑事制裁：方式与选择》，法律出版社，2006，第6页。

定能力之人，不能被当作病人来强制治疗或有害之动物将之杀害。"[1]受刑人所承受的刑罚强度必须根据其犯罪结果确定，任何超出该范围的刑罚，即便是为了受刑人能够重返社会，对受刑人有益的矫治，也是不正义的。唯有罪刑相当之刑罚才能维护人性之尊严。

宾丁的绝对刑论。宾丁在实证法主义的基础上提出规范报应主义理论。在宾丁看来，法律中规定何种行为为犯罪、该犯罪应当处以何种处罚的法条，不是具有宣示性作用的规范，而规范也不是由法条所构成的，人们可以通过法条的内容来推知规范是什么内容。[2]根据这种观点，可以推出犯罪不是对刑法犯规的违反而是对刑法规范的违反，进而可以说刑罚是规范对犯罪行为的谴责或者否定性评价。犯罪人应当承担的刑罚的种类和程度也根据其对刑法规范的违反程度来决定。[3]综观而言，绝对刑论基于正义的要求对犯罪的报复，而非为了满足对个人报复的需求。刑罚的本质是对犯罪的谴责和否定，犯罪人承受刑罚的程度与其罪责和犯罪后果相均衡。根据绝对刑论，刑罚的存在就是为了恢复正义，正义是刑罚的最终追求，即便是康德和黑格尔所坚持的报应主义都以正义为逻辑起点或价值追求。[4]在正义观念下，任何刑罚都需与受刑人所犯罪行和罪责程度相适应，它反对任何对很小过错处以严刑峻法，或者对严重过错处以轻微刑罚，因为刑罚不能作为实现正义以外的其他手段。

（2）相对刑论

相对刑论（Relative Straftheorie）又称为预防论（Präventions theorie）、功利刑。与绝对刑论不同，相对刑论主张对行为人实施刑罚是为了实现社会目的，即预防未来犯罪的发生。相对刑论的产生并不晚于绝对刑论，刑期于无形所产生的威吓效果，在中国远古时期就已被发现并被加以运用。[5]相对刑论之所以主张刑罚应当为达成社会目的，源于其对社会大众福祉的追求。与

---

[1] 刘传璟：《论刑罚的目的——报应之综合理论的再建构》，《台湾刑事法杂志》2015年第5期。

[2] 梁根林：《刑事制裁：方式与选择》，法律出版社，2006，第7页。

[3] 梁根林：《刑事制裁：方式与选择》，法律出版社，2006，第6页。

[4] 王世洲：《现代刑罚目的理论与中国的选择》，《法学研究》2003年第3期。

[5] 梁根林：《刑事制裁：方式与选择》，法律出版社，2006，第11页。

绝对刑论的"行为人受到刑罚，是因为其所犯罪行"不同，相对刑论认为"行为不是处罚的根据（Grund der Bestrafung），而是处罚的诱因（Anlass der Bestrafung）"。绝对刑论中，行为人所应承受的刑罚种类和程度皆取决于其犯罪行为造成的后果及责任，而相对刑论则提倡"刑种和刑度也是由预防目的决定的，而不是由不法和责任的程度决定的"[1]。根据刑罚影响的对象来划分，可将相对刑论划分为影响一般大众的一般预防与影响犯罪人的特别预防。

一般预防。存在消极的一般预防（Theorie der negativen Generalprävention）和积极的一般预防（Theorie der positiven Generalprävention）。在消极一般预防论者看来，威胁功能是刑罚与生俱来的功能，通过对犯罪人施加刑罚，威慑其他人民不敢犯相同罪行。消极一般预防论是根据道义责任论和意志自由论而提出的，主张通过刑罚的威慑功能来预防犯罪的发生。[2]根据消极的一般预防论，刑罚权属于国家所有，国家行使刑罚权。国家通过行使刑罚权，对犯罪人施以刑罚来对犯罪人和社会大众产生威慑和警戒的效果，进而达到一般预防目的。早期消极的一般预防理论提倡严刑峻法，认为严刑峻法通过对犯罪人心理和肉体上的摧残和折磨而形成视觉强烈和心理恐怖的效果，以此让社会大众形成对刑罚恐惧的心理。费尔巴哈是消极的一般预防理论的代表人物，他提出了心理强制学说，即人们在是否实施犯罪行为前，通过对刑罚威慑力的权衡，最终决定不实施犯罪行为，这种方法就叫刑罚的心理强制法。[3]虽然，时至今日，消极的一般预防主义对刑罚仍有一定的影响力，但也遭受理论上和实证上的质疑。在理论上，消极的一般预防忽略刑罚权的限制，容易造成刑罚权无限扩张的危险。因为消极的一般预防论认同恐怖统治，这就容易导致只要符合统治的需要，国家就可以出台一些对犯罪极为残酷和严厉的刑罚。[4]在实证层面，相关实证研究证明，决定行为人犯罪的因素不仅仅是行为人的自由意志，通常情况下，行为人的先天生理因素和后天社会

---

[1] 耶赛克、魏根特：《德国刑法教科书》，徐久生译，中国法制出版社，2001，第85页。

[2] 梁根林：《刑事制裁：方式与选择》，法律出版社，2006，第12页。

[3] 王世洲：《现代刑罚目的理论与中国的选择》，《法学研究》2003年第3期。

[4] 帕多瓦尼：《意大利刑法学原理》，陈忠林译，法律出版社，1998，第345-346页。

环境都发挥了重要的影响作用。[1]因此，犯罪产生的原因不仅只有行为人自身的原因，社会也存在一定的责任。在对消极的一般预防的质疑声中，积极的一般预防应运而生。积极的一般预防试图克服消极的一般预防存在的问题，试图通过建立人们对法律的信任，来确立法律的威慑力。德国联邦宪法对此有明确的描述，"一般预防理论的正面观点通常被视为维持或强化人民对于法规范存续力与贯彻力的信赖。刑法的任务在于，贯彻法律对抗不法，以为了向法治社会表明法规的不可违背性以及因此强化人民的法律忠诚度"[2]。进一步考察，一般预防可达到三种效果：一是通过社会教育，使得人们在学法的过程中产生对法律的忠诚；二是法律得到严格有效的贯彻执行使得人们进一步确信对法律的忠诚；三是通过法律惩罚危害社会的犯罪行为，使得人们已形成的崇信法律的社会感情得到抚慰。[3]

特别预防。特别预防论（Theorie der Spezialprävention）针对的是犯罪人，主张预防犯罪人再次犯罪才是刑罚存在的根据。德国著名刑法学家李斯特是特别预防提倡者。李斯特认为特别预防应当具有三重内涵，一是通过刑罚限制或剥夺犯罪人的人身自由，致使犯罪人没有条件再次实施侵害；二是对犯罪人施以刑罚，使得犯罪人对刑罚产生畏惧的心理，进而使得其不敢再次犯罪；三是在刑罚过程中对犯罪人进行矫正，使其在未来自愿地不再犯罪。[4]李斯特还将受刑人划分为三种，并处以不同的处遇形式：一是"对于威吓无效亦无矫治可能性之习惯犯，施加以监禁使其无法再犯罪"；二是"对于单纯的机会犯施以威吓"；三是"对于有矫治可能之犯罪行为人施以矫治"[5]。李斯特提出的特殊预防丰富了刑罚的目的，即刑罚不仅要保护个人、保护社会不受犯罪，还要保护受刑人。

---

[1] 梁根林：《刑事制裁：方式与选择》，法律出版社，2006，第12页。

[2] 刘传璟：《论刑罚的目的——报应之综合理论的再建构》，《台湾刑事法杂志》2015年第5期。

[3] 罗克辛：《德国刑法学 总论（第1卷）：犯罪原理的基础构造》，王世洲译，法律出版社，2005，第42-43页。

[4] 王世洲：《现代刑罚目的理论与中国的选择》，《法学研究》2003年第3期。

[5] 刘传璟：《论刑罚的目的——报应之综合理论的再建构》，《台湾刑事法杂志》2015年第5期。

（3）综合刑论

综合刑论（Vereinigungs theorie）是结合绝对刑论和相对刑论的优点，规避二者的弱点而将二者结合起来的理论的总称。[1] 综合刑论认为：报应和预防并非悖论，二者具有一定的联系，该联系在于刑罚的产生和存在是为了使社会将来免受犯罪的侵害。[2] 根据对报应论和预防论的侧重点不同，可以将综合刑论划分为两大类：一是报应的综合刑论（vergeltende Vereinigungstheorie）；二是预防的综合刑论（präventive Vereinigungstheorie）。

报应综合刑论。报应综合刑论中，报应主义具有主导地位。报应综合刑认为："必须在应报与预防理论之间，根据正义与目的性考量取得一个平衡点。只有当刑罚之罪责报应本质不被侵害，亦即在遵守刑罚与罪责相当之情况下，始能考量预防目的。"[3] 在报应综合刑论者看来，如若不坚持报应主义的优先地位，则综合论与预防刑论无异。因此，综合刑论中并非所有理论都可以相提并论，需以责任作为刑罚的基础，并在此基础上考虑预防主义。美国学者安德鲁·冯赫希（Andrew VonHirsch）就认为：预防论主张的刑罚的根据符合多数人的利益需要，这里的多数人的利益需要并非对犯罪人自由和利益的出于正义的剥夺，需要其他理由来解释刑罚的根据。这些理由就是正义。[4]

预防综合刑论。预防综合刑论基于国家的任务是保护社会的安全和人民自由，提出"应当摒弃报应的思想"，"不能基于哲学或是宗教的观点，对于人民的自由进行侵犯"。预防综合论者认为，刑罚只是一种世俗化的工具，其存在的目的就是为了预防犯罪。换言之，预防是刑罚的本质，而报应并非刑罚的本质。因为，"任何法律措施的本质必须透过人们想要达到的目的来加以确定，本质无法独立于目的而存在"。然而，如前所述，预防理论为人诟病的一点就是，刑罚权得不到限制。为此，预防综合论者引入罪责原则来弥补这

---

[1] 王世洲：《现代刑罚目的理论与中国的选择》，《法学研究》2003年第3期。

[2] 耶赛克、魏根特：《德国刑法教科书》，徐久生译，中国法制出版社，2001，第87-88页。

[3] 刘传璟：《论刑罚的目的——报应之综合理论的再建构》，《台湾刑事法杂志》2015年第5期。

[4] 霍金斯、阿尔珀特：《美国监狱制度——刑罚与正义》，孙晓雳、林遐译，中国人民公安大学出版社，1991，第101页。

一缺陷。"国家刑罚权应受到犯罪行为人之自由利益的限制，行为人之自由利益并非基于国家之需要而可以被任意处置，而是必须限缩在罪责之范围。"[1]事实上，从上述两种不同综合刑论的观点可以看出，报应和预防并非非此即彼的关系，二者间具有可以调和的空间。这种调和根据责任原则和伦理化的限制。作为国家保护社会的工具，只要有责任原则的限制，在报应与预防之间就可以寻找到平衡。值得一提的是，综合刑论不仅仅局限于理论研究中，在刑事司法中也有发展，且在刑事法实践中（包括立法和司法）为综合论的发展提供了实践检验的场所。

3. 环境刑法介入环境保护的正当性依据

在传统的折中理论的框架内，不断丰富和发展环境刑法介入环境保护的时代内涵，环境刑法是介入环境保护正当性的根本理论依据。长期以来，人类通过创造性劳动改造着身边的世界并适应着周围的环境，20世纪中叶以来，随着人类生活利益不断丰富和生产力巨大发展，人类生活和生产环境在不断恶化，人们才逐渐重视自然环境的价值意义，人们越来越多地将自然因素纳入刑法进而保护人类最重要的生活利益，日益倚重刑事手段保护既有的环境法益，刑法的保护范围由此而持续扩展。与传统刑法相比，现代环境刑法作为刑法的种概念，都是为了保护人的根本生活利益——法益，在存在价值、惩罚手段、运行方式等方面具有高度的一致性。[2]现代环境刑法保护也具有报应和预防两个层次。环境犯罪具有巨大的法益侵害性，环境刑法的报应性，是传统犯罪带来侵害的选择，是依法惩治造成侵害、引起危险的严重侵权行为进而保护根本生活利益的客观要求。环境犯罪可能侵犯财产权、人身权，还可能危害区域内生存条件，甚至造成规模大、历时长的巨大灾难。鉴于此，使用最严厉的法治武器——刑法——打击严重环境侵权行为就成为必然，公众作为环境犯罪最大的直接受害者与环境犯罪处罚最直接的受益者，是可以接受的甚至是积极争取的。

比较而言，一般预防是刑法介入环境犯罪更有说服力的论据，比特殊预防更能阐释环境刑法正当性基础。环境犯罪具有特殊性，危害具有明显的严

---

[1] 刘传璟：《论刑罚的目的——报应之综合理论的再建构》，《台湾刑事法杂志》2015年第5期。

[2] 张明楷：《刑法学》，法律出版社，2007，第86页。

重性、差异性，对基本生活利益造成巨大危害，且这种危害很难弥补。鉴于此，在强调公正报应的环境刑法语境下，将环境犯罪危害结果控制在最低程度内甚至从根本上预防、避免环境犯罪的发生，应当是环境犯罪治理所应当追求的最大利益追求。比较看来，一方面，剥夺犯罪分子生命、自由及实施教育改造以防止他们重新犯罪的特殊预防，在环境犯罪应对战略中的价值显然不会优越于从根本上防止环境危害发生的一般预防。另一方面，环境犯罪经常造成巨大的法益侵害，在罪刑法定背景之下，特殊预防在相当程度上无法根本满足罪刑相适应原则的基本要求，对行为人科处最为严厉惩罚并不意味着能够实现均衡法益。鉴于此，有学者认为，对环境犯罪分子科处刑罚并不能完全恢复被环境犯罪破坏的法律关系，只有充分发挥一般预防功能，才能全面发挥犯罪预防功能。[1]环境刑法的主要目的和作用，不是从现实生活中使环境犯罪分子消失，而是阻吓其他主体实施环境犯罪行为。

　　我国学者在探讨环境刑法正当性基础时主要遵循如下进路。即根据伦理道德的基本要求揭示环境刑法存在的正当性基础→环境犯罪侵害现代环境伦理道德→环境刑法据此获得了存在的合理性解释→环境刑法伦理道德主要观点的概括提炼及现代环境各个流派的主要伦理主张。普遍认为，环境刑法与伦理道德紧密相关，环境法规及其效力来源于社会伦理道德规范，"没有生态伦理基础的环境刑法""是一种'恶法'"，"是无法获得人们的尊重和自觉遵守的"。[2]可以从伦理道德中寻找环境刑法的正当性依据，但统治阶级意志体现的法律及其结果，理应能够被公众所接受，与社会主流伦理道德观念基本一致，否则，即使国家通过强制力推行，也很难真正遵守和支持。环境犯罪行为侵犯了人们以现代环境伦理为核心的环境情感，因此可以在现代环境伦理道德层面上找到说明环境刑法存在的正当性。

　　然而，简单地将环境刑法附会于现代环境伦理是不科学的。即使将环境伦理道德同环境刑法的正当性基础建立紧密的联系，在各自语境之下，存在本质差异的环境伦理与环境刑法所依托和包含的伦理道德的具体内容蕴涵着

---

[1] 赵星、安然：《环境犯罪对传统刑罚目的之挑战与应对》，《法学杂志》2009年第4期。

[2] 陈德敏、杜辉：《论环境犯罪的伦理特征及其刑法控制基础》，《江西社会科学》2009年第5期。

一种对人们较高层级美德的要求，是一种行为规范，是塑造人与自然和谐共存的理想伦理道德状态。现代环境"伦理道德"，更是人们践行崇高行为进行的一种提倡、期许、指引和褒奖，环境伦理的实质追求是"一个人的道德境界的新的试金石"，人应当具有"对动物的关心，对生命的爱护，对大自然的感激之情"。[1]环境刑法则以国家强制力为保障，"切不可泛化法对道德规范的要求"，更不能以法代替道德规范，"只能以适当的方式使最基本的道德规则法律化""尤其是高层次道德规范的直接确认和转化"[2]，因此不可能对人们提出这么高的现代环境伦理的道德要求，环境刑法只能被视为是对侵犯道德底线行为的一种遏制。[3]与现代环境伦理相比，环境刑法只能防控那些严重危害人们最基本生活利益的行为，只能规制那些连基本道德都不遵守的极端行为，只能对人们提出最低层级，且在很大程度上就是一种行为规范的道德要求，应秉持刑法的谦抑特性。但是，简单地、不加深思地将环境伦理学或环境刑事法、民事法学的环境价值内涵套用在环境刑法学之上阐释环境刑法的正当性基础，是一种简单粗暴且极端不负责任的表现，用这样的方法会混淆人们行为的不同标准，也无法正确认识环境犯罪的实质属性和特有内涵，从而将环境刑法学科根基置于不科学根基之上，进而从根本上为僭越人权、践踏自由乃至破坏公民权利范围的界限提供借口和机会。总的看来，与现代环境伦理道德相比，环境刑法正当性理论研究具有明显的滞后性，环境刑法正当性具有特定内涵。

二、流域治理理论

"流域治理理论"是一种针对流域这一特定地理区域的综合性管理和发展理念。它强调以流域为基本单元，综合考虑流域内的自然生态系统、社会经济系统和人类活动之间的相互关系和相互作用。流域治理注重整体性，将流域内的山水林田湖草等自然要素视为一个有机整体，进行统一规划和管理。其目标是实现流域内的资源合理利用、生态环境保护与经济社会可持续发展的协调统一。该理论涉及多学科知识，包括水文学、生态学、地理学、经济

---

[1] 罗尔斯顿：《环境伦理学》，杨进通译，中国社会科学出版社，2000，第20页。
[2] 考夫曼：《法律哲学》，刘幸义等译，法律出版社，2004，第308页。
[3] 储槐植：《美国刑法》，北京大学出版社，2005，第3页。

学、管理学等。在治理过程中,重视不同利益相关者的参与,包括政府、企业、社会组织和当地居民等,通过协商合作形成共同治理的合力。同时,流域治理理论强调运用科学的方法和技术手段,进行监测、评估和决策,以提高治理的科学性和有效性。总之,"流域治理理论"为解决流域内的生态、经济和社会问题提供了系统的思路和方法。

(一)流域生态环境协同共治理论

流域生态环境协同共治理论是在回应现代环境治理体系建构的时代要求而形成与发展的,现行法也明确将这种"协同共治"嵌入流域生态环境治理模式之中,如《长江保护法》明确要求"协同共治"。同时,流域生态环境协同共治的思维范式,广泛分布于政治、经济、社会、生态等诸多学科之中,既要考察流域综合治理理论,又要遵循整体政府理论,还要分析与践行成本效益理论以及综合运用协同治理理论,进而构成自洽且成熟的理论体系。在经济社会高速发展而流域性水问题日益严峻时期,为解决多样性、复杂性、严峻性和长期性的跨行政区、跨部门的水资源短缺与饮用水安全等流域治理问题,迫切需要从流域自身出发,改善流域资源环境状况,实施多方联动的综合性治理。同时,单一部门、某个行政区或技术导向的治理思路,在应对由水旱灾害和污染事件等构成的综合性流域涉水灾害以及水利水电等工程引发的生态破坏与经济损失等方面问题时,难以取得理想效果。现行体制和机制难以满足解决这些问题的要求,无法适应新时期流域性问题的变化,迫切需要最大限度地适应自然规律,通过跨部门与跨行政区的流域协调治理,综合开发,充分发挥生态系统功能,利用、保护、治理流域水、土、生物等资源,实现流域的可持续发展与流域经济、社会和环境福利最大化。依据理论涵摄的领域与出发点的差异,流域综合治理的理论又主要区分为宏观层面、中观层面、微观层面的治理理论。

可持续发展理论具有宏观层面治理理论的属性。可持续发展理论认为,人类赖以生存的大气、淡水、海洋、土地和森林等自然资源和环境是一个密不可分的系统,应协调发展经济、社会、资源和环境保护,既满足当代人的需要,又不危害后代的发展,为子孙后代能够安居乐业和永续发展奠定生态环境基础。对于水资源而言,坚持可持续发展理念,尊重自然、顺应自然、保护自然，既要有效利用水资源发展社会经济，又要保护水环境、水生态，合理利用水资源。应正确认识和利用自然规律，从内心敬重和敬佩自然，产生爱护自然的行动意识，又要遵循自然规律，根据自然法则行事，还要适度利用自然、尊重自然的选择，在自然能够允许与承受的范围内利用和改造自然。实现人与自然和谐相处要顺应自然，通过政府的有效治理和民众的自觉保护意识去保护自然，有序、有度地利用自然，合理开发和保护性利用自然资源，修复破损的生态系统，改善已退化的生态环境，保护自然系统的统一性与整体性。人类可以有序和有度地利用自然，不能超过自然阈限，否则就会对自然产生一定的负面影响甚至通过自然本身难以修复进而破坏自然。如向河流过度取用水，会破坏河流甚至会使河流产生断流乃至导致水文功能和生态功能丧失。因此，应以遵循自然规律为前提，尊重自然、顺应自然、保护自然，统筹兼顾，合理开发利用自然资源，保持完备良好的生态环境，保障社会经济与环境协调发展，尊重自然规律和自然价值，达到经济发展及自然环境与生态系统之间的平衡，实现人与自然和谐相处，最终达到人与人、人与自然及人与社会的全面和谐。

　　流域"自然—社会"二元水循环理论属于中观层面治理理论范畴。在人类尚未大规模开发利用水资源前的一元水循环支撑着的自然生态环境系统，水资源发挥着环境属性功能与生态属性功能；随着人类水资源开发利用量不断增大，以取水—供水—用水—耗水—排水为基本环节的社会侧的自然水循环为主的框架逐步形成，拓展了水资源的功能属性，进而发挥着经济与社会服务功能，原有的生态功能与环境服务呈现出鲜明的人工属性。流域"自然—社会"二元水循环理论为流域的综合治理提供了依据。以取水—供水—用水—排水为基本过程的社会侧支循环系统与以大气水—地表水—土壤水—地下水为基本过程的自然主循环系统的流域"自然—社会"二元水循环的耦合系统开始形成。受社会水循环影响，通过对水资源合理利用的社会水与自然水循环过程最终还需回归到自然水系统中。对特定流域，在此结构框架下的"自然—社会"二元水循环的通量、过程各有差异，人类开发利用水资源受到社会水循环和自然水循环的双重影响。流域综合治理，需要解决取、用、耗、排水资源，既不影响自然界水循环的整体稳定性与持续性，又有利于生态环境和社会经济的健康发展。

木桶理论、最小势能理论与系统均衡理论具有微观层面治理理论属性。木桶理论是指桶壁上最短木板的长度决定木桶的盛水量。对于流域治理而言，流域内每个单元水问题治理的程度决定流域治理的程度。最小势能理论是指当一个体系的势能最小时，系统处于稳定平衡状态。消耗最小成本实现流域水问题的综合治理，尽快下泄和疏导洪水，尽快收集和处理、减少污染物，防止干扰和冲击本流域及下游河湖。系统均衡理论是指系统各单元的边际效益均衡才能实现系统效益最大化。流域治理总效益最大，需要各单元的治理成本尽量接近，这样治理总成本才能最小，因每个单元污染负荷和洪水的来源与数量、治理的成本和条件存在差异，综合考虑经济、社会、生态、环境、技术等方面才能实现效益最大化的流域综合治理。一般认为，地表水及地下水分水线所包围的集水区域总称为流域，该地表水的集水区域内的水流向一个共同的终点，流域内的河水与河槽、水量与水质、地表水与地下水等存在着内在统一性，系统地解决水问题，理应以流域单元为基础，综合考虑流域上下游、干支流、地表与地下的水问题以及相关的土地利用问题。

（二）制度性集体行动理论

曼瑟尔·奥尔森首次提出源于"集体行动的逻辑"的制度性集体行动理论（Institutional Collective Action，简称ICA）。该理论认为，即使一个整体中，所有人均具有理性且达成团体目标均获益，也不能推断所有个人将为实现该目标而采取统一行动，除非个体极少或者有某种强制约束力迫使其按照共同利益行事。该理论是美国为解决集体行动困境的特定历史条件下产生的。当时，美国面临城市中心群及大都市群治理中的权力与责任碎片化问题，Feiock教授及相关学者探究了权力与责任碎片化困境及其解决路径进而形成制度性集体行动理论。在集体行动逻辑影响下，随着社会的进步和人类交往的进一步发展，制度性集体行动理论得以形成与发展，进而成为解决集体行动困境的理论依据与基本思路。

制度性集体行动理论强调利益平衡，利益平衡是地方政府合作选择的重要依据，意识到彼此之间相互依赖，一个地方政府才会采取合作行动进而对其他地方政府产生影响，并将这种合作行为视为订立政治契约的动态过程。[1]在该过程往往伴随着交易成本与利益，净收益是促成合作的关键点，具有其合理性理由。（1）ICA 理论认为，收益是集体行动的出发点，具有集体性收益（Collective Benefits）与选择性收益（Selective Benefits）之分。前者主要指因合作实现的整体公共服务提升，后者主要指个体在集体行动中的增益部分。（2）ICA 理论认为，集体行动的阻碍因素是交易成本，这些成本主要表现为代理、信息、协商、执行以及地方自主性失去等方面的成本。（3）ICA 理论认为，合作的关键点是净收益，获取更大的合作净收益是合作参与者选择合作及其机制的依据，合作净收益与参与合作的动机成正比。[2]（4）ICA 理论认为，权力和公共责任的分割是 ICA 困境的直接原因，一个地方政府的合作决策会受其他政府以及一个或多个特定功能领域的影响。规模不经济、外部性及共同资源的使用问题等困境就根源于这种权力和责任的碎片化。[3] 为摆脱这种公共产品供给的集体性困境，制度性集体行动合作机制成为客观需要与选择。

根据 ICA 理论，根据不同标准，可以将制度性集体行动合作机制区分为多种类型。一方面，根据自治程度不同，集体行动合作机制政府可分为有授权性合作机制、约束力的合同合作机制、嵌入性网络关系及外部强加的地方政府。另一方面，集体行动合作具有制度空间大小差异，可依次区分为三个层级。最下层的集体行动合作机制，主要是两个地方政府在特定服务领域达成的信息、资源和承诺的交换。中间层的集体行动合作机制，主要是较多而非全部地方政府在某些功能领域或者更加有限的政策内合作；最上层的集体行动合作机制，是指所有行动者建立多重集体关系并解决大量功能或服务问

---

[1] Rosemary O'Leary, Lisa Blomgren Bingham, Big Ideas in Collaborative Public Management, New York: M. E. Sharpe Press, 2008, p.196.

[2] Richard C. Feiock, John T. Scholz, *Self-Organizing Governance of Institutional Collective Action Dilemmas: An Overview*, New York: Cambridge University Press, 2010, pp.3-4.

[3] Richard C. Feiock, "The Institutional Collective Action Framework," Policy Studies Journal, Vol.41, No. 3（Aug. 2013）: pp.397-425.

题，合作的交易成本随着制度空间从小到大而随之增加。[1]在上述分类的基础上，Feiock运用ICA机制将上述12种制度性集体行动合作机制，分为强制协作机制与自愿协作机制两种。在实现生态环境治理与修复的共同价值目标指引下，黄河流域的整体性行动合作机制有利于促使政府机关、非政府组织、个体等各利益组织体能够积极采取集体行动。然而，因政府主体之间的权益衡量导致流域生态环境协同治理面临集体行动困境，黄河流域生态环境治理存在责任推诿现象。因此，亟须引入制度性集体行动理论。目前我国流域治理逐渐发展为多元中心治理模式，利用制度性集体行动理论分析和解决当前黄河流域生态环境协同治理问题，分类、开放探讨黄河流域生态环境协同治理合作机制，有利于细化流域生态环境协同治理，防止权力碎片化，进而不断增强地方政府的自主性与创造性尤其是协同治理活力，形成协同治理合力，进而促进黄河流域生态环境的治理与修复。

（三）新区域主义理论

Palmer最早提出新区域主义，强调区域一体化与区域全面协调可持续发展，主要具有区域空间、区域身份和区域整合等三个基本要求。[2]区域空间主要是指一定范围的具有特定职能的区域，是突破传统意义的"自然区域"和"行政区域"，根据经济、政治、文化等多因素形成的。区域身份主要是指趋于成熟稳定的区域身份认同，是通过对话、协商等，在加深区域认同感和归属感的基础上根据区域共有的价值观念而形成的。区域整合主要指通过签订协议保证资源的合理分配并相互补充，有效实现区域治理，规范成员行为，共同履行公共服务职能。[3]新区域主义倡导多元主体广泛合作，主张政府、企业、公众等共同参与区域治理，要求协同解决区域公共事务，实现网络化

---

[1] 姜流、杨龙：《制度性集体行动理论研究》，《内蒙古大学学报》（哲学社会科学版）2018年第4期。

[2] David Marquand, John Tomaney, "Regional government and sustainability: Taking devolution in England forward," *New Economy*, vol.8,no.9（Mar. 2001）:pp.36-41. *Public Policy Research.*

[3] 曹海军：《新区域主义视野下京津冀协同治理及其制度创新》，《天津社会科学》2015年第2期。

治理。国内有学者探讨了新区域主义内涵及特征[1]，有学者特别关注府际合作与区域治理[2]，有学者深入考察区域生态环境治理以及区域事务合作[3]，有学者研究区域公共服务[4]，有学者专题讨论城市治理[5]，还有学者考察了区域发展与经济发展的关系[6]，更有学者专题探讨了空间规划问题[7]。

1. 强调区域合作与融合

新区域主义理论强调区域合作与融合，具有一定合理性和优越性。首先，广义的区域空间。新区域主义主张增强主体互动，淡化地域概念，在特定地域空间重塑关系。跨界联合河长制主张摒除行政区划概念，要求淡化行政边界，整合治理力量，通过设立统一的管理机构与执行机制，一体化治理跨界污染。其次，共同的区域身份。新区域主义倡导区域归属感与认同感，强调文化价值取向的共同构建，主张通过协商、对话、谈判等加深彼此认同，要求从整体性出发构建统一的区域身份。最后，强调多元区域整合。新区域主义要求整合跨域政府职能，通过顶层设计和制度创新，深化水利一体化合作，推动跨界水体联合编制以及多种联合方式，构建跨界联合以及多元主体共治的复杂网络。有学者主张运用新区域主义研究跨域水环境治理，在运用新区域主义分析跨界联合河长制的治理逻辑与形成机理，倡导多元主体参与，实现形式多样、富有弹性的整合方式。黄河流域主要采用行政分化治理方式，

---

[1] 许源源、孙毓蔓：《国外新区域主义理论的三重理解》，《北京行政学院学报》2015年第3期。

[2] 全永波：《基于新区域主义视角的区域合作治理探析》，《中国行政管理》2012年第4期。

[3] 刘娟、于虹：《新区域主义视域下大气治理的制度设计与模式创新》，《治理现代化研究》2019年第4期。

[4] 李磊、晏志阳、马韶君：《城市群"互联网+医疗健康"的内涵解析与路径构建——基于新区域主义视角的分析》，《北京行政学院学报》2020年第4期。

[5] 曹海军、霍伟桦：《城市治理理论的范式转换及其对中国的启示》，《中国行政管理》2013年第7期。

[6] 彭向升、祝健：《新区域主义视角下福建自贸区深化两岸金融合作研究》，《福建论坛》（人文社会科学版）2016年第12期。

[7] 姚佳、陈江龙、姚士谋：《基于新区域主义的空间规划协调研究——以江苏沿海地区为例》，《中国软科学》2011年第7期。

跨区域协同困境尤为突出，导致多种冲突和水务纠纷不断出现，地方政府不仅不能实现有效合作，有的甚至出现碎片化加剧问题。鉴于此，为实现黄河流域的长期有效治理，地方政府突破了传统的行政壁垒，探索建立跨界联合河湖长制，持续提升黄河流域生态系统的质量。

2. 重视流域协同治理

学界对协同治理适用的领域存在一定争议。有学者主张协同治理理论适用于公共服务领域，有学者主张合作治理是公共部门与私人部门共同提供公共服务和秩序的合作协同治理过程。也有学者认为，协同治理适用于环境治理与公共危机管理，并构建了公共危机管理中协同治理模式。总的看来，国内学者普遍认同协同治理能广泛运用于公共管理范畴，既可用于社会事务的管理，又可用于公共服务和公共事务的供给。作为一种非排他性与非竞争性的公共事务，黄河流域水体污染治理尤其复杂，通过运用流域协同治理，可以解决个人力量或个别组织单打独斗所无法解决的问题。此外，水具有特殊属性并成为个人生活和社会生产必不可少的资源，每个人、每个组织、政府与水都具有紧密联系，在水资源保护方面具有利益一致性与利益追求的共同性，进而成为协同治理产生的重要原因。在流域协同治理语境下，基于共同利益意识和美好生活需要，各参与主体协同治理，充分发挥各自优势，追求水资源可持续发展，进而推动河长制健康运行。同时，随着黄河治理的复杂化与多样化尤其是复杂的水体治理特点，单一的政府行政治理手段已难以满足实践需要，通过河长制的实施，充分发动社会多元力量共同参与到黄河流域水资源治理中，进而促进政府与其他社会主体协同、互动治理。另外，国内早已有河长制的研究成果，学界从碎片化治理、技术嵌入、技术赋能等角度探讨地方政府跨域间协同治理，为协同治理黄河流域环境犯罪提供了理论依据。

三、犯罪预防理论

从理论上讲，犯罪预防具有广义与狭义之分。广义的犯罪预防，既包括狭义的犯罪预防，还包括减少"可预见的犯罪恐惧"或者降低"实际的犯罪水平"的"任何措施"。[1]"这些措施通过介入社会领域与自然领域而预防犯罪,更注重减少犯罪的危害后果尤其是犯罪的可能性,旨在根本改变行为或事物的发展趋向。"[2]我国学者一般是在广义上理解犯罪预防,普遍认为犯罪的多因性客观上决定了犯罪预防的综合性。有学者指出,预防犯罪需要采取多种措施,运用多种手段,是防止和减少犯罪的综合力量和举措体系。[3]在实践中,这种综合治理策略意义上的犯罪预防,已被我国所推行与证明,并具有三个显著特点:一是国家主导。国家主导社会建设,还通过刑事司法系统追诉、矫治被追诉人坚持党委、政府的统一领导,广大人民群众极参与,有关部门运用政治、经济、行政、法律、文化和教育等多种手段,齐抓共管,协调一致,打击和预防犯罪,维护人民权益,促进社会和谐,建立和保持良好的社会治安秩序。[4]二是措施综合。既包括通过刑事司法系统惩罚和改造犯罪人进而减少再犯的发生,又包括通过即时管理,即中观环境,减少犯罪机会,还包括通过宏观社会管理和社会政治、经济、教育、文化等多项建设,减少犯罪原因,培养人格健全的社会成员,不断改良社会。三是涉及面广。通过事前的预防活动,事中的犯罪追诉,事后的控制和处理,全过程预防犯罪。既涉及社会管理完善,又关涉社会矛盾化解,还关乎社会治安整治与社会稳定保障等社会治安综合治理。

狭义的犯罪预防,主要指"防患于未然"的"立足于防,以防为目的"的一切措施[5],也被称为"狭义性预防"。20世纪80年代后,活动范围受到严格限定的预防概念在犯罪预防研究与实践中正日益受到重视[6],一个与广义犯罪预防概念相比外延较小的犯罪预防概念逐渐明晰,将这种预防的核心诠释为通过制定与实施刑法同犯罪作斗争的方法和手段。美国犯罪预防联合会将

---

[1] Steven P. Lab, *Crime Prevention: Approaches, Practices, and Evaluations*, 7thEdition, New York: Anderson publishing, 2010, p.26.

[2] 马圭尔、摩根、赖纳等:《牛津犯罪学指南》第4版,刘仁文、李瑞生译,中国人民公安大学出版社,2012,第671页。

[3] 冯树梁:《论预防犯罪》,法律出版社,2008,第22页。

[4] 中央社会治安综合治理委员会办公室:《社会治安综合治理工作读本》,中国长安出版社,2009,第4-5页。

[5] 冯树梁:《论预防犯罪》,法律出版社,2008,第15页。

[6] 张远煌:《犯罪学原理》第2版,法律出版社,2008,第438页。

犯罪预防解释为"培育一种能够遏制犯罪的环境","减少犯罪威胁","增强安全感","改善人们的生活质量"的"态度和行为"。[1]法国学者西蒙·加桑将犯罪预防理解为国家、地方组织及社会团体控制犯罪的一种手段,即通过限制或消除致罪因素及孕育着利于犯罪机会的物质及社会环境实现预防犯罪的目的。[2]我国犯罪学教科书也有类似的认识,将"犯罪预防"理解为"犯罪的事先防范活动和措施"。[3]显然,这些认识强调犯罪预防的事前性,将刑罚的惩罚性及威慑性预防排除在预防范畴之外,将犯罪预防理解为区别于其他刑事政策的手段,诸如剥夺自由刑的替代措施扩大化,非刑罚化及个性化治疗,犯罪人的重新社会化,犯罪被害人救助,等等。这种狭义上的犯罪预防具有几个显著特点:一是虽然要求提升刑事司法效率,但区别于犯罪发生后的刑事司法应对,其着眼于犯罪发生之前,强调犯罪诱发因素、实施机会的消除或抑制活动,核心目的在于增加犯罪被发现的风险,理性选择犯罪预防机制影响潜在犯罪人对犯罪机会的认知进而预防犯罪;二是抑制犯罪风险和提升民众安全感,将这种预防理解为消除或抑制犯罪发生各种风险的发现、决策、实施和控制的犯罪风险管理过程,旨在增进社会公众安全感,抑制或消除犯罪风险的社会诱因或机会因素,减少民众的犯罪恐惧;三是措施的非强制性,虽然有些措施在一定意义上限制个人行为,但这些限制往往被视作为了公共安全而让渡的个人自由,一般不具有直接的威慑性。

两种意义上的犯罪预防表达了不同的预防理念。包罗万象的传统意义上的犯罪预防概念,主张通过宏观社会改革预防犯罪。这种理念下的预防活动具有范围的模糊性和不确定性,不利于构建可操作性的理论与实践体系,难以充分发挥犯罪预防活动的应有功能,还难以实现预防活动的刑事政策实施绩效评估的科学化,进而容易形成"表面重预防、实际轻打击"的状况。[4]比较而言,狭义的犯罪预防概念更具可操作性,有利于刑事政策的制定和犯罪防治实践。我国经济自改革开放以来取得了巨大进步,也为犯罪尤其是侵

---

[1] 皮克:《社区警务战略与实践》第5版,刘宏斌译,中国人民公安大学出版社,2011,第97页。

[2] 加桑:《犯罪学》,达格兹,1994,第587页。

[3] 许章润主编《犯罪学》(第3版),法律出版社,2007,第301页。

[4] 张远煌:《犯罪学原理》(第2版),法律出版社,2008,第441页。

财型犯罪提供了更多机会，而社会建设没能及时跟上，社会因素仍然是犯罪发生的主要原因之一。因此，我国的犯罪预防要兼顾宏观原因和情境近因，既要重视广义上的犯罪预防，又要重视狭义上的犯罪预防。

（一）西方犯罪预防理论

1. 古典犯罪学学派：犯罪自由意志论

古典犯罪学学派有关犯罪原因的认识主要有三方面内容。一是认为人性自私。英国哲学家霍布斯（Thomas Hobbes，1588—1679年）主张人性恶，认为人的本性是自私、邪恶的，犯罪就是这种人性的表现。古典犯罪学学派普遍接受这种观点，认为任何人都有可能将这种自私、邪恶的本性表现出来进而可能实施犯罪。二是主张意志自由。人们可能选择守法行为也有可能选择犯罪行为，任何人都有这种意志自由。个人意愿和外部条件虽然不同，但是犯罪人基于自己意愿做出的犯罪行为，应当对这种自由选择的犯罪行为承担责任，因为这是个人自由选择的结果。三是享乐主义或功利主义。这种观念"建立在心理享乐主义学说的基础之上"[1]，认为人都是自私的，都想趋利避害，选择犯罪行为而不选择守法行为，是具有意志自由人的享乐主义或功利主义倾向所决定的。没有选择守法行为，而是选择犯罪行为，妄图用最小的代价获取最大的利益、享受，也是人们基于享乐主义或功利主义倾向作出的选择，应当为这种意志自由下犯罪行为的选择承担责任。当然，古典犯罪学派的犯罪预防思想虽然都是主要建立在享乐主义或功利主义思想理论的基础上，但每个犯罪学家的观点也存在一定的差异。

2. 实证主义犯罪学学派：犯罪原因论

实证主义犯罪学学派主要指运用实证主义方法研究犯罪学的理论学说，又称实证犯罪学派。该学派形成于19世纪后半期的欧洲，是欧洲国家反对严苛的古典犯罪学派和处理国家社会尖锐矛盾以及犯罪行为原因研究欠缺的过程中产生与发展起来的。实证犯罪学派主张犯罪原因论，是19世纪末20世纪初西方犯罪学的一个重要理论流派。该学派反对古典学派的自由意志论，认为犯罪不是犯罪人自由意志的结果，而是由外在的人类学、社会、自然等因

---

[1] 萨瑟兰、克雷西、卢肯比尔：《犯罪学原理》，吴宗宪等译，中国人民公安大学出版社，2009，第82页。

素相互作用和结合而产生的。该学派主张犯罪原因决定论，认为一切事物中都存在因果关系。由此推知，犯罪行为不是纯粹的个人自由选择，而是由一定的原因决定的结果。与古典犯罪学派的自由意志论不同，实证主义犯罪学学派认为，犯罪行为不是简单的个体选择，而是犯罪人受到环境影响，在特定条件决定作用下的一种非理性选择的产物。在犯罪惩治对策性上，实证主义犯罪学学派不强调采用刑罚手段，主张运用"刑罚替代措施"科学地矫治犯罪人。该学派"重预防而轻刑罚"，认为刑罚目的是预防犯罪人重新犯罪，是一种辅助手段。该学派重视犯罪原因以及刑罚个别化和针对性研究，主张根据犯罪原因采取相应的预防措施。

实证主义犯罪学派的理论，深刻影响着现代犯罪学的产生与发展，有关犯罪原因、犯罪人和犯罪对策的观点，为犯罪学研究与实践提供了重要的理论支持和方法论指导，对当代犯罪学研究具有重要的启示意义。当然，该学派的理论，也存在一定的缺陷和局限性。

3. 犯罪社会学理论：犯罪社会结构影响论

犯罪社会学理论亦称"刑事犯罪学""社会犯罪学"，主要指运用社会学的观点和方法，考察犯罪产生的原因、条件、社会机理，研究犯罪现象以及预防、控制和消除犯罪的途径。犯罪社会学理论主张通过改善社会环境、减少社会不平等、加强社会控制和文化引导等措施达到预防与控制犯罪的目的。该理论研究社会原因及社会预防体系，属于犯罪学和社会学的交叉研究，既与社会学、犯罪学密切相关，又不同于这两个学科而具有相对独立的研究范围和内容。该理论运用社会学的理论和方法研究犯罪与人类社会相互关系，具有独立的理论体系和结构框架，既有系统的理论，又有应用价值。

在当代，从社会学角度研究犯罪的成果突出。诸如从社会过程角度，考察犯罪产生的原因、条件、社会机理，提出生命历程理论、差异接触理论、社会控制理论等；从社会冲突角度，研究犯罪现象以及预防、控制和消除犯罪的途径，提出女权主义犯罪学理论、冲突理论、标签理论；从社会结构角度，研究犯罪产生的原因、条件、社会机理以及预防、控制和消除犯罪的途径，提出社会失范理论、社会解组理论、相对剥夺理论，等等。社会失范理论的代表性人物默顿认为，应当到社会结构和文化结构中去寻找犯罪的解释。当社会既有共同的文化目标，又提供合法的手段来实现这些目标，如果社会部分人缺乏文化目标或者无法通过合法手段实现文化目标,即出现社会价值"失范"状态,犯罪就会因此产生。如果大量移民的涌入,将导致原有社会结构解体,人们价值观发生严重混淆,存在文化差异与冲突,不同文化之间的冲突和适应不良也可能引发犯罪行为。因此,该理论认为,通过社会主流文化,向新移入的居民灌输主流社会文化,是有效控制社会价值"失范"以解决犯罪问题的可行方案。犯罪社会学认为,社会结构中的不平等现象,如经济地位、教育机会、种族歧视等,是导致犯罪的重要因素。低社会经济地位的人群往往面临更多的生活压力和剥夺感,更容易产生犯罪动机。美国社会学家斯托弗1949年在《美国士兵》一书中首先提出"相对剥夺理论",认为相对剥夺是个体或群体对于自身相对状况所持的一种主观的社会比较意义上的心理感受,是导致犯罪的原因。因认为用合法手段不能克服自己的困境而处于相对剥夺状态的人,就希望用包括犯罪在内的其他手段来达到不被剥夺的状态,进而较好地解释了上层阶级的犯罪原因,表明犯罪率的高低与社会的收入差距大小有较强的关系,但是与社会的富裕或贫困程度没有太大关系。另外,美国芝加哥学派提出社会解组理论,认为犯罪是由社会结构的解体和重组引发的问题。该理论认为,控制社会犯罪至少有两种解决办法,即增加竞争的机会保障人们能够利用合法手段达到目的,减少欲望便于通过合法手段实现自己的目标。这种理论影响很大,但很容易忽视上层社会的犯罪,因下层社会缺乏机会和能力更容易导致犯罪甚至将犯罪仅仅看作是下层社会的事。

总之,犯罪社会学理论主张从社会整体的角度出发,从社会结构、文化等角度探讨社会因素如何影响犯罪行为的发生,认为犯罪行为是多种社会因素和个人因素相互作用的结果,应通过综合措施以预防和控制犯罪。

(二)中国古代犯罪预防理论

绵延数千年之久而从未中断的中华文明体现出中国文化的强大生命力。中国特色的犯罪预防文化是这种文化的重要组成部分。犯罪预防受到历代名君贤相、贤达名流的重视,诸多犯罪防控观点、防控手段也随着社会发展而不断丰富和发展。

1. "德教先行"预防理论

古代犯罪预防中的"德教先行"理论,主要源自儒家的思想体系,这一理论强调道德教育在预防犯罪中的首要地位。关于德教先行理论,儒家认为,犯罪的根本原因在于人心的迷失和道德的沦丧，而非单纯的外在因素所致。因此，预防犯罪的关键在于通过道德教育来唤醒人们的良知，使其自觉遵守社会规范，远离犯罪道路。儒家将德教视为预防犯罪的首要手段，强调"德主刑辅"，即道德教育占据主导地位，而刑罚只是辅助手段。

汉初时期，黄老思想成为显学，主张国家实行无为而治。无为而治的重要代表人物是陆贾与贾谊。陆贾在总结秦亡教训时指出，正如"兵马益设而敌人愈多"那样，"事逾烦天下愈乱""法逾滋而奸愈炽"。"秦非不欲治"，"亡于一旦"的重要原因就是"刑罚太极""苛刑峻罚""举措太众"，导致社会治安问题不断进而致使积重难返。因此，主张"设刑不厌轻""行罚不患薄"，要积极防控犯罪而不是对犯罪处以重罪。贾谊持有相似主张，认为应当重点通过礼义促使社会治安实现良性循环，在打击与预防犯罪时，应当协调好二者的关系，认为"法者禁于已然之后"而"礼者禁于将然之前"。汉初，建立在这种犯罪防控方略下的治安效果良好，为汉王朝繁荣奠定坚实基础，著名的"文景之治"就在此时期出现的。盛唐时期，简禁恤刑、安人宁国成为治国方略，实施效果良好。李世民、魏征等人大力推行这种方略。魏征认为司法的警戒作用远小于立法的昭示作用，主张"设礼以待之""防患于未然"，惩罚犯罪行为的根本作用不是惩治罪犯而在于预防，在于"立刑以明威""执法以御之"。[1] 李世民、魏征的这些观点，彰显了当时坚持的"仁本刑末"的犯罪防控韬略。

德教先行理论的犯罪预防策略主要表现以下几方面。一是主张礼治与德教相结合并重。儒家主张以礼治国，通过践行"孝""悌""忠"等预防犯罪的心理防线和道德准则来构建社会秩序，引导人们自我控制以自觉抵制犯罪诱惑。二是儒家主张"先富后教"的预防犯罪之道。即统治者应首先采取措施使人民富裕起来，解决人民的最基本生活问题，在此基础上再进行道德教育。这样做可以避免人们因贫困而铤而走险的犯罪动机，为预防犯罪奠定了物质基础。三是注重教化与感化有机结合。儒家强调教化在预防犯罪中的重要作用。他们认为，对于有犯罪动机、可能铤而走险的人，应尽早用礼仪道德来诱导教化，通过教化与感化可以达到防患于未然的犯罪预防效果。

---

[1]《旧唐书》卷五十，中华书局，1975，影印本，第2133页。

在中国古代社会,"德教先行"理论,强调了道德教育在预防犯罪中的首要地位和作用,对于维护社会稳定和预防犯罪发挥了重要作用。在当下的法治社会,该理论对于犯罪预防工作仍具有重要的启示和借鉴价值。加强道德教育,提高人们的道德素质和法律意识,可以从根本上减少犯罪行为的发生,促进社会和谐与稳定。

2."以刑去刑"预防理论

"以刑去刑"的犯罪预防理论主要源自先秦时期的法家思想,这一理论强调通过严厉的刑罚手段来遏制犯罪,最终达到减少甚至消灭刑罚使用的目的。以商鞅为代表的法家学者主张对犯罪行为施以重刑,特别是对轻微的犯罪行为也要给予严厉的惩罚,通过严厉的刑罚来威慑潜在的犯罪者,使其因畏惧刑罚而不敢犯罪。他们认为,如果对轻罪施以重刑,那么人们就连轻微的犯罪都不敢犯,更不用说严重的犯罪了,通过重刑可以消灭犯罪和刑罚本身,最终达到"去刑"的目的。该理论强调,犯罪是可以预防的,关键在于刑罚的威慑力。如果刑罚足够严厉,就能够有效地遏制犯罪行为的发生。法家推行的连坐制度即一人犯罪,与其有关联的人也要受到惩罚,是"以刑去刑"的犯罪预防理论的体现。这种制度进一步增强了刑罚的威慑力,使得人们更加谨慎地遵守法律,以免因他人的犯罪行为而受到牵连。在秦国及后来的秦朝时期,"以刑去刑"重刑理论和连坐制度得到了广泛的实践。这些措施在一定程度上起到了遏制犯罪的作用,但也激起了社会矛盾,引发民众的反抗和不满。

总之,犯罪行为的产生往往与多种社会因素相关,需要综合施策才能有效预防。如果单纯依赖重刑并不能从根本上解决犯罪问题。"以刑去刑"的犯罪预防理论体现了法家对刑罚威慑力的重视,但在实践中也暴露出了一些问题。重刑可能导致民众的反感和社会矛盾的激化,连坐制度必将侵犯无辜者的权益。

3."无为而治"预防理论

无为而治的犯罪预防理论主要源自道家学派的思想。道家学派主张"无为而治",即顺应自然规律,不过度干预社会自然运行和发展变化,以达到治理社会的目的。在犯罪预防方面,道家主张通过减少统治者的欲望和剥削,使人民能够安居乐业,从而减少犯罪的发生。道家学者告诫统治者应减少对人民的剥削，给人民以休养生息的机会，使人民生活富足起来，并强调统治者应以身作则，禁绝贪欲，廉洁奉公，引导人民向善。道家认为过于严苛的法律会破坏社会的和谐与平衡，反而可能激发更多的犯罪。因此，他们反对严苛法律，主张法律应宽简适度，以引导人民自觉遵守而非强制压制。在犯罪预防的语境下，"无为而治"并非指对犯罪行为放任不管，而是指通过倡导更为根本和深层次的自然法则，鼓励人们遵循社会和谐的原则，可以减少因利益冲突而引发的犯罪行为。同时，与儒家类似，道家也强调道德教化和自我约束在预防犯罪中的作用，更侧重于通过个人的自我觉悟和自我约束来达到这一目标。在实际应用中，"无为而治"的犯罪预防理论要求统治者具备高度的智慧和洞察力，能够准确把握社会的自然运行规律和人民的需求。然而，这一理论也存在一定的局限性。若过度的"无为"可能会导致社会秩序的混乱和犯罪行为的增加。因此，在运用"无为而治"的理念时，需要结合实际情况进行灵活调整，需要不断吸收新的思想和方法做到与时俱进，并结合现代科技手段和社会治理创新模式来加强犯罪预防工作，提高社会治理的智能化和精细化水平。

综上所述，"无为而治"的犯罪预防理论是一种具有深刻哲理和人文关怀的治理理念。通过减少统治者欲望、倡导自然法则、强化道德教化和反对严苛刑罚等措施，可以为社会的和谐稳定和犯罪预防提供有力的支持。

4. 综合施策预防理论

犯罪行为往往复杂度高、牵涉面广。因此，仅靠单一手段难以有效打击犯罪。为了更好地维护社会秩序与维持社会治安，人们很早就开始强调通过多种手段，采取多种措施，实现综合治理。

先秦时期，墨家学派主张，法律应具有公正性、普适性、权威性和执行力；主张"兼爱"，即人与人之间应相互关爱、相互帮助，这种思想有助于社会和谐稳定，降低犯罪风险；主张道德教化与自我约束；提倡发展生产，增加社会财富，以减少因贫困而引发的犯罪行为。整体上看，墨家的犯罪预防理论不仅仅局限于法律或道德层面，而是将法律、道德、经济等多个方面结合起来，形成一个综合的犯罪预防体系，采用多元化综合治理措施全面预防犯罪的发生。墨家的犯罪预防理论具有独特的法律观念、社会治理理念和"兼爱"思想，这些思想对于现代社会的犯罪预防工作仍然具有重要的借鉴意义。

汉代时期，针对犯罪及其预防问题，司马迁分析犯罪的根本原因在于追逐利益，即"天下熙熙，皆为利来；天下攘攘，皆为利往"，认为解决犯罪问题与防控社会治安的根本路径在于以利导为先，教诲次之，即"故善者因之，其次利道之，其次教诲之，其次整齐之，最下者与之争"。

唐朝时期，白居易将"刑、道、礼"理解为解决犯罪问题的基本方法，主张将这三种方法综合使用，缺一不可。在运用这些方法时，应充分考虑刑、道、礼的功能与社会状况差异，"举有次，措有伦，适其用，达其宜"[1]。明帝朱元璋推崇明刑弼教。他非常重视法律宣传、整饬纲纪，还重视立法，重视预防犯罪，吏民知法。明初，较多教化百姓的创新措施得到推行。洪武五年，为了"申明教化"而在各地乡间建"申明亭"。皇帝还经常发布"教民榜文"的法令以教化百姓，还在申明亭公布这些法令。朱元璋手订《大诰》反复强调明刑弼教的重要性与必要性与可行性。当时，理学家朱熹是坚持这种观点的典型代表。他认为，在治理犯罪中，作为具有层次性的反复循环系统的德、礼、刑、政的运用系统，应相为始终，应以德化人，以礼齐人，再以政导人，若再不从，则以刑惩人。刑惩之后，还可以再由刑至德。如此周而复始且循环接力的多种措施，有利于实现犯罪预防与整治的统一。

综上所述，中国传统犯罪预防思想，是以先秦百家诸论为基础，历经多朝发展而迄未中断。当然，随着儒家理论的历史发展，不断演变与提升的先秦子学—汉唐经学—宋明理学—明清实学，成为中国社会渐至独尊的统治思想。这些思想主张天人合一、礼仁一体，还推崇内圣外王，并不断丰富中和的特质，自然衍生出能够促进中国传统社会稳定的"外儒内法"的诸种犯罪预防思想及独特治国方略，进而形成"德主刑辅""综合为治"的独具特色的犯罪预防思想体系。

（三）中国现代犯罪预防理论

新中国成立后，各类社会丑恶现象和违法犯罪现象因一系列适合国情、切中时弊的政策的成功实施而得到较好的控制，我国也积累了犯罪预防经验。一是政治保障，即党和政府强有力的领导提供了政治保障；二是物质保障，

---

[1] 白居易：《白氏长庆集》，吉林出版集团有限责任公司，2005，影印本，第727页上栏。

即大力发展生产，消除贫富不均、消灭失业，创造能满足人民日益增长的物质文化生活条件；三是信念和道德保障，即加强社会成员的共产主义人生观、世界观的理想前途教育；四是素质保障，即发展文化科学事业；五是组织保障，即加强社会管理进而构建严密社会控制体系；六是手段保障，即增强社会的威慑力，发动群众打击犯罪。改革开放以后，历史条件的重大变化，经济转型打破了原来的控制体系，再加上"文化大革命"的严重破坏性影响，犯罪预防没能受到应有的重视，各类犯罪开始日益猖獗。经过多年的探讨与完善，我们逐渐形成了极具中国特色的犯罪防治的理论体系——社会治安综合治理理论。该犯罪预防理论是我国预防犯罪的基本模式和实践经验的总结，有利于维护社会安定，保障人民安居乐业，有效预防犯罪。"社会治安综合治理是治安史上出现的一个新概念。"[1]20世纪的八九十年代，许多学者对社会治安综合治理理论的相关概念进行了深入探讨，发展了独特的中国治安治理理论，甚至有人提出建立"社会治安综合治理学"[2]。自1981年，中央批转的政法委文件首次正式提出了"综合治理"一词来概括我国社会治安工作的总方针。此后，随着社会治安形势的变化和综合治理实践的深入，这一理论不断得到丰富和完善。

社会治安综合治理，简称综合治理，是中国解决社会治安问题的基本方针和政策，其含义是：在坚持党和政府对社会治安综合治理的领导下，依靠国家政权、社会团体和广大人民群众的力量，各部门协调一致，齐抓共管，运用政治的、经济的、行政的、法律的、文化的、教育的等多种手段，整顿社会治安，打击和预防犯罪，实现从根本上预防和治理违法犯罪，维护社会治安持续稳定的一项系统工程。这一含义包括三层面内容：一是主体方面。明确提出，坚持党和政府对社会治安综合治理集中统一领导，依靠各部门和各人民团体，依靠全社会的力量，发动和组织人民群众关心和参加社会治安工作，即党和政府领导，全民动员，确保各部门、各单位、各方面的力量形成协同治理合力。二是治理方法和手段。要充分运用政治、经济、行政、法律、文化、教育等多种手段来整顿社会治安。三是治理目标。就通过治理所要达

---

[1] 姜文赞：《论社会治安综合治理的概念》，《政法论坛》1988年第4期。

[2] 娄政文：《关于建立"社会治安综合治理学"的理论探讨》，《法学研究》1990年第3期。

到的目标来说，不但要打击犯罪，而且要改造罪犯，控制和减少犯罪的因素和条件，实现从根本上预防和治理违法犯罪，维护社会风气和治安的稳定好转。总之，社会治安综合治理理论，是我国社会治安工作的总方针，是在各级党政组织的统一领导下，通过综合运用多种手段和方法，实现从根本上预防和治理违法犯罪、维护社会治安持续稳定所必须遵循的准绳。这一理论体现了党对社会治安工作的集中统一领导以及专门机关与群众路线相结合的原则。

1. 预防为主、打防结合原则

处理好社会治安的治理问题，应妥当处理好预防与打击犯罪的关系，要认识到刑罚的有效性与有限性，要坚持"预防为主、打防结合"的治理理念。"预防为主、打防结合"是社会治安综合治理工作的指导方针，要求坚持打击与防范并举，治标和治本兼顾，重在防范，旨在从根本上解决社会治安问题。从犯罪学理论看，要真正达到减少和遏制犯罪行为，应当坚持"预防为主、打防结合"。打击和惩罚犯罪仅治标，要想治本，既要打击和惩罚犯罪，又要坚持预防为主，消除社会不良因素，铲除滋生犯罪的土壤。打击能够控制违法犯罪的发展势头，并达到一般预防犯罪；防范可以消除、减少或遏制可防性案件发生；打击与防范手段可以相互促进、相互关联，做好"打防结合"。

在打击犯罪的刑事对策方面，确立"轻轻重重"的理念，"抓大放小"，实现特殊预防和一般预防的最大效果。[1]在实际工作中，受工作成效评估机制影响，"打击犯罪"见效快，容易出成绩；而预防犯罪的直接效果不明显，见效周期长。所以"重打击，轻预防"的思想和工作措施仍处于主导地位，要坚决纠正"重打轻防"的错误观念，切实解决影响社会和谐安定的重点和难点问题。

要严格落实"预防为主"，应从思想观念、工作重点、警力配置、经费投入、考核奖惩机制等方面贯彻落实"预防为主"。要进一步加强群防群治工作，建立和完善全社会的防控体系，下大力气做好预防和减少违法犯罪工作。[2]

---

[1] 靳高风：《中国话语中的刑事政策》，载王牧主编《犯罪学论丛》，中国检察出版社，2006，第14-15页。

[2] 《中共中央、国务院关于进一步加强社会治安综合治理的意见》（2001年9月5日），https://www.gov.cn/gongbao/content/2001/content_61190.htm。

2. 专门机关与群众路线相结合原则

专门机关是指国家专门设立的公安、检察、法院等机关。专门机关与群众路线相结合原则是指侦查、检察和审判等专门机关，在诉讼活动中必须依靠人民群众的支持和参与，走群众路线，密切同人民群众联系，认真倾听人民群众的呼声，严肃惩处犯罪分子，并接受人民群众的监督。这一原则的实施有助于保障司法公正，提高司法效率，促进社会稳定和谐发展。专门机关与群众路线相结合原则的含义主要包括以下几个方面：一是在诉讼过程中深入群众调查研究并倾听群众意见和建议。这要求司法机关在办案过程中不能仅依靠专门机关的力量，还要积极走进社区、了解民情，从群众中获得第一手资料和信息，能够较全面了解案情以作出公正判决。二是接受群众监督。司法工作要做到公开透明，便于人民群众了解案情，充分发挥群众监督作用，确保司法公正和公信力。司法实践中，当司法工作取得群众的支持和帮助，群众会提供有价值的线索和证据，帮助司法机关尽早查清事实真相，促进案件的顺利办理，确保司法公正和效率。三是加强专门机关的思想、组织和业务建设。不断提高专门队伍的思想政治素养和业务能力，加强专业技术和设备建设，以确保专门机关能够高效、准确地处理案件，能够确保司法公正和效率以更好地服务群众。

总之，专门机关与群众路线相结合原则强调了在司法工作中既要充分发挥专业优势和职能优势，又要广泛听取群众的意见和建议，接受群众的监督，取得群众的支持和帮助，以实现司法公正和效率的最大化。专门机关应把两者有机结合，融为一体，形成合力，共同搞好社会治安综合治理。

3. 以块为主、条块结合的属地管理原则

在社会治安综合治理中，坚持"以块为主、条块结合"的原则具有重要意义。"条"是指按不同工作性质划分的属于不同系统的各个行业、部门和单位。在社会治安综合治理中，"条"通常指的是按照工作性质、职能或行业划分形成的各个垂直管理系统，如公安、司法、民政等部门。这些部门在各自的领域内具备专业的知识和技能，负责具体的业务指导和管理工作。"块"是指按照行政区域划分的区、县、乡、镇等地域性综合管理机构。这些机构在地方党委和政府的领导下，负责区域内各项工作的综合协调和管理。

在社会治安综合治理中，坚持"以块为主、条块结合"原则的具体含义有以下几方面：一是以块为主。在条块结合的基础上，"以块为主"的原则进一步强调地域性综合管理机构在社会治安综合治理中的主导作用。这意味着在大多数情况下，地方党委和政府应发挥核心作用，负责区域内社会治安综合治理的总体规划和组织实施。同时，要充分调动和发挥区域内各部门、各单位和广大群众的积极性和创造性，形成全社会共同参与的良好局面。二是条块结合。这一原则强调在社会治安综合治理工作中，既要充分发挥"条"的专业优势和垂直管理效能，确保各项政策、法规和措施得到有效执行；又要注重"块"的综合协调和地域管理功能，确保区域内各项工作的有序开展和整体推进。"条条"与"块块"的关系密不可分，虽然"条条"都有各自的系统和上级主管部门，但它们的工作场所和生活场所一般都在一定的"块块"管辖范围之内，其内部的治安状况和"块块"的治安状况互有联系和影响，而后者对前者的影响则更大。"块块"中的各级党委、政府负有维护好管辖区社会治安的责任，对综合治理工作通过综合治理领导机构来实现领导。因而"条条"下属的行业、部门和单位，在社会治安综合治理工作中，既要执行上级主管部门的部署，又要服从所在地党委、政府的统一领导和所在地社会治安综合治理领导机构的组织、指导、督促和检查。

综上所述，"条块结合，以块为主"的原则在社会治安综合治理中具有重要作用。它要求我们在工作中既要注重专业性和独立性，又要注重综合性和协调性；既要发挥"条"的专业优势和管理效能，又要发挥"块"的综合协调和地域管理功能。把"条条"与"块块"有机地结合起来，形成工作合力，确保提高治理效能、维护社会稳定和谐的发展。

4. 谁主管谁负责原则

"谁主管谁负责"原则，是指在社会治安综合治理工作中，各级党委、人民政府、机关、部门、单位等应当按照其管辖范围和管理职责，对社会治安综合治理工作负起相应的责任，是在社会治安综合治理体制上建立的多层级、多方面的各司其职的具体制度和规范必须坚持的原则。"谁主管谁负责"原则主要包括四方面含义：一是属地管理。各地区、各部门、各单位应当在其管辖的地域范围内，负责社会治安综合治理工作，承担维护社会稳定的整体责任。从中央到地方，党政军各部门各人民团体，按照社会治安综合治理的任务和要求，结合本单位实际业务，夯实职责。二是职责明确。各级党政军各部门和各人民团体，应当明确其在社会治安综合治理工作中的具体职责和任务，确保工作有人管、有人负责。这要求各部门、单位在职能划分上清晰明确，避免职责交叉，出现权责推诿扯皮现象。要加强思想政治和法治教育，完善安全防范制度和安全防范设施，排查问题隐患，做好问题清单，严守"管好自己的人，看好自己的门，办好自己的事"。三是协同合作。应着眼本系统工作大局，加强协同合作，在努力做好本职工作之时，还应兼顾本系统治安秩序的维护，做到本职综合治理工作与本系统工作同部署和同落实。另外，还应通过信息共享、联合执法等方式积极发动和组织社会力量共同参与社会治安综合治理工作，形成群防群治的良好局面。四是责任追究。在社会治安综合治理工作中，如果局部出现治安问题或漏洞，造成社会治安恶化甚至治安案件，应启动责任追究机制，对相关责任人追责，以追责增强各级领导的责任心。

总之，"谁主管谁负责"原则是社会治安综合治理工作的重要原则之一，它要求各级党委、人民政府、机关、部门等按照其管辖范围和管理职责，切实负起社会治安综合治理工作的责任。同时，要求各部门和各系统加强协同合作，鼓励社会参与，形成齐抓共管、群防群治的合力共治新局面。

四、生态司法理论

生态司法理论是一套关于运用司法手段解决生态环境问题、保障生态平衡和可持续发展的理论体系。它强调将生态环境保护纳入司法范畴，通过法律的适用和司法实践，实现对生态环境的有效保护。该理论注重生态系统的整体性和内在价值，不仅仅关注对人类造成的损害，还考量对整个生态系统的影响。在司法实践中，生态司法理论主张建立专门的生态法庭或审判机制，配备具有专业知识的法官和司法人员，以更准确地处理生态环境案件。同时，强调多种法律责任的综合运用，包括民事赔偿、行政处罚和刑事制裁等，以实现对生态违法行为的有效惩处和预防。此外，还注重恢复性司法的应用，要求违法者采取生态修复措施，恢复受损的生态环境。生态司法理论还关注国际交流与合作，共同应对全球性的生态司法问题。总之，生态司法理论旨在通过司法的力量，维护生态环境的公平正义，促进人与自然的和谐共生。

（一）生态保护红线理论

习近平总书记在党的十九大报告中系统阐述了新时代生态文明建设的重要战略思想，集中体现了党中央全面提升生态文明、建设美丽中国的坚定决心和坚强意志，为我国完善生态文明制度体系，把生态文明建设纳入制度化、法治化轨道指明了方向。生态文明建设的理论实质是以资源环境承载力为基础，以自然规律为准则，以可持续发展为目标的资源节约型、环境友好型社会建设。为保障国家生态环境安全和可持续发展，十八届三中全会明确提出要划定生态红线，党的十九大报告进一步强调要牢固树立生态红线观。生态红线，亦称生态保护红线，是指在自然生态服务功能、环境质量安全、自然资源利用等方面，需要实行严格保护的空间边界与管理限值，以维护国家和区域生态安全及经济社会可持续发展，保障人民群众健康。这一概念起源于城市规划中的"红线"概念，并逐渐扩展到环境领域，成为我国生态环境保护的制度创新。

1. 生态保护红线基础理论

贯彻落实习近平总书记关于生态文明建设重要战略思想，严把生态红线理论，持续推动环境司法创新发展。生态保护红线包括三方面含义：一是生态服务保障线。生态服务保障线是提供生态调节与文化服务，支撑经济社会发展的必需生态区域。这些区域对于维持生态平衡、促进生物多样性、保障水资源安全等方面具有关键作用。二是人居环境安全屏障线。人居环境安全屏障线是保护生态环境敏感区、脆弱区，维护人居环境安全的基本生态屏障。这些区域对于防止环境污染、减少自然灾害、保障人民生命财产安全具有重要意义。三是生物多样性维持线。生物多样性维持线是保护生物多样性，维持关键物种、生态系统与种质资源生存的最小面积。生物多样性是地球生命体系的重要组成部分，对于维持生态平衡、促进生态系统服务功能具有重要意义。

根据生态保护红线的含义可以得知生态保护红线具有以下特征：一是生态保护红线是生态保护的关键区域。生态保护红线是维系国家和区域生态安全的底线，是支撑经济社会可持续发展的关键生态区域。二是空间不可替代性。生态保护红线具有显著的区域特定性，其保护对象和空间边界相对固定，不可替代。三是经济社会支撑性。划定生态保护红线的最终目标是在保护重要自然生态空间的同时，实现对经济社会可持续发展的生态支撑作用。四是管理严格性。生态保护红线是一条不可逾越的空间保护线，应实施最为严格的环境准入制度与管理措施。五是生态安全格局的基础框架。生态保护红线区是保障国家和地方生态安全的基本空间要素，是构建生态安全格局的关键组分。

2. 生态保护红线司法保护理论

关于生态保护红线的司法保护理念，人民法院在审判工作中要严守重要生态功能区保护红线，维护国家生态安全底线；严守生态脆弱区或敏感区保护红线，加强生态屏障保护；严守生物多样性保育区红线，保护物种安全。要按照优化开发、重点开发、限制开发、禁止开发的主体功能定位分类施策，适度发挥司法能动作用，依法认定自然资源开发过程中相关合同的效力，维护生态安全格局，保障国家和区域生态安全。司法实践中，对于生态保护红线应依据生态服务功能类型和管理严格程度实施分类分区管理，做到司法处理依据与"一线一策"管控要求相一致：一是性质不转换。生态保护红线区内的自然生态用地不可转换为非生态用地，生态保护的主体对象保持相对稳定。二是功能不降低。生态保护红线区内的自然生态系统功能能够持续稳定发挥，退化生态系统功能得到不断改善。三是面积不减少。生态保护红线区边界保持相对固定，区域面积规模不可随意减少。四是责任不改变。生态保护红线区的林地、草地、湿地、荒漠等自然生态系统按照现行行政管理体制实行分类管理，各级地方政府和相关主管部门对红线区共同履行监管职责。

综上所述，生态保护红线观强调了对生态保护红线的重视和尊重，体现了人类对自然生态系统的敬畏和保护意识。通过划定和实施生态保护红线，可以有效防止生态环境破坏和生态功能退化，维护国家和区域生态安全及经济社会可持续发展。划定生态保护红线，旨在严格保护自然生态服务功能、环境质量安全和自然资源利用，严格保护空间边界与管理限制，维护国家和区域生态安全及经济社会可持续发展，保障人民群众生命健康。

（二）生态修复法学理论

1. 生态环境修复概念

生态环境修复概念的来源是恢复生态学中的"生态恢复"。[1]生态恢复（ecological restoration）是生态学的分支——恢复生态学的一个核心概念。生态恢复作为一种新的思想，最早是由学者Leopold于1935年提出的。[2]Leopold在美国Madison的一块废弃地上种植高草草原，同时又在威斯康星河沙滩海岸附近的另一块废弃地上进行恢复工作，他们成功创造了今天的威斯康星大学种植园景观和生态中心。这是在对自然最精密、最细致的模仿基础之上的植被恢复，它的意义在于使人们认识到，把过度放牧、侵蚀等致损因素造成的废弃地恢复到原来的模样，在理论上和技术上都是可能的。经过多年的发展，恢复生态学逐步发展成为生态学中的重要分支，生态恢复的概念也随之而成熟。随着恢复生态学的不断发展，其所涵涉的内容也在不断拓展，不仅包含退化生态系统结构、功能和生态学潜力的恢复与提高，还包括人们依据生态学原理，使退化生态系统的物质、能量、信息流发生改变，形成更为优化的自然—经济—社会复合生态系统。

生态学研究表明，生态环境作为一个大的生态系统，其内部包含若干子生态系统。构成子生态系统的基本要素是生态因素，生态因素分为生物因素和非生物因素。各生态因素之间相互联系、相互影响，共同构成复杂多样的生态系统。生态环境的本质是生态系统，包括人在内的所有环境要素均属于生态环境系统的构成要素。因此，生态环境修复的生态学内涵是生态环境系统的恢复。

在尊重上述客观现实的前提下，遵循规范法学（概念法学）的研究范式，对生态环境修复进行规范分析和多维解构无疑具有研究范式上的正确性，也能从逻辑起点上夯实本书研究的基础。将自然科学中的"生态修复"引入属

---

[1] 生态学研究表明，生态环境的本质是一个大的生态系统。与"生态恢复"的提法相比较而言，"生态环境修复"的提法更符合社会科学领域研究对概念规范性的要求。

[2] William R. Jordan, Michael E. Gilpin, and John D. Aber, Restoration Ecology: *A Synthetic Approach to Ecological Research*, Cambridge: Cambridge University Press, 1987, pp.286-287.

于社会科学范畴的环境法研究视阈，必须尊重社会科学研究范式法理，对其进行规范化改造，使之符合法学研究的规范。[1]这需要法学构建生态环境修复概念，法学构建概念的目标在于将本身极度复杂的生活事件，以明了的方式予以归类，用清晰易辨的要素加以描述，并赋予其中在法律意义上"相同"或者同样的法律效果。[2]博登海默曾指出，"概念乃是解决法律问题所必需的和必不可少的工具，没有限定严格的专门概念我们便不能清楚地和理性地思考法律问题，如果我们完全否弃概念，那么整个法律大厦就将化为灰烬"[3]。法律概念的明确是一项制度构建的前提，很难想象一种构建在模糊法律概念基础上的制度会符合法律对于正义的诉求。[4]

2. 生态环境修复法学概念

"生态环境修复"由"生态环境"和"修复"两个基本词根所构成。生态环境的基本词根是"环境"。《环境科学大百科全书》将环境定义为围绕人群的空间，即其中可以直接或间接影响人类生存和发展的各种自然因素的总体。由此我们可以看出，所谓环境总是相对于某一中心事物而言的。法学语境中的"环境"（environment）是相对于"人"这个哲学层面的主体而言的一切外部条件，环境法中的"环境"也是如此。现代环境法自产生之初，即采纳了以生态学为代表的环境科学中的用语。生态学中的"环境"更为确切的表达应是"生态环境"（ecological environment），因此，环境法语境下，我们通常所称的"环境"其准确称谓应为"生态环境"。生态环境是全人类赖以生存的物质基础，对人类而言，地球上任何生态系统都是人类生存环境的一部分，即人类的生态环境。

"修复"一词在现代汉语中有"修理使变成原来的形态""重新恢复完整"两层含义。"生态环境修复"中所谓的"修复"，并不是要修理使其恢复原状，而是要通过停止外界的不利干扰，降低不利干扰的强度或者减少不利干扰的

---

[1] 拉伦茨：《法学方法论》，陈爱娥译，商务印书馆，2003，第318页。

[2] 拉伦茨：《法学方法论》，陈爱娥译，商务印书馆，2003，第318页。

[3] 博登海默：《法理学、法律哲学与法律方法》，邓正来译，中国政法大学出版社，1999，第486页。

[4] 吴鹏：《生态修复法律概念之辩及其制度完善对策》，《中国地质大学学报》（社会科学版）2018年第1期。

规模,并辅以人的主动干扰,促使受损的生态环境及其内部的各子生态系统结构和功能恢复到受损前的状态,或者即使不能恢复到受损前的状态,也应通过主动的修复行为,促使生态环境恢复其基本生态功能,并具备持续发展的能力。

黑格尔将概念区分为抽象概念和具体概念。所谓抽象概念,是指以认识客体的、形式上的共同点为要素而抽象和建构出来的概念;但是具体概念的一般性或共相则不同于单纯的共同之点:真正的一般性或共相意指具体一般的概念,它表现在思想中的,并非被孤立思考的诸要素的总和,毋宁是有意义的彼此相关的因素的整体,唯以其相互的结合始能构成概念。[1]

基于"修复"一词在法学研究中的抽象性,生态环境修复亦属于抽象概念。德国学者卡尔·拉伦茨认为,抽象概念式的体系的形成有赖于从作为规制客体的构成事实中分离出若干要素,并将此类要素一般化。由此等要素可形成类别概念,而接着增、减若干规定类别的要素,可以形成不同抽象程度的概念,并因此而构成体系。他认为,这种体系可以保障由之而推演出来的所有结论彼此不相矛盾,由此可以使法学具有纯粹科学之学术概念意义下的"学术性"。法学属于狭义的"理解性"学术,因此唯有发展出适于其客体的、确有实据的思考方式,如是始能正当化其学术性主张,而不是无谓地尝试配合适用于"精确的"学术中的方法。[2] 卡尔·拉伦茨认为,要选择何种要素以定义抽象概念,其主要取决于当该学术概念形成时所拟追求的目的。因此,描述某类客体的法学概念,与其他学科乃至日常生活用语中的相应概念所指涉者,未必相同。[3] 所以,构造生态环境修复的法学概念还应考量其所追求的目的。

生态学研究的成果为我们构造生态环境修复的法学概念目的之考量提供了科学依据和参照指标。生态学者 Daily 认为,至少基于以下四点原因,人类进行生态环境修复是非常必要的:一是需要增加作物产量满足人类需求;二是人类活动已对地球的大气循环和能量流动产生了严重的影响;三是生物多样性依赖于人类保护和生态环境修复;四是土地退化限制了社会经济的发

---

[1] 拉伦茨:《法学方法论》,陈爱娥译,商务印书馆,2003,第334页。
[2] 拉伦茨:《法学方法论》,陈爱娥译,商务印书馆,2003,第317页。
[3] 拉伦茨:《法学方法论》,陈爱娥译,商务印书馆,2003,第318页。

展。[1]生态修复是针对退化生态系统的,其目的是打破退化生态系统破坏性的波动,恢复生态系统的结构和功能。受此影响,生态环境修复的目标具有多元性。首先,生态环境修复的直接目的是修复被破坏的生态环境系统的结构和基本生态功能。其次,通过修复生态环境系统的结构和功能,促进生态环境的可持续发展。最后,通过生态环境可持续发展,从而为人类社会的可持续发展创造条件。就我国的实际情况来看,我国生态环境修复应以环境保护,推进生态文明建设,促进社会可持续发展为终极目标;以修复已经破坏的、与人类生产和生活活动密切相关的区域性生态环境为现实任务;以修复被破坏的生态环境的结构和基本生态功能为途径,以对生态环境资源进行合理的管理、保持一定区域内生态环境的再生产能力、避免新的生态环境破坏和生态系统的退化为辅助,最终实现整个社会的可持续发展。实现这一目标的具体路径有三种:一是修复被破坏的生态环境系统,尤其是与人类生产和生活活动密切相关的周边生态环境。二是对生态环境进行合理的管理,以避免新的生态环境破坏和退化,从而确保生态环境质量得以维持在一定水平之上。三是保持一定区域内生态环境系统的再生产能力,实现区域生态环境容量[2]的消费与生产之间的平衡。

此外,在不同的学科视野下,从不同的角度出发,生态环境修复的目标具有多种外化形式。在生态学视野下,生态环境修复的目标是恢复并维持生态环境基本的生态功能。从经济学视角来看,生态环境修复的目标具体表现为通过生产行为从而恢复甚至提升生态环境的价值。从环境伦理学的维度考察,生态环境修复则反映为对"人类中心主义"伦理观的批判和对"生态中心主义"伦理观的超越。生态环境修复不是基于人类利益考量的自利行为,也并非脱离人类利益思量的抽象行为,而是建立在对人类利益和生态环境利益,以及当代人利益与后代人利益深刻认识基础上的行为。生态环境修复是生态整体主义伦理观在环境保护领域的最新发展,其目标指向已然超越了"人类中心主义"和"生态中心主义"所彰显的价值范畴。生态环境修复体现了既关注人类利益,又关注生态环境;既强调当代人利益的满足,更强调满足

---

[1] Daily G. C., *"Restoring Value to the Word's Degraded Lands"*, Science, vol. 269, no. 5222 (Jul. 1995): pp. 350-354.

[2] 汝信主编《社会科学新辞典》,重庆出版社,1988,第 331-332 页。

后代人以环境权益为主要内容的需求。

综合上述分析，本书认为，生态环境修复是指为实现生态环境的可持续发展，通过人的积极干预，以各种方式和手段帮助受到破坏的生态环境恢复和改善其生态功能的过程。生态环境系统的重建、生态环境系统结构的改良、生态环境系统功能的改进以及受损生态环境系统的修补等是生态环境修复的具体形式。[1] 环保实践中的"生态建设""环境治理""生态治理""国土整治""土地复垦""退耕还林"等都属于生态环境修复的范畴。[2]

（三）流域横向生态补偿理论

生态补偿学说经历了自发型生态补偿、赔偿型生态补偿、权益型生态补偿三个发展阶段。[3] 流域生态补偿制度是"绿水青山"理论的重要现实转化路径。[4] 流域横向生态补偿是指上下游没有行政隶属关系的地区经过合作与

---

[1] 有学者认为，应当从自然生态系统与社会经济生态系统两个方面去考虑生态修复的法律概念。从自然生态系统平衡的维护角度来说，生态修复主要是最大限度地利用技术手段，对被污染环境要素实施修复或对遭到破坏的生态环境进行有利于人类社会发展的改造与重建，使失衡的自然生态系统尽可能地恢复平衡，姑且称之为自然生态系统的修复，简称为自然修复。生态修复的法律概念可以界定为：生态修复是为适应生态文明建设需要，以生态系统整体平衡维护为出发点，由国家统一部署并实施的治理环境污染和修复受到干扰的生态平衡的系统工程，及在此基础上进行的促进当地社会经济转型发展，逐步缩小地区发展差距，实现国家、社会、经济均衡发展的一系列政治、经济和文化等社会综合治理措施。参见吴鹏：《生态修复法律概念之辩及其制度完善对策》，《中国地质大学学报》（社会科学版）2018 年第 1 期。

[2] 此外，国内生态学界的代表性学者彭少麟、余作岳、任海等认为，与生态环境修复的相关概念还有：重建（rehabilitation），即去除干扰因素并使生态系统恢复到原有的利用方式；改良（reclamation），即改良土地条件以便使原有的生物生存，一般指原有景观彻底破坏后恢复；改进（enhancement），即对原有受损系统进行改进，提高某方面的结构与功能；修补（remedy），即修复部分受损结构；更新（renewal），指生态系统发育及更新；再植（renegotiation），指恢复生态系统部分结构和功能，或先前的土地利用方式。他们认为，这些概念可看作广义的生态环境修复概念，一般所说的"恢复"实际上包括了这些内容。

[3] 徐永田：《生态补偿理论研究进展综述及发展趋势》，《中国水利》2011 年第 4 期。

[4] 刘桂环、王夏晖、文一惠、谢婧、张逸凡：《近 20 年我国生态补偿研究进展与实践模式》，《中国环境管理》2021 年第 5 期。

磋商后，达成协议，共同治理流域生态环境。[1]李奇伟认为，流域横向生态补偿本质上就是补偿主体与受偿主体之间基于共同利益进行积极协作，上下游地区本着"成本共担、效益共享、合作共治"的原则破解跨省流域治理难题。[2]李亚菲认为，与流域"横向"生态补偿机制相对应的是具有强制性命令性质的"纵向机制"。[3]本书赞同学者李奇伟的观点，即流域横向生态补偿是指通过资金奖励、对口合作、产业移送、人才教育、园区共建等方式在流域内建立横向生态补偿关系，从而实现流域上下游之间的协同治理。流域上游地区既承担着保护生态环境、向下游地区提供生态产品的责任，又能从水质改善、水资源保障等方面获得收益。对于上游地区的生态产品，下游地区要承担一定的补偿责任，如果上游的水资源出现了严重污染，则上游地区要承担相应的赔偿责任。本书倾向于采用整体性治理与权利激励理论相结合以实现流域横向生态补偿问题。

1. 生态整体性治理理论

为进一步贯彻落实习近平总书记关于黄河流域生态保护和高质量发展的重要精神，做好黄河流域生态补偿工作，国家相关部门，在黄河全流域"探索建立具有示范意义的全流域横向生态补偿模式"[4]，从思想、原则、目标、措施等方面构建黄河全流域横向生态补偿机制，体现了流域生态补偿的整体性治理理念。

整体性、系统性不仅体现了流域生态环境的自然特征，而且在进行流域立法时，也需要作为基本原则来遵守。[5]整体性治理理念，是1997年希克斯首次提出的，他认为政府部门缺乏合作，是社会问题产生的重要原因。因此，本书根据我国流域环境治理实际情况，以"协同治理"为出发点，加强政府

---

[1] 王金南、刘桂环、文一惠：《以横向生态保护补偿促进改善流域水环境质量——〈关于加快建立流域上下游横向生态保护补偿机制的指导意见〉解读》，《环境保护》2017年第7期。

[2] 李奇伟：《我国流域横向生态补偿制度的建设实施与完善建议》，《环境保护》2020年第17期。

[3] 李亚菲：《黄河全流域横向生态补偿机制构建》，《社会科学家》2022年第8期。

[4] 参加：财政部、生态环境部、水利部、国家林草局四部门联合发布《支持引导黄河全流域建立横向生态补偿机制试点实施方案》，2020年4月20日。

[5] 张式军：《完善流域横向生态补偿制度》，《国家治理》2023年第6期。

间的合作，充分调动社会团体和公民的参与度，实现多元主体间的协同治理，实现"整体性"治理目的。

流域横向生态补偿机制作为流域保护制度体系的重要组成部分，应当遵从整体性治理理论的基本要求。应明确全流域横向生态补偿的补偿主体和受偿主体。补偿应当有明确的依据，应当是对"保护者"进行补偿。生态补偿应当向对黄河生态环境保护作出更多贡献的省区倾斜。[1]但也不能因此剥夺贡献少的省区的被补偿权利，即不同省区依据"保护"[2]的程度大小所获得的补偿应当有所区别。还应明确上下游不同省区的责任大小及补偿资金的公平分配。[3]同时，要根据不同省区补偿数额，确定为补偿依据，以建立流域生态环保评价指标体系。在确立流域横向生态补偿标准时，应当以流域空间为单元进行核算，既涵盖水质水量等基本内容，也要将其他环境要素在流域生态保护中所发挥的功能予以考量，并综合考虑各项环境要素之间的内在关系，从而对流域整体空间进行生态补偿。[4]

2. 生态补偿权利激励理论

生态补偿权利激励理论，是生态补偿理论研究的进一步深化，通过水资源产权市场交易中的权利保护激励生态补偿。基于"绿水青山"生态价值观念，生态补偿权利激励理论在社会多元主体参与水资源产权交易以及对水资源定价的前提下，通过市场化手段，实现从"利益约束"向"权利激励"发展，体现流域横向生态补偿制度的发展趋势。一方面，赋予水资源产权，为权利激励奠定基础。根据"以人为本"的"绿水青山"理论，在生态文明建设中，围绕法律关系的主体，构建多元主体参与的资源与生态产品产权制度体系[5]，包括所有权主体、使用权主体、生态补偿权主体以及管理权主体等制度。权

---

[1] 成红、孙良琪：《论流域生态补偿法律关系主体》，《河海大学学报》（哲学社会科学版）2014年第1期。

[2] 《环境保护法》第31条明确规定，"生态保护补偿"，即对生态保护者的"保护"行为进行补偿。

[3] 李亚菲：《黄河全流域横向生态补偿机制构建》，《社会科学家》2022年第8期。

[4] 高中意：《长江保护立法的理论建构：基于整体论的分析》，《南通大学学报》（社会科学版）2021年第3期。

[5] 竺效：《全面夯实生态文明建设的法治基石》，《光明日报》2022年9月30日第2版。

利激励型流域横向生态补偿理论的核心是生态保护者生态产权，围绕"生态保护者"建立。另一方面，市场是流域横向生态补偿的主渠道，水资源产权交易是权利实现的手段。[1] 这种生态补偿模式取代过去通过行政权力运作转移支付生态补偿金的流域横向生态补偿方式，以水资源产权交易价金的形式实现流域上下游、左右岸的生态利益、经济利益的平衡。

这种权利激励型生态补偿机制，具有政策和法律依据。中共中央办公厅、国务院办公厅2021年发布的《关于深化生态保护补偿制度改革的意见》专门规定了"购买生态产品和服务"的内容。2022年制定的《黄河保护法》第102条第3款明确将"国家支持在黄河流域开展用水权市场化交易"规定在流域生态保护补偿制度中，这标志着我国流域横向生态补偿领域位阶最高、时效最新、体系最全的制度规定的诞生，能够引领和规范黄河流域横向生态补偿制度的实施和发展。与《长江保护法》第76条规定的"国家鼓励相关主体之间采取自愿协商等方式开展生态保护补偿"相比，该规定具有明显的进步意义。

本章小结

黄河流域环境犯罪预防与惩治，具有深厚的理论基础。环境刑法理论明确了环境刑法保护的作用及应当遵循的基本理论和原则，揭示了黄河流域环境犯罪刑法介入的必要性、正当性以及介入的基本思路。流域治理理论指引黄河流域环境犯罪治理遵循流域协同共治原则，制度性集体行动理论诠释了黄河流域环境犯罪预防与惩治的行动原则，新区域主义理论诠释了新时代黄河流域环境犯罪惩治与预防的时代背景与发展思路。犯罪预防理论清晰地勾勒了犯罪预防理论的发展历程及我国犯罪预防的主线，诠释了黄河流域环境犯罪预防与惩治的依据与理由，揭示了犯罪预防不被重视到成为"显学"，从国家大包大揽到与社会密切配合，从线条单一向点面结合，从落后于时代发展步伐到科技含量大幅提高，从一个国家或地区的单打独斗到国际合作更为

---

[1] 赵晶晶、葛颜祥、李颖：《关系质量对流域生态补偿多主体协同程度的影响研究》，《干旱区资源与环境》2022年第12期。

加强的发展规律。生态司法理论是黄河流域环境犯罪预防与惩治的直接理论依据，生态保护红线理论揭示了刑法介入环境保护的现实依据，生态修复法学理论阐释了黄河流域环境犯罪预防与惩治的出发点与归宿，环保公益诉讼理论为黄河流域环境犯罪预防与惩治的有效开展提供了可资借鉴的理论依据，流域横向生态补偿理论主张非刑罚处罚方式的贯彻执行，是流域生态保护理论体系的重要组成部分及整体性治理理论的基本要求，能够为解决生态修复问题提供理据。

第三章
黄河流域环境犯罪惩防的立法评析

黄河流域孕育了华夏文明，对我国生产生活均具有深刻影响，但是破坏黄河流域生态环境犯罪行为屡禁不止，黄河流域生态环境保护面临着严峻挑战。为充分保护黄河流域生产生活的有序进行、推动黄河流域的可持续发展、遏制黄河流域环境犯罪，黄河流域环境犯罪惩防立法应运而生，立法理念不断演进，不断建立黄河流域生态环境治理相关法律，并积极构建法律体系，为黄河流域生态环境治理的相关研究给予指引，也增强了环境犯罪惩处与预防实效。近年来，国家高度重视黄河流域的生态保护与高质量发展，并出台《中华人民共和国黄河保护法》《流域生态环境保护法》《黄河流域管理条例》等一系列法律法规，为黄河流域的生态保护和治理提供了法律保障。但是，黄河流域环境犯罪惩防立法在立法内容、附加刑适用、立法衔接等方面存在一些问题，影响甚至阻碍黄河流域环境犯罪治理。

一、黄河流域环境犯罪惩防的立法理念演进

（一）保护法益从人类中心到生态本位变迁

环境保护法益从人类中心到生态本位变迁是遵循"生态优先、绿色发展"战略的重要体现。作为刑法研究的理论基础，法益的确立对于生态环境犯罪的立法和司法具有一定的指导意义。思想是行为的先导，法益具有立法规制的功能。它能够帮助立法者明确哪些行为应当被纳入刑法的规制范围。同时它还能够为立法中的刑罚设置提供依据。此外，它在立法规制中的作用在于实现法律的及时性和前瞻性。生态环境犯罪所保护的法益为何，一直是一个极具争议的问题。厘清环境犯罪的法益更有利于充分发挥刑事立法的规范功

能、评价功能与指引功能。

1. 传统人类中心主义法益观

传统人类中心主义法益观是最早出现且历时最长的法益观，其核心内涵是在人类与自然关系的认知中，将人类置于绝对核心地位，认为人类的利益和价值是至高无上的，自然环境及其要素的存在仅仅是为了满足人类的需求和利益。在早期人类社会，由于生产力水平低下，人类对自然的依赖程度较高，对自然的影响相对较小。随着工业革命的推进，科学技术的飞速发展，人类改造自然的能力大幅提升，人类开始大规模地开发和利用自然资源。这种情况下，导致传统人类中心主义法益观的出现，在此观念影响下，人们坚信人类有能力掌控和支配自然，把自然资源视为无限资源，只要能为人类带来经济利益和生活便利，就可以无限制地开发。随着传统人类中心主义法益观逐渐占据主导地位，其对自然的影响带来一系列弊端。为了追求短期的经济增长和人类利益，过度开采矿产资源、砍伐森林、围湖造田等，将导致生态系统失衡，生物多样性减少，许多物种濒临灭绝。大规模的工业生产和能源消耗排放了大量的污染物，如废水、废气、废渣等，造成空气、水和土壤的严重污染，威胁人类的健康和生存环境。无节制地开发和浪费资源，使得许多不可再生资源面临枯竭，可再生资源的再生速度远远跟不上人类的消耗速度。大量排放温室气体导致全球气候变暖，引发海平面上升、极端天气频发等一系列严重问题。在追求人类整体利益的过程中，往往忽视了不同地区、不同群体之间的利益差异，导致资源分配不均，贫困地区和弱势群体承受了更多的环境压力和危害。传统人类中心主义法益观最大的局限在于对生态环境的重视处于阙如状态，这使得人类在追求自身利益的过程中，往往无视生态环境的承受能力和内在价值，将生态环境视为人类可随意利用和支配的资源，而忽视其作为一个有机的生命支持系统所具有的独特价值和运行规律。在这种观念的影响下，许多决策和行为只考虑短期的人类经济利益，而忽略长期的生态影响。因此，大规模的森林砍伐可能在短期内为木材加工业带来丰厚的利润，为人类提供了更多的建设用地，同时也伴随着生物栖息地破坏、水土流失、物种灭绝等一系列环境生态问题。

综上所述，传统人类中心主义法益观，缺乏对生态环境的重视，对于环境破坏行为的法律约束和制裁也相对薄弱，即使有环境保护的相关法律，其惩处力度和处罚效果往往难以遏制环境犯罪行为的频繁发生。当前，我国已进入生态文明时代，环境法治为生态文明发展提供了法治保障。通过近年来我国生态环境刑法展现出的环境犯罪治理成效，可以看出人类中心主义法益观已经不适应生态环境发展需要，已逐步走向式微。

2. 现代生态中心主义法益观

古希腊时期就出现了生态整体观，随着环境保护法益的变迁，到20世纪生态中心主义正式提出，利奥波德提出的"和谐、稳定和美丽"三原则与罗尔斯顿补充的"完整""动态平衡""可持续性"原则共同构成了生态中心主义的完整内容。[1]现代生态中心主义法益观是在对传统人类中心主义法益观的反思和批判基础上发展起来的。它强调生态系统本身的内在价值和平衡，将生态环境视为独立的、具有自身权利和价值的存在，而不再视为仅是服务于人类的工具。现代生态中心主义法益观的演进，源于人们对生态环境问题的日益重视和对传统环境生态发展模式的深刻反思。随着环境科学、生态学等学科的发展，人们对生态系统的复杂性和脆弱性有了更深入的了解，认识到生态环境的破坏不仅威胁到人类的生存和发展，更是对整个地球生态平衡的严重破坏。这种认识推动了环境保护法益观的转变，导致人们从单纯关注人类利益转向同时重视生态环境的保护，于是产生了现代生态中心主义法益观。

现代生态中心主义法益观在全面保护生态环境、预防环境恶化和促进可持续发展等方面，具有得天独厚的优势。它强调生态系统的整体性和长远性，能够较为全面地预防或遏制各种生态环境破坏行为和潜在威胁行为的发生，有助于提前预防可能导致严重生态问题的危害行为，而不仅仅是事后补救。现代生态中心主义法益观主张人类在追求自身发展的过程中遵循自然规律，实现经济发展与环境保护的平衡，推动环境生态可持续发展。我国刑事立法也在逐渐践行现代生态中心主义法益观，具体表现为：第一，《刑法》中增设污染环境罪、非法采矿罪、非法捕捞水产品罪等罪名。这些增设罪名直接针对破坏生态环境的行为，增强了对生态法益的精准保护。第二，《刑法》扩大犯罪主体范围。不仅包括直接实施破坏行为的个人和单位，还包括对环境破坏负有监管责任的相关人员，加强了对生态环境的保护力度。第三，更加注

---

[1] 冯军：《环境污染犯罪治理问题研究》，法律出版社，2019，第23页。

重生态修复。司法实践中，一些环境犯罪案件的处理中，强调犯罪人对于所破坏的植被、水域等环境生态，具有生态修复责任，这体现了对生态法益的恢复和补偿。

3. 折中论是生态保护法益的价值抉择

当前，为了与我国生态文明建设的政治理念相适应，我们应在人类中心主义法益观的基础上加入生态中心主义法益观，加强人类法益与生态法益在保护环境生态系统中的兼顾与融合，做到人类法益与生态法益同时保护，并做到与风险社会背景下生态环境刑法保护理论相衔接。传统人类中心主义法益观和现代生态中心主义法益观的融合兼顾是一种综合考虑人类利益与生态环境价值的理念，旨在寻求两者之间的平衡与和谐共生。传统人类中心主义法益观过于强调人类的利益和需求，认为人类具有利用和支配自然的权利，以满足自身的生存、发展和繁荣。这种观点在一定历史时期推动了人类社会的进步和发展，但也导致人类对自然资源的过度开发和生态环境的严重破坏。现代生态中心主义法益观将生态系统本身视为具有内在价值和权利的主体，强调生态平衡、生物多样性和自然的完整性，其批判了人类过度利用和干预自然的行为，主张对生态环境进行严格的系统保护。

折中论，兼顾与融合人类法益观与生态法益观，具有重要的价值和意义。一是，承认人类在生态系统中的特殊地位和作用。人类具有智慧和能力以改造和利用自然，但这种能力应当被谨慎使用。在追求人类利益的过程中，必须充分考虑到行为对生态环境的影响，避免造成不可逆转的损害。二是，将生态环境的健康和稳定纳入人类利益的范畴。良好的生态环境不仅为人类提供了物质资源，还具有调节气候、净化空气和水、维持生态平衡等重要生态服务功能，这些对于人类的生存和长远发展至关重要。三是，在制定政策和法律时，综合考量人类的短期和长期利益以及生态系统的承受能力。社会经济发展中，我们在规划工业发展时，不仅要考虑经济效益，还要确保采取有效的污染防治措施和资源节约手段，以减少对环境的负面影响。同时，在教育和文化层面，培养人们既尊重人类自身的价值，又敬畏自然、关爱生态环境的意识。使人们认识到保护生态环境不是对人类发展的限制，而是实现社会可持续发展和人类福祉的必要条件。

高铭暄教授指出，"人类中心主义"和"生态中心主义"都过于绝对化，与社会可持续发展观不符。在宽严相济刑事政策的引领下，环境犯罪的刑事政策应展现辩证思维与区别对待的理念，倡导兼顾环境保护与社会经济发展"并行"的刑事政策。在环境犯罪法益的保护方面，也应当同时考量人类法益与环境法益，以推动人与自然的和谐共处。[1] 在德日刑法理论中，人类中心主义法益观与生态中心主义法益观折中下的生态学的人类中心主义法益观占据主流地位，并获得立法实践的认可。《德国刑法典》分则第29章"危害环境之犯罪"所规定的9个具体环境犯罪，基本上都兼顾到人类法益与生态法益。生态环境法益并非单一的法益，它既涵盖非个体法益，也包含较为抽象的生态环境整体，因而被视为集合法益的典型之一。2016年我国《司法解释》将"在饮用水水源一级保护区及自然保护区核心处置有毒有害物质"以及"污染环境的后果导致一定的人身损害"一同列为"严重污染环境"的情形，这恰好是将生态法益与人类法益共同融入生态环境污染犯罪的现实体现。从我国近些年来有关生态环境污染的刑事立法理念可以发现，预防性的立法趋向与秉持生态学的人类中心法益观紧密相关，这种立法倾向彰显了我国对于生态环境保护的高度关注和积极行动。预防性立法旨在提前介入，将可能对生态环境造成严重危害的行为纳入法律规制的范畴，从而在源头上遏制环境污染和生态破坏的发生。在生态学的人类中心法益观的指引下，立法者更加注重对生态系统整体的保护，不仅关注已经造成的实际损害，还将可能导致潜在风险的行为纳入刑事打击范围。针对一些高污染、高能耗的企业，法律提前设定严格的排放标准和监管措施，一旦企业有违规的倾向或者行为，就能及时予以制止和惩处。同时，这种立法导向也促进了法律制度的不断完善和创新。为了更好地实现预防性目标，刑事立法在罪名设置、犯罪构成要件、刑罚配置等方面都进行了优化和调整。刑事立法增加了对危险犯的规定，即只要行为人的行为对生态环境构成了危险状态，即使尚未造成实际损害结果，也应当承担刑事责任。此外，预防性立法还加强了与其他相关法律法规的衔接和协调，形成一个更加严密的生态环境保护法律网络。使得行政法、民法、刑法等各部门法在生态环境保护方面能够相互配合、协同发力，共同发挥积极

---

[1] 高铭暄、郭玮：《德国环境犯罪刑事政策的考察与启示》，《国外社会科学》2020年第1期。

作用。

（二）立法视阈从传统刑法到风险刑法转变

1. 传统刑法谦抑精神

谦抑精神的思想根源可以追溯到古代的法律思想。在古代中国，儒家主张"德主刑辅"，强调道德教化的优先性，刑罚被视为不得已而用之的手段。[1]在西方，古希腊哲学家柏拉图在其《理想国》中表达了对过度使用刑罚的担忧。在中世纪，宗教法对刑法的适用起到了一定的限制作用，强调通过宗教的救赎和忏悔来解决犯罪问题，一定程度上体现了刑法的谦抑性。近代以来，随着启蒙运动的兴起，人权、自由、平等的观念深入人心。贝卡里亚等刑法学家对封建刑法的残酷性和随意性进行了批判，主张刑罚的轻缓化和罪刑法定原则，为刑法谦抑精神的发展奠定了基础。[2]进入现代社会，随着社会治理手段的多样化和刑法理论的不断发展，刑法谦抑精神得到了更广泛的认可和应用。在刑事立法上，更加注重刑法介入的必要性和适度性；在刑事司法中，强调谨慎定罪量刑，避免过度干预公民的自由。因此，刑法的谦抑性主要表现为：一是，刑法的补充性。刑法应当作为最后手段来使用，只有在其他法律手段无法有效规制违法行为时，才能动用刑法。进一步说，应当优先通过民事、行政等法律手段来调整社会关系，只有当这些手段不足以保护法益时，才动用刑法。二是，刑法的不完整性。刑法不可能将所有的危害行为都纳入规制范围，而是应当有选择地对严重危害社会的行为进行定罪处罚。三是，刑法的宽容性。在定罪量刑时，应当保持适度的宽容，避免过度严厉的刑罚。对于一些情节较轻、社会危害性较小的行为，可以通过教育引导的非刑罚方式进行处理。

近年来，有许多学者认为处理生态环境污染问题的关键是遵守刑法谦抑性，刑法谦抑性原则要求在应对生态环境污染问题时，谨慎地运用刑法手段，避免过度依赖刑事制裁来解决环境问题。这是因为过度使用刑法可能会带来一系列的负面影响。一方面，过于严苛的刑事处罚可能会对企业的正常生产经营活动造成不必要的干扰，影响经济的发展。尤其是对于一些中小企业而

---

[1] 陈兴良：《刑法的价值构造》，中国人民大学出版社，1998，第363页。
[2] 孙国祥：《反思刑法谦抑主义》，《法商研究》2022年第1期。

言，可能会因为无法承受刑事处罚带来的巨大压力而倒闭，从而导致一定程度的失业和经济不稳定。另一方面，单纯依靠刑法来治理生态环境污染，可能会削弱其他治理手段的作用和效果。应当考虑到行政监管、经济激励、技术创新等手段在预防和治理环境污染方面同样具有重要作用。如果过度依赖刑法，可能会导致这些手段得不到充分的重视和运用。然而，强调刑法谦抑性并不意味着对生态环境污染行为的放纵。而是要在刑法介入之前，充分发挥民事赔偿、行政处罚等手段的作用，对于那些严重破坏生态环境、屡教不改、造成重大危害后果的行为，再动用刑法予以严厉打击。同时，为了更好地遵守刑法谦抑性精神，还需要不断完善相关的法律法规和司法解释，明确刑法在生态环境污染治理中的适用范围和条件，确保刑法的准确适用，实现环境保护与经济发展的平衡。

2. 风险社会视角下的积极刑法立法观

"风险"一词在字典里的解释为"损失或伤害的可能性"，"风险社会"这一概念的提出者是德国社会学家乌尔里希·贝克（Ulrich Beck），依据其解释，贝克认为，现代社会的风险与传统社会的风险有本质区别。传统社会的风险主要来源于自然，如自然灾害等，具有一定的地域性和局部性。而现代社会的风险更多是由人类活动引发的，人们在工业生产、技术创新、经济全球化过程中所带来的风险，通常是具有全球性、人为性和不确定性。在风险社会的背景下，积极刑法立法观逐渐受到关注和重视。风险社会中，不确定性和复杂性显著增加，各种新型风险不断涌现，如环境污染、网络犯罪、恐怖活动、传染病传播等风险具有潜在的巨大危害性，可能对社会的整体安全和稳定造成严重威胁。积极刑法立法观主张通过主动、提前的刑事立法来应对风险。它不再仅仅局限于对已然发生的犯罪行为进行事后惩罚，而是更注重对潜在风险的预防和控制。积极刑法立法观认为，刑法应当具有前瞻性和主动性，提前介入并规制那些可能导致严重危害后果的风险行为。20世纪90年代以来，全球生态环境风险加剧，各种生态环境污染事件频发。1991年海湾战争期间，大量石油泄漏进入波斯湾，对海洋生态系统造成了巨大破坏，众多海洋生物死亡，海岸线受到严重污染。1997年印度尼西亚森林大火，燃烧数月，释放出大量的烟尘和温室气体，不仅对当地的空气质量产生了恶劣影响，还加剧了全球气候变化。进入21世纪，这类事件更是有增无减。2010年墨西哥湾漏油事故，数百万桶原油泄漏，导致大量海洋生物栖息地遭到破坏，渔业和旅游业遭受重创。2011年日本福岛核事故，放射性物质泄漏，周边地区的土壤、水源和空气受到严重污染，对居民健康和生态环境带来长期威胁。我国的生态环境问题相比很多国家都更加严峻，以淡水资源危机为例，据统计，我国北方严重缺水，人均水资源量仅为全国人均水平的三分之一左右，甚至低于一些严重缺水的国家。生态环境面临较大风险，这直接关乎人类及其他生物的生存问题，刑法应当全力保障人类的生存权利、环境权。

新时代，人民对美好生活的向往愈发强烈，然而这种向往与社会发展之间的矛盾已成为我国社会的主要问题。新时代既带来新的机遇，也带来新的风险与挑战。生态环境风险具有以下几个显著特点：其一，风险所导致的伤害具有难以预测性；其二，具有代际性特征；其三，呈现出后果的累积反应特性；其四，因果关系的判断存在较大难度。解决社会主要矛盾不能仅依靠刑法，但刑法的作用不可或缺，它正逐渐成为应对风险社会危机的有力保障。在风险社会中，为了有效应对各类问题，刑法作为社会治理的重要手段之一，应当对社会的需求与问题进行相应的调整，及时回应社会重要问题。我国近些年来的刑法修正案中有关生态环境犯罪的修订，展现出积极立法的态势。积极的刑法立法乃是我国立法在社会主义初级阶段应对经济社会领域挑战的客观反映，契合我国现阶段快速发展的实际需求。风险社会着重于预防和规避潜在风险，并非如传统刑法那样在实际损害出现后才动用刑罚，这与积极刑事立法的理念不谋而合，构成了刑事积极立法观拓展的理论基础。正如有学者所说：风险社会的来临决定了具有安全诉求的个体和团体都需承担相应责任，这种责任在刑法之前便已存在，刑法的前置化调整已成必然之势，刑法理论也应作出相应调整，体现现代化进程的特点和新社会背景下的秩序追求，并在刑法理性的范畴内权衡个人权利与社会公益。[1]

3. 实害性与风险性相竞合的模式选择

古典刑法自由主义理论其核心目标在于守护社会秩序和保障人类自由，尤为注重刑法的明确性，将实害视作发动刑罚的合理基础。这种消极刑法观

---

[1] 郎胜：《在构建和谐社会的语境下谈我国刑法立法的积极与谨慎》，《法学家》2007年第5期。

念不仅在历史上具有进步意义，现实中也有其发展价值。然而，随着风险社会的降临，消极刑法观暴露出非理性的缺陷，在处理纷繁复杂、变化多端的社会矛盾以及层出不穷的利益冲突时，显得力不从心，尤其是在应对新型犯罪时，崇尚个人自由的消极刑法观在立法层面呈现出"滞后"的短板，致使传统刑法在当下社会处境尴尬。实际上，风险社会下的积极立法观虽为社会治理提供了有效的思路和方法，但被风险社会裹挟的积极刑法观若毫无节制地发展，也会产生诸多负面效应。刑法并非圣人制定，而是服务普罗大众，僵化的理论绝非立法抉择的充足依据。[1]社会风险理论给予我们治理生态环境犯罪的主要启示是方法论层面，并非要摒弃传统刑法理论，或否定刑法稳定社会秩序的功能。与传统刑法显著不同的是，伴随刑事预防立法的推进，在相关实体理论方面，刑法不再单纯遵循谦抑原则，而是借助预防手段构建社会秩序，维护集体的合法权益，并且越发重视刑法与行政法的衔接。需要指出的是，鼓励刑事预防立法，旨在提前介入环境生态风险，做到"未雨绸缪"，发挥刑事预防功能，而并非意味着刑法背离了谦抑性原则。根据刑法研究层面，刑事预防性立法不但契合社会发展需求，还有利于稳定社会秩序、防范未来社会风险，推动我国社会进步，在刑事和非刑事立法领域发挥关键作用。倘若在治理环境生态犯罪时持"亡羊补牢"的态度，环境生态的"创伤"将难以痊愈，甚至痊愈代价较大，影响数代人的生活质量。故而刑法应当主动提前介入环境生态风险，有效发挥预防功能。但刑法需兼顾安全与价值的机能，既要反思传统刑法观的局限，又要警惕积极刑法观的过度膨胀，始终坚守罪刑法定原则。对于传统实害犯难以规制或规制效果欠佳的环境犯罪，审慎进行积极立法，增设危险犯，并设计分层化的刑罚配置，平衡实害性与风险性，从而更有效地防控生态环境污染犯罪。

（三）立法政策从宽严相济到强化预防转变

1. 环境污染刑事政策变迁

刑事政策这一关键概念，乃是由德国著名刑法学家费尔巴哈于1803年在其《刑法教科书》中率先提出。政策堪称刑法的灵魂核心所在，刑事政策与

---

[1] 张道许：《风险社会视角下环境刑法的理论调适》，《河南警察学院学报》2019年第3期。

刑事立法紧密相连、相互促进，二者之间存在着互动特性，即所谓的"刑法刑事政策化"。我们所讲的刑法刑事政策化，意味着要将刑事政策的内容融入刑法之中，进而使刑法成为实现刑事政策的有力手段。刑事政策的理念和诉求务必在刑事立法中得以充分体现，刑事立法的构建则应以刑事政策所设定的目标作为关键考量要素。

伴随人类社会在经济建设领域取得的巨大成就，环境破坏问题却愈发凸显，环境犯罪数量连年递增，生态破坏与人类生存发展的矛盾也变得愈发尖锐。为守护良好的生态环境，实现可持续发展目标，并保证惩治和预防环境犯罪的刑事措施卓有成效，迫切需要一套统一且具有指导性的环境刑事政策以统筹规划、引领方向及协调运作。环境刑事政策的概念应当界定为：国家以实现对环境犯罪的预防、控制和惩戒为目的，依据当下我国的具体国情、国际形势、国内需求以及犯罪态势，针对环境犯罪行为和犯罪人所制定的，包含立法、司法、执法等层面的一体化策略和具体举措的总和。[1]

目前，我国尚缺乏专门针对环境污染犯罪的特定刑事政策，在环境犯罪治理政策方面始终遵循基本刑事政策的指引。从新中国成立初期的"镇压与宽大相结合"，到改革开放前二十年的"惩办与宽大相结合"，再到如今的"宽严相济"刑事政策，我国刑事政策的变迁集中反映了不同时期的刑事立法与司法观念。"宽严相济"刑事政策是党中央在构建社会主义和谐社会的新形势下提出的重要方针，是我国当下的基本刑事政策。环境污染犯罪的治理政策伴随时代发展而变化，在坚守基本刑事政策的基础上有所侧重。然而，宽严相济的政策内涵并非一成不变，而应契合当下社会背景，这是因为刑事政策本身可能会走向式微，其内容也会随社会背景的变化而演变。尽管1997年《刑法》设立了"破坏环境资源保护罪"专节，然而由于当时制定刑法时受到"以经济建设为中心"的大环境影响，以及传统人类中心主义法益观的左右，环境污染犯罪的界定较为狭窄，相关刑罚相对宽松，环境污染方面的刑事立法呈现出保守态势，司法实践也未能突破这一局限。本书参考环境保护部公布的历年《中国环境状况公报》及《最高人民法院工作报告》，对2001年至2010年环境污染刑事案件数量加以统计，结果令人震惊，这十年间刑事判决案件

---

[1] 陈兴良：《刑法的刑事政策化及其限度》，《华东政法大学学报》2013年第4期。

总数仅有37件，而同期环境污染行政判决案件数量不仅基数庞大且逐年上升。在1997年至2011年期间，我国环境污染刑事政策总体较为宽松。

高度的产业化和工业化难免带来生态环境污染与破坏，我国在加快现代化进程的同时，也不断遭受生态环境的严峻考验。《刑法》对生态环境污染犯罪的规制不断加强，2011年《刑法修正案（八）》对刑法第338条作出重大修改，降低入罪门槛，彰显从严精神。2013年《司法解释》与2016年《司法解释》进一步扩大了生态环境污染犯罪的入罪范围。2021年出台的《刑法修正案（十一）》在吸纳司法实践和司法解释共识的基础上，提高了污染环境罪的法定刑，加大惩处力度，同时新增三类生态环境污染罪名，既顺应了我国生态环境保护的现实需要，也是用"最严格制度最严密法治保护生态环境"的切实行动，充分展现了我国建设生态文明的坚定决心。从犯罪惩治与刑法改革的整体背景来看，鉴于环境犯罪的特点，我国当前实行宽严相济刑事政策。换言之，自2011年至今，我国生态环境污染犯罪立法所体现的刑事政策已由"以宽为主，以严济宽为辅"转变为"趋严"态势[1]，这与我国生态环境污染犯罪案件的频发及其严重后果密切相关，体现了我国在生态环境犯罪预防性立法和司法方面的刑事政策导向。

2. 生态文明与预防性政策的理念更新

治理环境犯罪的刑事政策是环境综合治理的重要策略，它意味着国家和社会运用刑罚举措以及预防性的非刑罚辅助手段，构建预防环境犯罪的策略体系和行动方针。构建环境犯罪预防性策略应紧密贴合我国生态文明建设的迫切需求以及当下生态环境治理的真实状况，并融合宽严相济的刑事政策与环保政策。目前，我国刑事立法整体展现出宽缓趋向，但在应对生态环境犯罪的定罪处罚时却态度坚决、手段严厉，这全然是由我国生态环境不容乐观的严峻现状所驱使。1994年的《人权与环境基本原则草案》郑重强调：所有人都应当"公平"享有源于自然资源保护及可持续利用所带来的利益和权利。全新的《中华人民共和国环境保护法》果断将"预防为主"列入环境保护的根本原则。

新时代，人民对美好生活环境的向往愈发强烈，优质的生态环境成为提

---

[1] 侯艳芳：《环境资源犯罪常规性治理研究》，北京大学出版社，2017，第177页。

升民众生活品质的关键要素，这种强烈需求必然推动刑事政策开辟新的发展路径，并深度影响刑事立法，促使生态环境污染犯罪的立法防线大幅前移，积极应对生态风险。在治理环境犯罪的进程中，刑事立法作为惩处生态环境犯罪的"终极防线"，在我国生态文明建设方面成绩斐然，但是，当前生态环境犯罪的态势依旧严峻复杂，那种事后惩罚性的刑事追责模式，实际上已无法满足新时代环境保护法治体系建设的现实需求。犯罪学实证派的杰出代表菲利在其经典著作《犯罪社会学》中，基于对古典刑法的深度批判与反思，开创性提出极具现代价值的犯罪预防思想。直面生态环境犯罪所诱发的生态危机，我们必须高度警觉，在刑事立法中全力搭建"预防性对策"框架。为了更出色地贯彻宽严相济刑事政策，把"预防犯罪"确立为生态环境刑事政策的重要导向迫在眉睫，加强生态环境犯罪预防是顺应国家治理现代化的必然要求，生态环境犯罪的内在规律也决定了必须坚定不移地遵循预防导向的治理思路。

二、黄河流域环境犯罪惩防的立法价值

黄河流域环境犯罪惩防立法具有学术、应用等多种价值。通过相关环保立法完善环境治理的法律体系，推进黄河流域环境保护的专门性立法，为黄河流域生态环境研究指引了明确方向。建立和完善相关环保法律，增强环境犯罪惩防力度和预防实效，为黄河流域生态环境健康发展提供了法治保障。

（一）黄河流域环境犯罪相关立法的学术价值

1. 完善黄河流域环境犯罪惩防的法律体系

黄河流域环境犯罪惩防立法研究，有利于完善流域环境治理的法律体系。相比西方国家而言，我国工业化的过程起步较晚，公众对危害环境犯罪的认识往往模糊和粗浅，企业为了追求自身的经济效益，在生产过程中侵害环境法益的违法犯罪行为大量存在，环境执法部门和行政监管部门对环境保护不力，环境公诉机关因为缺乏环境保护专门人才，也未能发挥应有的公诉作用。整体上环境利益得不到足够的重视，环境治理理论研究比较薄弱，保护环境相关立法较为滞后，现有的环境保护法律规范存在一些缺陷。在这种情况下，人们逐渐关注黄河流域环境犯罪的惩治与预防的法治建设研究，试图推进环境治理立法建设，从而发挥法治在环境犯罪惩防理论研究的指导与保障价值，

也有利于增强黄河流域环境犯罪理论研究的针对性与实效性。与此同时，将黄河流域环境犯罪治理的立法精神和立法理念运用于黄河流域环境犯罪惩治与预防的研究中，能够引领和指导环境犯罪惩防的最新研究方向，促进研究的深化和针对性。整体上看，针对相关研究中的最新热点问题、专业性和特殊性问题，将黄河流域环境犯罪惩治与预防理论运用于环境犯罪治理立法建设，给予专门性立法借鉴，进而提高立法质量，填补相关领域的法律空白，这有助于完善我国的环境保护法律体系，提高黄河流域环境犯罪惩治的法治化水平。

2. 推进黄河流域环境保护的专门性立法

近年来，为满足黄河流域生态保护和高质量发展的需要，国家加大黄河流域环境保护力度，努力制定和出台有关黄河流域环境保护的专门性法律，黄河流域环境犯罪惩治与预防的相关立法取得较大的进步。《黄河保护法》的出台与实施有利于黄河流域生态环境的改善，加大黄河流域环境保护，为实现其高质量发展提供法律依据。除此之外，《环境保护法》《青藏高原生态保护法》等法律和地方法规也在不同程度上涉及对黄河流域生态环境保护。《黄河保护法》在第一章总则中就直接规定了建立黄河流域统筹协调机制。[1]《黄河保护法》明确规定了各区域在流域协调机制中的主体责任、进一步细化了各主体之间的职责分工、加强各区域之间地方协调治理程序、构建并完善一系列有利于保障黄河流域区域协调的配套措施等，这在很大程度上缓解了黄河流域中各主体管理分散、职责交叉等问题。《黄河保护法》致力于解决黄河流域环境犯罪蔓延的治理困境，其立法内容主要包括以下几方面：一是，《黄河保护法》明确规定由中央全面指导、统筹规划。强化了中央的统筹指导地位并制定具体措施使之予以充分落实。二是，《黄河保护法》进一步规定了河湖长制，并明确规定了河湖长在流域生态治理及预防流域犯罪中的义务和责任，弥补了《长江保护法》中的一些不足。三是，《黄河保护法》进一步明确了黄河水利委员会及其附属机构的水行政监督管理职责，同时明确了黄河流域生态环境监督管理机构有关生态环境监督管理职责。为更好落实各监督管

---

[1] 曹霞、刘宇超：《〈黄河保护法〉实施框架下流域协同治理的法治保障路径》，《干旱区资源与环境》2023年第7期。

理主体的监管职责，法律也进一步规定了各监管主体的执法程序以及违反法律法规所需要承担的责任。相较于其他的环境保护法律法规，《黄河保护法》明确了环境犯罪的构成要件，制定了较为精准的处罚标准，规定了较为严厉的制裁措施，为有关机关开展环境治理工作提供了精准的、有操作性的、高效的法律依据。对于破坏生态环境、妨碍环境治理的违法犯罪行为，该法律不仅规定了行政处罚措施和民事处罚措施，对于构成犯罪的违法行为，法律亦规定了相应的刑事处罚规范。这在很大程度上可以威慑潜在犯罪分子，也体现了对于黄河流域环境犯罪治理的坚决态度。综上所述，在推进黄河流域环境犯罪治理的相关立法过程中，提高黄河流域环境保护的专门性立法质量，从而实现黄河流域环境犯罪惩治与预防的立法价值。

（二）黄河流域环境犯罪相关立法的应用价值

1. 完善环境刑法增强环境犯罪惩防力度

刑事法律作为国家惩罚犯罪和维护社会秩序的最后一道法律屏障，以国家强制力为后盾，打击严重危害国家和社会的犯罪行为，保障人民合法权益。修订前的《刑法》对破坏环境资源保护类犯罪的法定最高刑只有3年有期徒刑，客观上容易导致一些人在暴利面前铤而走险，他们实施了严重破坏环境资源的犯罪行为，给国家经济和社会利益造成重大损失后，却得不到惩罚或只受到轻微处罚的不良现象，使刑法的威慑力荡然无存。修订后的《刑法》，强调推动黄河流域绿色发展理念，促进经济社会与生态环境的协调发展，并且加大了对环境犯罪的刑事制裁力度。现行刑法根据犯罪情节的轻重，提升了量刑幅度，将法定最高刑提高到15年有期徒刑，有力打击了环境犯罪行为。环境刑法提高了环境犯罪的刑事罚金刑的数额，并明确规定惩罚性赔偿条款。以上这些刑法修订内容增强了刑罚的威慑力，使环境犯罪分子付出更高的代价，能够有效遏制环境犯罪行为的发生。同时，环境刑法扩大了环境犯罪惩罚主体范围，明确规定了法人在环境犯罪方面的刑事责任。因为环境污染与资源破坏行为的发生，大多源于企事业单位的生产经营活动，而企事业单位的生产经营活动则大多是法人之行为所致。在严重破坏环境资源的情况发生时，仅仅对单位的不法行为采用民事制裁、行政制裁已远远不够，将法人（单位）作为环境资源犯罪的主体，能够更有效地规制企业行为，使其尽职尽责履行从事生产、经营时的注意义务,有利于增强法人环保意识。总之,加强和完善黄河流域环境犯罪的刑事法律,严厉惩处环境犯罪行为,能够有效增强环境法益的保护力度,遏制环境犯罪行为的发生,也有助于维护黄河流域的生态平衡,保障人民群众的环境权益。

2. 完善环境刑法增强环境犯罪预防实效

转变传统的环境发展理念,实现黄河流域环境可持续绿色发展,有效遏制环境犯罪行为,迫切需要制定和完善相关的环境刑法。近些年环境污染形势严峻,重大环境污染刑事案件时有发生,黄河流域环境犯罪后果往往具有严重的社会危害性、持久性、时空性、潜伏性、间接性等特征。因此,遏制和预防环境犯罪将是一项长期而重要的任务,有必要完善环境刑法,用法治保护生态环境,发挥刑法的教育作用。在立法过程中,鼓励公众积极参与,通过对环境刑法的广泛宣传教育,有助于提高公众对环境保护的重视程度,激发公众的环保热情,提高全社会各主体的环境保护意识,有助于在全社会形成共同参与环境保护的氛围,形成强大的环保力量。鉴于此,通过宣传环境刑法立法理念,让人与自然和谐共生的环保理念深植人心,有利于法律在环境保护中发挥有力的预防和遏制作用。从国际生态环境刑法立法实践来看,普遍强调将预防原则作为生态环境刑法立法的基本原则。如《里约环境与发展宣言》确立的第15个原则就是:"为了保护环境,各国应按照本国的能力,广泛适用预防措施。遇有严重或不可逆转损害威胁时,不得以缺乏科学充分确定的证据为理由,迟延采取符合成本效益的措施防止环境恶化。"《联合国气候变化框架公约》第3条第3款规定:"各缔约方应当采取预防措施,预测、防止或尽量减少引起气候变化的原因,并缓解其不利影响。当存在造成严重或不可逆的损害威胁时,不应当以科学上没有完全的确定性为理由推迟采取这类措施,同时考虑到应对气候变化的政策和措施应当讲求成本效益,确保以尽可能最低的费用获得全球效益。"

实践表明,在环境犯罪治理体系构建中,一味重视带有事后惩罚性质的刑事责任追究机制,在很大程度上已经不能满足我国生态文明制度体系建设要求。生态环境犯罪是一种特殊的犯罪现象,应高度重视预防制度建设,为预防和遏制环境犯罪提供立法支持,弥补刑法在生态环境犯罪治理方面的不足,实现我国环境犯罪治理的长远目标。综上所述,刑法在打击环境犯罪与预防环境犯罪的同时,也提醒和教育人们,生态环境是人类赖以生存的基础,是社会可持续发展的依托,保护环境是每一个公民义不容辞的义务,从而使环保意识深植人心,从而形成"不吃祖宗饭、不断子孙路"的环境保护观念,有利于增强环境犯罪预防实效。

三、黄河流域环境犯罪惩防的立法问题剖析

黄河流域环境犯罪惩防立法问题是一个复杂而重要的议题,它直接关系到黄河流域生态环境保护和可持续发展。为此,国家制定并实施了一系列相关法律法规,在新修订的《刑法》中完善环境犯罪治理的相关法律规范,并出台《黄河保护法》,针对黄河流域生态环境特点和犯罪情况规定专门性惩治条款,为有效打击黄河流域环境犯罪提供了法律保障,并发挥了重要的作用。但是,近年来,黄河流域环境犯罪惩防的相关法律在立法内容、附加刑适用、立法衔接等方面存在一些问题,导致环境犯罪惩治效果不理想,这迫切需要完善相关立法以保护黄河流域生态环境健康发展。

(一)黄河流域环境犯罪惩防的立法内容缺陷

为加强黄河流域环境保护,有力打击黄河流域环境犯罪,国家制定并实施了一系列相关法律法规,尤其是《黄河保护法》出台,结合黄河流域实际情况制定了专门性条款和规定,为黄河流域环境犯罪惩防提供了专门法律依据。虽然这些法律在黄河流域的生态保护和管理中发挥了重要作用,但随着时间的推移和形势的变化,部分法律内容已显得不足以应对当前的环境犯罪问题,相关法律在立法的种类、系统性和科学性方面亟待提升和完善。

1. 相关立法的种类有待多样化

在中国法律资源库和最高人民法院官网中检索有关污染环境犯罪的法律法规,能够检索到三类有关环境犯罪污染治理的规范。一是,《刑法》明确规定了污染环境犯罪的各类罪名以及违反该罪名所需要执行的刑罚。二是,最高人民法院和最高人民检察院发布的诸如《最高人民法院关于审理破坏森林资源刑事案件适用法律若干问题的解释》《最高人民法院、最高人民检察院关于办理环境污染刑事案件适用法律若干问题的解释》等有关污染环境的司法解释。三是,最高人民法院发布的有关办理环境犯罪的指导性案例。虽然存在上述法律法规对环境污染犯罪活动进行规制,但是该规定并未涉及更多实

质性内容。以污染环境犯罪案件的证据规定为例，较少有法律法规涉及污染环境犯罪取证和质证程序、证明责任如何进行分配、鉴定机构的选择以及鉴定意见的效力、专家辅助人出庭程序等。同样，在中国法律资源库和最高人民法院官网上以"环境侵权"或者"生态污染"为关键词，能够检索到诸如《最高人民法院关于生态环境侵权民事诉讼证据的若干规定》《最高人民法院关于审理生态环境侵权纠纷案件适用惩罚性赔偿的解释》《最高人民法院关于具有专门知识的人民陪审员参加环境资源案件审理的若干规定》等较为全面的民事法律规定。显然，有关环境犯罪的法律较为单一。

2. 相关立法的平衡性需要增强

首先，黄河流域环境保护的地方性立法与国家立法不平衡。这种不平衡主要表现为黄河流域内的地方性立法滞后，难以满足本流域内环境犯罪治理需要。《黄河保护法》是保护黄河生态环境的专门性法律，其颁布实施以来对整个黄河流域生态保护及高质量发展起到指引、预测、评价、教育、强制作用，并总体性规定各区域之间在黄河流域环境保护方面的协调机制及职责分工。但是，黄河流经多个区域，涉及多个省份，黄河流域环境保护离不开各区域之间的协调配合，更离不开各区域自身对所辖区域黄河环境的保护和治理。目前，各区域环境犯罪惩治力度不够平衡，一些省份并未在《黄河保护法》的法治理念的指引下及其规范框架下制定黄河保护实施办法。一些省份在黄河流域环境治理的过程中并未深入分析不同省份间的环境差异，也并未严格根据《黄河保护法》的立法理念而制定本流域环境保护规范。实质上，各省黄河流域的生态环境保护及犯罪治理应当根据上位法律规范，并结合本流域犯罪实情，制定符合本省环境治理实情的流域环境犯罪惩防措施，确保各省间的环境犯罪惩防规范平衡发展。

其次，黄河流域环境保护立法对环境法益保护的重视度失衡。关于环境犯罪所侵害的法益，学界普遍认为环境犯罪是对环境权的侵害，这种侵害在一定程度上危及公民的生命、健康以及财产安全。立法者从保护环境权这一客体出发制定一系列针对环境犯罪问题条款，这在很大程度上缓解因公民个人或单位实施的破坏环境行为所造成的环境污染、生态损害等问题，从而保护公民个人生命、健康和财产不受侵害。对于环境法益的保护，刑法学界主张以下几种观点：公共安全说、经济秩序说、双重客体说、复杂客体说、环境社会关系说、环境保护制度说、环境权说。总体上看,学界普遍认为环境犯罪是对法律所确认的人类权利的侵害,主要涉及人自身的生命、健康、财产等权利以及社会整体的环境秩序。但是,学界以上这些观点并没有充分体现生态环境自身所具有的价值,显然是立法方面对环境法益保护的不平衡,这种不平衡主要表现为对环境法益保护的重视度不够。在此立法理念的指引下,刑法对环境犯罪的法益保护并没有实现从人类中心主义观到环境生态本位的转变,也即是说,环境法益的保护理念未能实现从人类利益到环境利益的转变,使得人们对于环境自身利益的重视程度不足。而且立法者在制定有关环境犯罪规范的过程中,普遍将具有严重后果诸如造成死亡、人身伤害及严重财产损失的行为归属于环境犯罪,而对于环境危害较为严重,但是没有造成死亡、人身伤害及严重财产损失的危害行为一般不将其纳入环境犯罪之中。具体到黄河流域环境犯罪惩防立法看,这就不可避免地使环境刑事立法有失严密。[1]

3. 相关立法的科学性有待提高

首先,环境犯罪认定标准的科学性不够。环境犯罪具有不同于其他犯罪的特征,环境犯罪所造成的损害具有不可逆性,损害后果具有较强的潜在性和隐蔽性,其危害后果与危害行为的时间间隔较长。基于此种特征,立法难以根据当下的行为对环境犯罪的危害后果进行认定,因此,现行立法对环境犯罪的确定标准缺乏预见性。现行立法对环境犯罪以及犯罪情节的确定标准缺乏科学性。在确定环境犯罪的标准方面,现行立法对环境入罪标准的规定较为模糊。在环境犯罪情节界定方面,现行法律并没有明确规定情节严重、情节特别严重、数量较大等表示程度性犯罪情节的界定标准。关于犯罪情节的判断通常依赖审判机关自身裁量权,难以严格区别罪与非罪、此罪与彼罪。

其次,环境犯罪罪名缺乏体系性。环境保护相关立法对于环境犯罪的罪名设置过于概括性,不够精细和体系化。一些在形式上属于环境犯罪的罪名,实质上被刑法现行规范所囊括。我国现行法律在"破坏环境资源保护罪"章节中,仅有三个罪名涉及污染环境行为,其他均为对破坏自然资源行为的规

---

[1] 赵秉志:《环境犯罪及其立法完善研究——从比较法的角度》,北京师范大学出版社,2011,第26页。

制。这三个涉及污染环境行为的罪名在规定上较为笼统，将多种污染行为进行概括性规定，并没有对我国现有污染环境行为的类型进一步类型化规范。这种将环境犯罪罪名的概括性和分散性规定，在一定程度上表现了环境保护相关法律对环境犯罪罪名设置缺乏针对性和体系性。这种立法模式，将罪名分散于各个章节之中，易导致罪名规范相互交叉，既不利于对罪名的修改和完善，也不利于与环境行政执法有效衔接。

环境犯罪是一种特殊的犯罪类型，行为人所实施的危害行为不同，其所产生的危害后果也会不同。基于以上问题，这就迫切需要提高环境治理立法质量，有必要针对环境犯罪危害行为的具体特点明确规定所对应的罪名，加强环境犯罪罪名设置的体系性和科学性，提升对环境犯罪的精准惩处和预防能力，进而提高环境犯罪的惩防力度和治理实效。

再次，相关刑罚的惩罚力度不够合理。设立刑罚的目的主要在于预防犯罪和惩治犯罪，对环境犯罪的制裁目的往往就成为对刑罚目的的直接复制。[1]现行《刑法》规定对于严重环境犯罪的法定最高刑为3年，环境损害后果特别严重的最高刑为7年。由此可见，现行有关环境犯罪惩治立法虽然在一定程度上对行为人予以惩戒，但是制裁力度较轻。环境犯罪不同于其他犯罪，环境犯罪不仅是对公民生命、健康及财产安全的破坏，也是对环境法益不可逆转的危害，如果法律不能明确规定行为人对其所破坏的生态环境具有修复与补偿责任，对环境犯罪的打击不力，不利于根本上治理黄河流域环境犯罪。这种法律缺陷，使得犯罪分子仅仅承担现有的刑罚，而将生态修复的责任转化为政府责任，从而使"全民买单"。[2]因此，有必要借鉴域外有关环境犯罪刑罚规定，将"恢复"作为环境犯罪刑罚目的之一，更加突出治理环境犯罪的特征。总之，现有环境犯罪刑罚规定并没有做到犯罪成本与犯罪所得利益之间的权衡，犯罪分子往往为了追求高额的经济利益铤而走险破坏环境。这种轻微化的环境犯罪惩处实践，难以有力打击环境犯罪行为，也难以对犯罪分子产生威慑作用。

---

[1] 敦宁、冯军：《环境犯罪"三元化"制裁体系之建构——以制裁目的之有效实现为中心展开》，《河北大学学报》（哲学社会科学版）2015年第4期。

[2] 陈晓景：《流域发展国家战略与环境刑事规制的完善》，《兰州大学学报》（社会科学版）2021年第6期。

最后，相关立法的预防功能不足。对于环境犯罪的惩防立法理念，现行法律往往侧重于对犯罪行为的打击和制裁，而缺乏对预防犯罪的有效措施和机制。[1]现行立法虽然在很大程度上取得了实质性进步，但是关于黄河流域环境犯罪的治理仍然侧重于事后惩治，较少关注事前风险评估、预警规划等，较多涉及环境资源损害赔偿、犯罪刑罚等方面。环境犯罪与经济利益存在密切联系，加之环境犯罪成本较低，使得绝大多数犯罪分子不断实施破坏环境活动以获取高额的利益。通过考察现行黄河流域环境资源犯罪治理模式，发现现行立法体系、立法机制、立法理念等各个方面都不同程度地缺乏对黄河流域犯罪的预防性认识。生态环境属于客观存在，无法通过自身行为规避可能或正在遭受的破坏活动，因此，相关立法在进行规制的过程中，应该鲜明突出有关法律法规对于环境犯罪的预防功能，有力防范黄河流域环境犯罪风险。

（二）黄河流域环境犯罪惩防的附加刑不足

黄河流域环境犯罪惩处对刑罚附加刑适用存在一些问题。在我国环境犯罪刑罚规范中，罚金刑具有十分重要的地位和作用。刑罚实践中，往往侧重于对罚金刑的运用，罚金刑在很多相对较轻的环境犯罪中是唯一的刑罚，一些国家甚至将其提升为主刑与自由刑并列规定。[2]但是，罚金刑、没收财产刑、资格刑等刑罚附加刑亟待合理优化。

1. 罚金刑适用不足

在我国，立法者高度重视财产刑罚手段，逐步提高行为人的环境犯罪成本，不断加大环境犯罪处罚力度。现行《刑法》有关罚金刑的规定主要有以下三种：其一，以并处罚金为主要形式。这种形式下罚金刑不能单独予以适用，且需要以判处自由刑为前提条件，难以有效发挥罚金刑在环境犯罪惩治中的作用。其二，适用抽象罚金形式。对于一般犯罪而言，罚金数额并非一成不变，根据所涉罪名、犯罪情节以及犯罪案件自身属性的不同而采用不同的罚金刑。

---

[1] 陈婷婷、陈广杰：《黄河流域环境司法协作的现实困境突破》，《黑龙江生态工程职业学院学报》2023年第3期。

[2] 赵秉志：《环境犯罪及其立法完善研究——从比较法的角度》，北京师范大学出版社，2011，第117页。

环境犯罪仅笼统规定构成犯罪需要适用罚金刑，但是对于罚金的具体数额则缺乏相应规定，在司法实践中法官通常是自由裁量罚金数额，这样不利于精准弥补环境犯罪所带来的巨大损失以及环境修复补偿数额，也会造成黄河流域惩处中各地方罚金刑适用标准不一致。其三，执行罚金刑过于原则。人民法院处理环境犯罪案件，对罚金刑执行过于原则，只要发现被执行人有可供执行的财产均可以随时追缴。但是，由于相关法律对于罚金刑的执行缺乏必要的配套措施，在司法实践中，罚金刑执行难，环境修复费用通常由政府负担。

2. 没收财产刑适用不足

对于环境犯罪，我国现行立法并未详细规定没收财产刑这一刑罚种类，仅在诸如非法收购、运输、出售珍贵濒危野生动物、珍贵濒危野生动物制品罪及非法捕猎、杀害珍贵濒危野生动物罪中，对于犯罪分子判处主刑后附加没收财产的刑罚。因此，环境犯罪惩罚的相关法律中并未关注没收财产，且在最高人民法院发布的关于黄河流域环境污染典型案例中，也几乎不涉及没收财产刑罚，而是在判处主刑过程中并处罚金刑。这显然不能满足重大环境犯罪预防和惩治的客观需要，不符合宽严相济的刑事政策，也不利于对所破坏的生态环境进行修复和补偿。鉴于此，现行立法有必要将没收财产刑纳入环境犯罪立法。

3. 资格刑缺失

资格刑是指不同程度地剥夺犯罪主体实施某种行为资格的刑罚。很多国家尤其是发达国家均在环境犯罪中设置了资格刑，如俄罗斯、加拿大、罗马尼亚等国家都在刑法典中规定了资格刑。我国环境犯罪所适用的附加刑中并没有关于资格刑的规定，这是我国环境刑事立法的一个重大的缺陷，非常不利于环境犯罪惩处和预防。一是，缺乏资格刑，影响黄河流域环境犯罪惩治的威慑力。环境犯罪的主体多表现为法人（单位），我国刑法中法人（单位）犯罪往往适用罚金刑一种处罚方式，这种单一的刑罚手段打击力度不够，不能发挥刑罚的威慑作用，难以遏制环境犯罪的攀升与蔓延。二是，缺乏资格刑，影响黄河流域环境犯罪惩防的实效。环境犯罪的法人主体之所以能实施危害环境的行为，主要根源是其具有从业资格。他们拥有排污许可证、捕捞水产品资格证、采矿许可证，等等。如果处理法人环境犯罪，仅对法人判处财产刑，却不剥夺其从业资格，那么法人在缴纳一定数额的财产之后，仍然具备再犯的能力和资格,这显然是治标不治本。如果适用资格刑,判处剥夺法人从业资格的刑罚,有利于威慑犯罪主体,也能起到遏制和预防犯罪的作用。三是,缺乏资格刑,影响黄河流域环境犯罪惩防机制构建质量。环境犯罪惩防机制构建,离不开环境刑罚的立法质量。缺失资格刑,自然影响附加刑结构优化,这必将影响到环境犯罪惩防机制的质效。

(三)黄河流域环境犯罪惩防的立法衔接不畅

1. 协同治理立法理念有待增强

黄河流域涉及多元文化、经济要素、地域环境特征等多种因素,为推进黄河流域法治一体化建设,有必要树立协同治理的立法理念。目前,我们在环境治理立法方面的协同治理理念不强。依据现有法律规范,《黄河保护法》虽然规定了较为完整的内容既涉及生态环境保护、流域内资源利用,又涉及经济产业的发展路径,但是其作为一部系统性法律,对有关内容的规定较为宏观,无法覆盖所有与黄河流域有关的内容。立法上,《黄河保护法》规定了跨区域协调机制,提出了协同治理理念,但是,立法技术、利益冲突、地方保护、区域问题等多方因素,阻碍了协同治理理念在环境立法中的贯彻落实,导致各环境治理机构难以形成合力,为黄河治理带来制度阻力。[1]

黄河流域协同治理的立法目标是在黄河全流域形成共建共商共享的协同治理立法模式,依法保障生态环境高质量发展。协同治理立法理念涉及多元主体参与,是多元主体相互协调与配合以实现对国家和社会的公共管理目标。因此,有必要根据环境刑法、《黄河保护法》,将协同治理理念运用到制定和完善环境治理法律规范,打造黄河全流域内区域之间、部门之间、行业之间协同共治的局面。鉴于此,构建环境治理法律体系,应在"协同治理"理念指导下运用法治思维将国家可持续发展战略目标与黄河流域生态环境治理目标相结合的法治化建设举措。构建黄河流域环境治理的协同治理立法理念,应当遵循以下几方面:一是主体多元化。既包括不同省份管理部门之间具有黄河流域环境治理职责的主体,还包括上下级之间具有黄河流域管理职责的主体以及同一省份内与黄河流域环境保护有关的不同职能部门。二是注重主

---

[1] 何艳梅:《〈长江保护法〉关于流域管理体制立法的思考》,《环境污染与防治》2020年第8期。

体间协调配合。多元主体间应良性互动、相互沟通、互相配合,统一行动形成合力。三是立法目标与利益要协调一致。

2. 相关法律之间衔接不畅

为实现对黄河流域生态环境整体性保护,促进黄河流域社会经济高质量发展、有必要加强环境治理法律间的协调与衔接,完善黄河流域生态环境治理法律体系。目前,相关环境犯罪惩治的法律法规之间衔接不畅、相互矛盾,流域内各区域环境犯罪惩治立法不够统一,缺乏较为明确的跨区域协调机制以及符合本省区域环境特征的地方性法规,这些问题不利于法律适用,也阻碍了黄河流域生态环境治理的法治化目标。虽然我国已经建立较为系统的生态环境综合执法队伍,构建了较为完善的生态环境管理体制,实现了生态环境管理体制改革,但是黄河所流经的各省份间具有独特的地域特征,受地理因素、经济等因素影响,行政区域管理之间存在较大的差异。现行环境刑法从宏观上规定由黄河水利委员会统筹协调黄河流域各区域相关工作,并未进一步明确规定黄河流域各管理机构和区域机构等的职责和地位。这就容易导致各机构之间职责交叉、权责不明晰,在实质上形成"纵向分级、横向分散""条块结合、以块为主"的"碎片化"流域管理格局。[1]这也容易导致黄河流域各部门、各区域法律适用的协同性不足,极大地影响了治理效果,也不利于黄河流域综合生态系统管理和联防联治的综合决策。[2]

因此,建立黄河流域环境治理法律体系需要树立"协同治理"理念,需要把国家高位统筹的"协同治理"思路通过立法程序将其法律化、制度化定型。[3]需要在协同治理理念指引下,从立法层面上宏观规划,统一调控,明确流域机构、区域机构职责分工和权责归属,推动各区域机构多元协作,建立高效的黄河流域生态环境治理法律体系,并贯彻到黄河流域环境治理立法、执法、司法全过程。

---

[1] 彭本利、李爱年:《流域生态环境协同治理的困境与对策》,《中州学刊》2019年第9期。

[2] 董战峰、邱秋、李雅婷:《〈黄河保护法〉立法思路与框架研究》,《生态经济》2020年第7期。

[3] 李小强:《生态补偿制度的肇始、演进及其未来展望》,《重庆大学学报》(社会科学版)2021年。

本章小结

近年来,国家高度重视黄河流域的生态保护与高质量发展,在立法理念上不断进步,不断建立健全黄河流域生态环境治理相关法律,在一定程度上遏制了黄河流域环境犯罪,促进了黄河流域生产生活的有序进行,保障了黄河流域的可持续发展。目前,黄河流域环境犯罪预防与惩治立法已取得显著成效,先后出台了《中华人民共和国黄河保护法》《流域生态环境保护法》《黄河流域管理条例》等一系列相关法律法规,为黄河流域的生态保护和治理提供了法律保障,增强了环境犯罪惩处与预防实效。具体来说,立法理念不断与时俱进,保护法益从人类中心到生态本位变迁;立法视阈从传统刑法到风险刑法转变;立法政策从宽严相济到强化预防转变。黄河流域环境犯罪惩防立法具有学术、应用等多种价值,通过相关立法完善了流域环境治理的法律体系,推进黄河流域环境保护的专门性立法,为黄河流域生态环境研究指引了明确方向;建立和完善相关环保法律,增强环境犯罪惩防力度和预防实效,为黄河流域生态环境健康发展提供了法治保障。同时,黄河流域环境犯罪惩防的相关立法在内容、附加刑适用、立法衔接等方面存在亟待改进之处,诸如立法内容不够完善,种类较为单一,平衡性不够强,科学性不够高;刑罚附加刑结构不够科学合理,罚金刑、没收财产刑的适用率偏低,资格刑缺失;相关立法衔接不够顺畅、彼此不够协调,协同治理立法理念不够强。

第四章
黄河流域环境犯罪预防和惩治的实践检视

近年来,黄河流域环境犯罪预防和惩治实践取得了一些成就,流域生态环境质量得到持续改善。执法部门不断加大黄河流域环境违法犯罪的打击力度,增强执法的威慑力;持续开展系列专项整治行动,执法力度有所加强,在黄河流域环境犯罪治理中发挥了重要作用;利用卫星遥感、大数据分析等先进技术,不断提高监管能力和改进监管手段,持续加强环境生态监测能力建设和有效提高环境违法行为的监测能力;执法部门与相关生态环境、水利、公安等多部门之间的协作逐渐加强,着力提高流域案件的办理质量;生态环境相关部门加大宣传教育力度,连续多年组织开展黄河流域"清废行动",提高了公众的流域环保重要性认识,增强了公众的环境犯罪预防和惩治意识,公众环保意识持续提升,部分公众积极参与黄河干流及部分支流(段)环境整治的监督和管理中。然而,我们也应清醒地认识到,黄河流域环境犯罪的预防与惩治仍面临着一些复杂的、多方面的挑战,惩防机制仍需完善,预防与惩治实践区域差异较为明显,法律适用仍然存在不少难题,恢复性司法功能发挥亟待加强,等等。鉴于此,有必要全面审视黄河流域环境犯罪预防与惩治实践现状,客观分析这些防控实践存在的问题与难题及其原因,进而为优化该流域环境犯罪惩防机制奠定基础。

一、黄河流域环境犯罪预防实践检视

随着经济与社会飞速发展,黄河流域环境犯罪呈现出复杂化、多样化,犯罪的跨区域、跨部门特征更为明显,犯罪预防面临更大挑战,要求更高,难度更大,相关措施难以满足实践需要,进而导致不同程度地出现犯罪防控问题。水利部黄河水利委员会代表水利部在黄河流域和新疆、青海、甘肃、内蒙古内陆河区域内依法行使水行政管理职责，是水利部派出的流域管理机构，承担黄河防汛抗旱总指挥部办事机构职责。同时，水利部黄河水利委员会下设山东黄河河务局、河南黄河河务局、山西黄河河务局、陕西黄河河务局、黄河上中游管理局、黑河流域管理局、水文局、经济发展管理局、河湖保护与建设运行安全中心、黄河水利科学研究院等委属单位，在黄河流域环境犯罪预防与惩治实践工作中具有举足轻重的地位。[1]鉴于此，我们在水利部黄河水利委员会官网检索该部委及其所属机构参与黄河流域环境犯罪的预防情况。通过分析这些相关信息，结合网络新闻以及学校自行组织的黄河流域环境犯罪预防工作，再根据一线调研，揭示黄河流域环境犯罪的学校预防实践状况。黄河流域环境犯罪的预防主体具有多元性，既涉及执法和司法机构，又关涉学校、企业、社区、家庭。鉴于此，有必要从这些主体出发，分类探讨黄河流域环境犯罪预防实践。同时，鉴于执法主体的特殊性与司法机构职能的惩治性，这部分就主要探讨这几类预防主体的黄河流域环境犯罪预防实践问题。

（一）黄河流域环境犯罪的学校预防实践

学校在犯罪预防中扮演着重要角色，对于黄河流域环境犯罪预防而言，也是如此。在实践中，学校预防主体采取多种形式，通过多种渠道，预防和减少黄河流域环境犯罪的发生。截至2024年7月10日，在水利部黄河水利委员会官网，以"学校"为关键词，共检索到2353条相关信息。

1. 学校预防的主动性有待提高

黄河流域环境犯罪的学校预防主体主要涉及三类主体，即学校、学校与河务局联合、其他主体。黄河流域环境犯罪预防的学校预防工作，主要由这三类主体组织进行的。学校自行组织开展黄河流域环境犯罪预防的宣传教育或者将流域环境保护作为教学任务、教学内容，增长学生的流域环境犯罪预防知识，增强学生的流域环境犯罪预防意识。学校与河务局等机构联合开展黄河流域环境犯罪预防教育。河务局及其他机构进驻学校开展黄河流域环

---

[1] 据水利部黄河水利委员会官网：www.yrcc.gov.cn。

犯罪预防主题宣教活动，如博兴河务局开展"普法进校护成长　爱心助学幸福河"活动[1]，济南河务局开展"全民国家安全教育日"宣传活动，孟津河务局开展"送法进校园"活动[2]，开封第一河务局开展宪法宣传周系列活动[3]，等等。学校与河务局及相关机构联合开展黄河流域环境犯罪预防讲座，如濮阳第一河务局与学校联合举办讲座，采取以案说法的形式，对黄河流域环境犯罪预防进行宣讲。[4]除了上述主体外，媒体、公众、非政府组织等，通过多种形式，开展黄河流域环境犯罪预防宣传教育活动。

在实践中，黄河流域环境犯罪的学校预防，绝大部分是以河务局为主导进行的，从预防环境犯罪的主动性上看，还有待进一步提高。这种预防教育，主要是任务型，即学校往往是按照上级指示开展黄河流域环境犯罪预防宣教活动，教育方式主要为校外机构进校园开展宣教活动，主要由河务局或者其他校外机构为主导决定讲课内容、讲课方式、听课对象、听课效果评价等，具有较大的随机性，学校的主动性未能得到充分发挥。同时，受教学计划和考试任务的限制，学校要完成既定的教学目标任务，主要围绕教学考试计划开设文化课，学校师资主要是文化课老师，难以投入更多的精力主导黄河流域环境犯罪预防的宣传教育工作，在预防主体中处于被动地位。绝大多学校通常不会开设黄河保护特色课程，学校内部缺乏相应的配套设施，黄河流域环境犯罪预防的宣传教育很难取得实效。另外，河务局进入校园主导开展黄河流域环境犯罪预防宣教活动，其他预防主体临时参与，由此既容易造成学校预防主体的功能缺位，又难以充分有效实现犯罪预防教育目标。

2. 学校预防的内容亟待丰富

在实践中，为预防黄河流域环境犯罪，作为教育机构的学校，一般将流

---

[1] 李红雷、张雷：《博兴河务局：普法进校护成长爱心助学幸福河》，2021年3月22日，http://yrcc.gov.cn/xwdt/jcdt/202312/t20231219_341172.html，访问日期：2024年9月20日。

[2] 杨晓琳、金泽武：《孟津河务局：送法进校园　"水周"早预热》，2022年3月8日，http://yrcc.gov.cn/xwdt/jcdt/202312/t20231219_345747.html，访问日期：2024年9月20日。

[3] 胡方园：《开封第一河务局开展宪法宣传周系列活动》，2019年12月5日，http://yrcc.gov.cn/xwdt/jcdt/202312/t20231219_333122.html，访问日期：2024年9月20日。

[4] 陈素美、李刚：《濮阳第一河务局开展涉水安全校园行活动》，2022年5月25日，http://yrcc.gov.cn/xwdt/jcdt/202312/t20231219_339515.html，访问日期：2024年9月20日。

域犯罪的预防内容侧重在环保意识提升、法治教育加强及实践推动等方面。然而，随着黄河流域环境犯罪复杂化，原有的学校预防内容难以满足实践需要。一是，在提升师生黄河流域环境犯罪预防意识方面，学校通过开展主题教育活动，举办主题班会、讲座、展览等黄河流域环境犯罪预防的宣传教育活动，结合生动的案例，培养学生的黄河流域环境犯罪预防意识与责任感。然而，这种学校预防实践往往缺乏统筹，内容相对单一，难以将环境犯罪预防知识充分融入地理、生物、化学等课程中。二是，在加强黄河流域环境犯罪预防法治教育方面，多数学校通常是接到上级任务后临时组织师生学习《环境保护法》《黄河保护法》等相关法律法规，以增强师生的黄河流域环境犯罪惩治与预防的法治观念。陕西河务局通过摆放宣传展板、悬挂横幅、开设咨询站等形式，集中开展宣教活动[1]；兰考河务局充分利用宣传教育基地，更新沿河步道和普法长廊的宣传展板内容，利用新媒体平台播放流域环境犯罪预防教育内容，有效增强学生的流域环境犯罪预防意识[2]。然而，这种普法教育活动通常由河务局为主导，教育内容重点不够突出，且难以融入黄河流域环境犯罪预防实践中，进而导致这种教育呈现出一定的形式主义色彩。三是，在开展黄河流域环境犯罪预防实践专题活动方面，学校组织师生参与黄河流域环境犯罪预防志愿服务活动，通过开展清理黄河沿岸垃圾、植树造林、水质监测等实践活动，增强学生的黄河流域环境犯罪预防意识和实践能力。然而，这种活动具有不定期性，存在区域差异，并受主管领导及相关部门负责人工作思路的影响，导致宣传教育的目标、任务、内容、效果评价等，不仅具有较大的随意性，且更新较慢，难以全面实现流域环境犯罪预防目的，难以有效提升流域环境犯罪的预防质效。

3. 学校预防的形式亟待创新

黄河流域环境犯罪预防的方式具有多样性，主要表现为普法宣传、召开专题讲座、开设专题课以及调研考察等。这些流域环境犯罪预防实践，对于黄河流域环境犯罪的预防，发挥了重要作用。一是普法宣传形式多样。在实

---

[1] 王志伟：《陕西河务局开展"宪法宣传周"系列活动》，2019年12月9日，http://yrcc.gov.cn/xwdt/jyxx/202312/t20231217_282822.html，访问日期：2024年9月20日。

[2] 马明扬：《兰考河务局开展备战"宪法宣传周"》，2019年11月29日，http://yrcc.gov.cn/xwdt/jcdt/202312/t20231219_341203.html，访问日期：2024年9月20日。

践中，相关机关通过传统的普法宣传方式开展黄河流域环境犯罪预防。如范县河务局举办"以案释法"巡回宣讲活动，将生动典型的环境犯罪案例引入校园，提高师生流域环境犯罪预防知识以及对环境保护的敬畏之心，增强师生守法意识[1]；陕西黄河北干流管理局志愿者们在"国家宪法日"向师生讲述《宪法》及陕西黄河人保护黄河、关爱母亲河的故事；山东某河务局沿黄河流域学校开展"送法到基层"活动，宣讲黄河保护法律知识。二是学校与相关环保机构联合在学校举办专题讲座、发放宣传资料、设咨询站、摆放展板、挂横幅等形式以加强犯罪预防。如博兴河务局开展"普法进校护成长 爱心助学幸福河"活动[2]；济南河务局开展"全民国家安全教育日"宣传活动；孟津河务局开展"送法进校园"活动[3]；开封第一河务局开展宪法宣传周系列活动[4]；濮阳某河务局向当地群众发放环保资料、介绍"环境资源公益诉讼"、讲解环境犯罪典型案例等，并与沿黄河学校联合开展"保护母亲河，建设幸福河"爱国主义教育实践活动。三是河务局偶尔采用实地调研方式，带领学生走进流域考察环境，达到实地感化与预防的效果。如东阿河务局带领学生们沿黄河堤岸参观，让学生与黄河风景零距离接触，以增强学生对黄河流域环境保护意识。[5]当然，在少数情况下，学校或者师生，也会主动开展调研活动。如"法护黄河青春行"开展"河小青"净滩、水源地保护、河湖巡查、

---

[1] 陈素美、李刚：《濮阳第一河务局开展涉水安全宣传校园行活动》，2022年5月25日，http://yrcc.gov.cn/xwdt/jcdt/202312/t20231219_339515.html，访问日期：2024年9月20日。

[2] 李红雷、张雷：《博兴河务局：普法进校护成长 爱心助学幸福河》，2021年3月22日，http://yrcc.gov.cn/xwdt/jcdt/202312/t20231219_341172.html，访问日期：2024年9月20日。

[3] 陈素美、李刚：《濮阳第一河务局开展涉水安全校园行活动》，2022年5月25日，http://yrcc.gov.cn/xwdt/jcdt/202312/t20231219_339515.html，访问日期：2024年9月20日。

[4] 胡方园：《开封第一河务局开展宪法宣传周系列活动》，2019年12月5日，http://yrcc.gov.cn/xwdt/jcdt/202312/t20231219_333122.html，访问日期：2024年9月20日。

[5] 孙文佳：《东阿河务局开展团支部共建联学活动》，2024年4月8日，http://yrcc.gov.cn/xwdt/jcdt/202404/t20240408_429866.html，访问日期：2024年9月20日。

生态环境调查等流域生态环保与环境违法犯罪预防的寒假社会实践活动。[1] 四是零星学校采用开设黄河流域环境保护特色课程的方式,增强学生黄河流域环境犯罪预防意识。

不难看出,黄河流域环境犯罪预防现有的宣传教育方式,总体上是通过传统的线下预防方式进行的,极少利用互联网和新媒体平台进行线上开展流域环境犯罪预防活动。这种预防教育方式,受众群体较小,往往局限于一定范围内的师生。随着社会交往范围扩大化及社会关系复杂化,这种传统的宣传教育活动面临诸多新问题,难以满足实践需要,亟待进一步创新,而采用线上方式或线上与线下相结合的方式,能够实质性提高教育受众的广泛性,扩大预防教育受众范围,提高黄河流域环境犯罪预防教育的受众性。同时,这种传统宣传教育方式,预防效果会因受众范围有限而受到很大影响。另外,鲜有学校开设流域环境犯罪预防课程,难以实现黄河流域环境犯罪预防宣传教育的长效性,为了顺应时代发展与黄河流域环境犯罪治理的需要,亟待一定程度上、一定范围内开设该类课程。

(二)黄河流域环境犯罪的企业预防实践

根据水利部黄河水利委员会网站有关资料,结合相关网络资源与实践调研,不难看出,流域环境犯罪的企业预防主要采用主体规制、合规管理、外部监督等预防措施。鉴于此,有必要以这三项主要措施为主线,分类探讨黄河流域环境犯罪预防实践问题。

1. 企业准入机制逐步建立,但市场准入标准不够统一

近年来,为了提高环境犯罪企业预防的主动性和预防质量,不断增强黄河流域环境犯罪企业预防的法律意识。在"水利部黄河水利委员会"网站以"企业"为关键词搜索的相关事例,通过总结分析发现,黄河流域相关企业接受了政府部门开展的全面系统的法治教育,企业环境犯罪的预防意识和预防能力得到提升。例如,2023年,绥德治理监督局走进企业,利用微信、微博等社交平台,通过网络直播方式,采用《黄河保护法》读本和宣传册发放、

---

[1] 白云鹏骞:《"法护黄河青春行"寒假社会实践活动精彩纷呈》,2024年2月26日,http://yrcc.gov.cn/xwdt/ztbd/gcsshhbhf/xfpf/202403/t20240329_429184.html,访问日期:2024年9月20日。

文艺会演等手段，围绕黄河流域水资源保护及水务管理台账建设，黄河流域煤矿水资源保护等主题，集中开展普法宣传。[1]同时，企业主体的资质准入标准和法治教育受到高度重视，流域内部分省份开始着力采取多种措施，明确黄河流域相关企业主体的资质标准、准入标准。如山东河务局2015年对其所属山东黄河工程集团有限公司等9家施工企业以及山东黄河勘测设计研究院开展的推动施工企业资质管理与安全生产标准化建设活动[2]，促进了企业环保质量的提高，提高了流域环境犯罪的企业预防能力。

然而在实践中，黄河流域相关企业的资质准入标准却不够统一，不利于提高市场主体质量进而影响流域环境犯罪的企业预防。[3]通过"水利部黄河水利委员会"网站相关资料的分析可知，企业资质标准的工程类别较多，准入标准区别很大。例如，堤防工程专业承包企业资质等级标准、河湖整治工程专业承包企业资质等级标准、水电大坝工程专业承包企业资质等级标准、水工建筑物基础处理工程专业承包企业资质等级标准等。这些不同工程对于企业主体的资质要求存在广泛差别。在基于工程种类广泛的前提下，其资质要求的不一致性，使得企业主体在实际的市场运行中对于其所要遵循的法律法规缺乏清晰认识，同时这种资质准入标准的混乱也导致了企业自身质量不足。[4]在此背景下，不具备实质意义上的流域相关专业资质的企业主体可能会进入从事生产经营进而大大增加流域环境犯罪的风险。更为重要的是，因资质标准不统一，容易出现类案不同判问题，既影响处理过程与结果的公平公正，又严重影响流域环境犯罪的预防质效。

2. 企业合规管理逐渐透明化，但自我革新困难

根据在"水利部黄河水利委员会"网站以"企业"为关键词搜索的相关

---

[1] 曹勇：《绥德治理监督局走进企业开展普法宣传讲座》，2023年3月22日，http://yrcc.gov.cn/xwdt/ztbd/gcsshhbhf/xfpf/202403/t20240328_428803.html，访问日期：2024年9月20日。

[2] 左文静：《山东黄河26家建筑施工企业通过资质考核认定》，2013年6月14日，http://yrcc.gov.cn/xwdt/jyxx/202312/t20231217_283217.html，访问日期：2024年9月20日。

[3] 据水利部黄河水利委员会网站：http://www.yrcc.gov.cn/。

[4] 官政：《加强建筑业企业资质管理工作的思考》，《中国建材》2024年第4期。

事例发现，黄河流域相关企业在实践中主要通过企业事务透明化以达到犯罪预防目的。例如，滨城河务局2024年召开企业财务监管专题研讨会，要求创新企业透明化的管理方式，完善企业信息公开制度，将企业置于公司员工、社会公众等各个方面监管之下，确保企业支出合规、程序合理，以透明化的企业运行程序，不断增强自身风险防控意识，规范企业的健康绿色运行，进而降低黄河流域相关企业的环境犯罪风险。[1]

然而在实践中，过于严格的监管制度，在一定程度上影响甚至阻碍企业自我革新。为此，黄河流域相关企业在坚持底线思维、塑造犯罪预防的企业文化的过程中，着力进行自我革新以降低犯罪风险。在"水利部黄河水利委员会"网站以"企业"为关键词搜索的相关事例不在少数。如，河南中原公司建立健全廉政学习制度，利用各种场所，在企业内部建设宣传阵地，在项目部营造"崇廉尚洁"氛围，以廉洁文化建设助推企业高质量发展，让干部职工接受廉洁文化的潜在熏陶。[2]但在实际执行中，如果领导层面的行业价值导向不正确，不够重视底线思维和犯罪预防，而是以利益导向的理念引领公司发展，将大大增加企业环境犯罪风险。另外，有些企业领导很重视底线思维和犯罪预防，但能力不足，带头示范和推动作用不强，也会直接影响流域环境犯罪的有效预防。同时，在文化建设方面，不同地区的企业以及来自不同地区的员工存在认知差异和观念冲突，因此实现不同文化之间的融合进而实现协同预防的目标面临巨大挑战。这导致很难有效通过企业底线思维和文化建设预防流域环境犯罪的发生发展，难以采取合适方法发挥犯罪预防的作用。[3]显然，在此背景下，即使具备透明的管理制度，也难以有效实现流域环境犯罪的预防目的。

3. 企业监管受到重视，但外部监督体系有待完善

为了预防流域环境犯罪，企业监管近年来受到更多关注。在"水利部黄河水利委员会"网站，以"企业"为关键词，搜索的相关事例，发现政府部

---

[1] 王军、陈萌萌：《滨州河务局规范企业财务管理工作》，2018年7月20日，http://yrcc.gov.cn/xwdt/jcdt/202312/t20231219_336223.html，访问日期：2024年9月20日。

[2] 孟鸽：《河南中原公司以廉洁文化建设助推企业高质量发展》，2023年5月11日，http://yrcc.gov.cn/xwdt/jcdt/202312/t20231220_374172.html，访问日期：2024年9月20日。

[3] 卢美月、张文贤：《企业文化与组织绩效关系研究》，《南开管理评论》2006年第6期。

门及黄河流域相关企业，通过查找企业运转过程中环境犯罪高发的风险点，更有针对性地开展黄河流域环境犯罪预防与应对工作。例如，新乡河务局为强化企业风险防控，召开企业风险防范座谈会，查找资金安全、施工现场监督以及工程质量等重要风险点，提出了一系列实用的风险应对策略。[1]同时，实施"督导式"风险管理，分析犯罪风险点，找准问题，压实责任，堵塞漏洞，最大程度降低各类风险与环境犯罪发生的几率，确保各级人员履行职责。在"水利部黄河水利委员会"网站以"企业"为关键词，搜索的相关事例显示，在实践中，为有效预防环境犯罪的发生，政府部门不断完善黄河流域相关企业的风险督导和追责等监督体系。例如为完善企业经营发展监督体系，确保督导体系落实落地，焦作河务局坚持全面督查与重点抽查相结合，通过建立健全项目合同、进度、结算等管理协同流程，分批次、分步骤监督，"一对一"定向精准督导、主动跟进企业生产经营，控制与降低企业环境犯罪风险。[2]

然而，企业外部监管体系还有待进一步完善。在实践中，仅仅在座谈会时查找与分析流域环境犯罪风险点，对于企业环境犯罪风险点的管理与控制而言，这种提醒，显然不够，作为监管主体的政府部门，难以满足流域环境犯罪预防实践的客观需要。这种流于表面的形式主义，主动性严重不足，难以取得很好的效果，甚至会导致流域环境犯罪预防实践丧失应有的功能。同时，黄河流域企业管理体制上有待改进，监督主体职能不足，效果有待提升。在实践中，各地区的河务局履行所辖区域的监管职责，难以监管第三方社会组织，这是监管模式与监督思维，限制了协同监督的发展。另外，监管部门执法人员习惯采用单一监督模式，只是依靠政府职能部门监督黄河流域相关企业，不够重视社会多元主体参与监督，工作任务重，监督对象多，很难做到持续监督，监督方式具有"灭火式"的阶段性，工作压力较大，监督的参与度不高，监督过程与结果都受到较大影响，效率很难提高。显然，这种针对企业运转过程的流域环境犯罪监督体系，亟待进一步完善。

---

[1] 王毅：《新乡河务局压实责任消除隐患强化企业风险防控》，2024年5月14日，http://yrcc.gov.cn/xwdt/jcdt/202405/t20240514_431925.html，访问日期：2024年9月20日。

[2] 宋娜、李元凤：《焦作河务局全面完善企业监督体系》，2024年4月18日，http://yrcc.gov.cn/xwdt/jcdt/202404/t20240418_431242.html，访问日期：2024年9月20日。

(三)黄河流域环境犯罪的社区预防实践

流域环境犯罪的社区预防,主要指从社区的角度,在社区范围内进行环境犯罪预防。通过社区物理环境与社会环境的优化,清除社区的环境犯罪土壤,树立社区良好的守法风气,遏制社区成员的流域环境犯罪倾向。这种流域环境犯罪预防,注重社区生活服务设施的改善,强调社会规范与行为准则的优化,促进社区居民之间的产生友爱、互助、和谐的共属情感。注重建立健全群众性的犯罪预防机制,既关心普通居民,又加倍关切刑满释放人员、下岗职工等社区弱势群体。[1] 流域环境犯罪社区预防,是在环境犯罪惩治与预防实践中形成并发展起来的,产生于20世纪70年代的美国和20世纪80年代中期的中国。当然,各国的环境犯罪社区预防的概念存在一定的差别,但有一点是共同的,即采取多种多样的形式和手段,动员社区全体居民,配合主管部门及其执法人员,预防社区环境违法犯罪的发生。社区具有规范、沟通、凝聚和同化等多重天然功能,有条件成为流域环境犯罪预防的一股重要力量。[2] 社区预防就是利用这种功能优势,通过改变社区条件实现环境犯罪预防目的,既包括改善社区中能影响违法犯罪行为的社会条件,又包括改善社区中的建筑物、社区环境设计等自然监视和监管的区域外观自然条件。[3] 对于黄河流域环境犯罪而言,社区预防也具有多重预防功能。与其他犯罪预防相比,社区预防对黄河流域环境犯罪的预防功能更加凸显,作用更为重要。因此,为有效预防黄河流域环境犯罪的发生,有必要建立健全黄河环境犯罪预防的社区预防机制和体制,着力完善家庭、学校和社区相融合的一体化教育体制,最大程度地优化整合社区教育资源,进而提升社会预防质效。[4]

然而在实践中,黄河流域环境犯罪的预防功能并没能全面有效实现。截

---

[1] 张小虎:《犯罪预防与犯罪控制的基本理念》,《河南省政法管理干部学院学报》2008年第1期。

[2] 李莉莎:《社区在预防青少年犯罪工作中的功能》,《渝州大学学报》(社会科学版)2002年第4期。

[3] 奈杰尔·索斯、阿维·布里斯曼、倪铁、毛彦民:《环境犯罪整体预防机制论略》,《青少年犯罪问题》2018年第1期。

[4] 苏虹、刘少军:《整合社区教育预防青少年犯罪》,《徐州教育学院学报》2003年第2期。

至2024年7月1日,在"水利部黄河水利委员会"网站上以"社区"为关键词进行检索,共检索材料1929个。通过分析,结合一线调研,发现黄河流域环境犯罪社区预防的主体、内容、方式等方面存在有待改进之处。

1. 社区预防的主体

黄河流域环境犯罪预防,主要以单位为主开展预防活动,较少涉及社区。在实践中,即使是到社区开展黄河流域环境犯罪预防活动,也会存在两种偏向。一是,单位单独开展活动,社区被动参与。例如,菏泽河务局以单位为主体,开展送法进社区活动。[1]这是流域环境犯罪社区预防活动的主要形式。二是单位与社区协同开展预防活动。例如潼关河务局携手社区,共驻共建服务社区,共同开展志愿服务活动。[2]这种环境犯罪预防活动,单位一般会与社区签订共建共治协议。实质上,这种预防活动是推动"双联共建"工作的具体方式,也是对"双报到"模式的具体落实。[3]水利部所属山东黄河职工中等专业学校党员,进入社区开展"双报到"活动[4],为社区居民和过往群众分发节水护水宣传资料;焦作黄河华龙公司节水宣传队走进中州社区[5],通过教育居民节约用水,爱护水资源等方式进行环境保护教育。需要指出,单位主导的社区预防活动,活动单位部门的分布存在一定的差异。水文局、河务局等部门,是最主要的流域环境犯罪社区预防活动组织者和主导者,科研处、

---

[1] 申霖、乔昱:《菏泽河务局开展送法进社区活动》,2022年4月2日,http://yrcc.gov.cn/xwdt/spzx/202312/t20231228_413063.html,访问日期:2024年9月20日。

[2] 赵德方:《潼关河务局开展共驻共建服务社区活动》,2022年8月8日,http://yrcc.gov.cn/xwdt/jcdt/202312/t20231220_363026.html,访问日期:2024年9月20日。

[3] 闫豪、王亚茹:《长垣河务局党建结对聚合力"双联共建"见成效》,2024年5月28日,http://yrcc.gov.cn/xwdt/jcdt/202405/t20240528_432239.html,访问日期:2024年9月20日。

[4] 杨冉:《山东黄河职工中等专业学校党员入社区开展"双报到"活动》,2021年3月12日,http://yrcc.gov.cn/xwdt/jcdt/202312/t20231219_341474.html,访问日期:2024年9月20日。

[5] 冯秋霞、宋佳绮:《焦作黄河华龙公司节水宣传队走进中州社区》,2021年9月9日,http://yrcc.gov.cn/xwdt/spzx/202312/t20231228_412761.html,访问日期:2024年9月20日。

推广处[1]、管理局[2]等,偶尔会参与这种活动,该状况与这些部门的自身职能定位存在密切联系。

然而在实践中,黄河流域环境犯罪社区预防存在被动预防、消极预防等主动性不足问题。社区往往被动配合水文局、河务局等部门等有关单位进行活动,这些部门是预防活动的策划者、启动者,不仅推动着预防活动的顺利进行,还直接决定活动的时间、内容、地点等全部事项;社区则是预防活动的宣传教育对象,被动接受单位及其人员的预防活动安排。在个别情况下,单位会在达成共识的基础上与社区签订共建共治协议,但是,预防活动的启动者和决定者仍然是单位,社区仍处于被动接受的一方。

2. 社区预防的内容

社区预防活动内容相对集中,主要涉及解读《黄河保护法》等相关法律,向公众普及黄河相关知识及提高公民保护黄河的意识,转变公众水法治观念进而提高全民节水意识,普及灾害风险基本知识和防范应对技能进而提高公众安全意识和应急处理能力等方面。上述预防活动内容虽然在一定程度上涉及黄河流域环境犯罪预防的法律与实践问题,但是,根据实践调研发现,黄河流域环境犯罪社区预防的内容缺乏针对性。这些预防活动主要集中在"全国科普日""中国水周""世界水日"等特殊时间节点,这些节点的预防教育内容与环境有关,涉及流域犯罪预防重大政策、活动的落实,甚至将落实政策作为最核心的活动目的。这种目标及其实现的结果是有益的,但是,对于社区居民而言,这种预防活动的内容很难具有针对性。例如"黄河流域生态保护主题宣传实践月"[3]"喜迎二十大""河南省新时代文明实践推动周"[4]"防灾减灾宣传主题"等,有利于向公众普及《黄河保护法》《刑法》等有关环境

---

[1] 娄萱:《黄科院科普宣传进机关、进社区》,2021年5月28日,http://yrcc.gov.cn/xwdt/jyxx/202312/t20231217_280578.html,访问日期:2024年9月20日。

[2] 同上。

[3] 孟砚岷:《宁夏启动第二届"黄河流域生态保护主题宣传实践月"活动》,2024年6月8日,http://yrcc.gov.cn/xwdt/lylw/202406/t20240608_432462.html,访问日期:2024年9月20日。

[4] 娄倩:《黄委水文局机关开展"河南省新时代文明实践推动周"活动》,2024年3月14日,http://yrcc.gov.cn/xwdt/jyxx/202403/t20240314_427353.html,访问日期:2024年9月20日。

犯罪的法律知识，让公众增强自身的法律意识，从而进一步发挥法律的威慑作用，规范、约束自身行为，但这些主题内容结合实践不够，结合典型案例与结合黄河流域环境犯罪的特殊性不够，进而导致预防互动内容的针对性不强。

3. 社区预防的方式

黄河流域环境犯罪预防的活动方式主要有五类。一是嵌入式。即相关单位及其部门进入社区开展宣传教育预防活动。例如黄河水利委员会水文局进入郑州市人民路街道水文局社区开展"送法进社区"宣传教育活动[1]，山东水文局进入驻地社区开展社区节水宣传教育活动[2]，等等。二是联合式。即相关单位及其部门联合社区开展环境犯罪预防共建共治宣传教育活动。例如，河口管理局与东营市金融港社区党委签订共建协议[3]，淄博河务局与社区签订"双报到"共建协议[4]，等等。三是基地式。即相关单位及其部门与社区共建志愿服务实践基地。例如，为了环境违法犯罪预防，山东河务局和按察司街社区，建立社区共建志愿服务实践基地[5]。四是实操式。即实践演示式，如山西2024年"防灾减灾宣传周"活动[6]开展应急处置、逃生自救技能演示及防毒面具、地震救灾器材展示等。五是走访式。即通过走访座谈，开展黄河流域环境犯罪预防的志愿服务活动及其他活动。

---

[1] 陈卫芳：《黄委水文局开展"送法进社区"宣传活动》，2024年3月22日，http://yrcc.gov.cn/xwdt/jyxx/202403/t20240322_427827.html，访问日期：2024年9月20日。

[2] 张冬、刘凯、张成栋：《山东水文局与驻地社区开展社区节水宣传活动》，2021年9月9日，http://yrcc.gov.cn/xwdt/spzx/202312/t20231228_412764.html，访问日期：2024年9月20日。

[3] 范江涛：《河口管理局与东营市金融港社区党委签订共建协议》，2023年6月26日，http://yrcc.gov.cn/xwdt/spzx/202404/t20240416_430992.html，访问日期：2024年9月20日。

[4] 宋加明：《淄博河务局与"双报到"社区共建签约》，2022年6月6日，http://yrcc.gov.cn/xwdt/jcdt/202312/t20231219_339737.html，访问日期：2024年9月20日。

[5] 邹红光：《山东河务局携手社区共谱志愿服务新篇章》，2023年9月13日，http://yrcc.gov.cn/xwdt/jyxx/202312/t20231217_284266.html，访问日期：2024年9月20日。

[6] 张毅、程国媛：《山西2024年"防灾减灾宣传周"活动启动》，2024年5月13日，http://yrcc.gov.cn/xwdt/lylw/202405/t20240513_431887.html，访问日期：2024年9月20日。

在上述活动方式中，嵌入式预防为主要活动方式，联合式预防为次要方式。其中，嵌入式预防活动主要有四种。一是相关单位及其部门进入社区，向社区居民普法。例如黄河上中游管理局在"世界水日""中国水周"到社区持续开展"节水中国、你我同行"主题宣传教育活动。[1]二是相关单位及其部门通过流动或者固定展板开展主题宣传教育活动。如山东河务局以黄河诞生背景、亮点内容、治理成就等内容到社区设置主题宣传展板。[2]三是相关单位及其部门向居民发放相关宣传手册。如在全国科普日，黄委会到社区开展"科普进社区"活动[3]，发放《黄河300问》《松花江辽河300问》《淮河300问》等科普读物及"水土保持微讲堂"等科普宣传页。四是相关单位及其部门通过悬挂横幅、电子屏幕滚动播放及其他宣传形式、宣传口号等开展环境犯罪、违法犯罪预防宣传教育活动。如黄河委员会万家寨水政监察支队[4]，在"世界水日""中国水周"，到社区开展宣传活动时，在重要区域张贴环境犯罪、违法犯罪预防宣传海报，通过电子屏滚动式播放主题教育口号。

根据调研发现，环境犯罪预防活动方式存在有待改进之处。一方面，注重理论宣传而忽视实践教育，注重口头形式而忽视实践操作。在实践中，个别单位采用与社区居民互动问答[5]或者采取设立咨询台[6]等形式，还有极少数单位采取向公众免费开放体验馆或者建立应急实训基地等实践形式，如山

---

[1] 刘小璐：《黄河上中游管理局开展"世界水日""中国水周"主题宣传活动》，2024年3月26日，http://yrcc.gov.cn/xwdt/jyxx/202403/t20240326_428216.html，访问日期：2024年9月20日。

[2] 同上。

[3] 关景匀、郭德柳：《黄委开展2022年全国科普日"科普进社区"活动》，2022年9月19日，http://yrcc.gov.cn/xwdt/hhyw/202312/t20231228_407940.html，访问日期：2024年9月20日。

[4] 漆强强：《黄委万家寨水政监察支队开展"世界水日""中国水周"宣传活动》，2024年3月27日，http://yrcc.gov.cn/xwdt/jcdt/202403/t20240327_428565.html，访问日期：2024年9月20日。

[5] 蔡少凡：《三门峡水文局组织黄河保护法宣贯进社区活动》，2023年4月3日，http://yrcc.gov.cn/xwdt/jcdt/202312/t20231220_372254.html，访问日期：2024年9月20日。

[6] 储毅、黄文松：《陕西汉阴县开展防灾减灾知识进社区活动》，2022年5月13日，http://www.chinawater.com.cn/newscenter/df/shx/202205/t20220513_783049.html，访问日期：2024年9月20日。

西2024年"防灾减灾宣传周"活动[1]。但总的看来,现有环境违法犯罪预防活动和绝大部分理论文章,主要侧重防灾减灾、垃圾分类等方面理论知识,预防宣传活动侧重单方讲解,实践性操作明显不足。大部分采用宣传教育方式,少部分采用单一化志愿服务活动方式。另一方面,预防活动侧重线下,仅有少部分活动采取线上线下相结合。在现在搜集的众多样本中,较多采用走访、宣传手册、主题展板、宣传教育乃至实践演示等传统线下模式,与居民面对面的交流互动形式几乎不涉及线上活动。仅有个别样本采用线上线下相结合的方式,如山西2024年在"防灾减灾宣传周"活动中[2],向公众提供线上体验。

4. 社区预防的区域差异

不同区域黄河流域环境犯罪社区预防活动参差不齐。首先,东西部的社区预防活动发展不平衡。因社区建设的理念、主体、手段、社会参与等方面存在巨大差异,东西部地区环境犯罪社区预防的整体推进过程存在很大差异。在东部地区,具有多元主体参与的社区预防典型特征,社区党组织、政府、自治组织、企事业单位、中介组织等共同参与的流域环境犯罪预防格局基本确立。而在西部地区,大多数地方还属于政府主导型的流域环境犯罪社区预防模式。[3]其次,农村社区的流域环境犯罪预防面临较大挑战。研究表明,村级治理主要有发展型、维持型、瘫痪型等三种。发展型治理能够实现"乡村村治",社区预防的基础一般较好,但只占"乡村村治"模式的15%。维持型治理的社区预防基础一般较差,但占比高达65%。瘫痪或半瘫痪的治理,社区预防的基础就更差了,但占比却高达20%。[4]不难看出,我国农村社区这种分布客观上决定了农村社区流域环境犯罪社区预防的发展面临着区域不平衡的挑战。再次,城市社区流域环境犯罪预防活动的内部分化严重。在老城区、旧单位社区、传统街坊型社区及农民工聚居的边缘社区等"弱势社区",公共

---

[1] 张毅、程国嫒:《山西2024年"防灾减灾宣传周"活动启动》,2024年5月13日,http://yrcc.gov.cn/xwdt/lylw/202405/t20240513_431887.html,访问日期:2024年9月20日。

[2] 同上。

[3] 徐铜柱:《东西部地区城市社区治理比较分析》,《社会科学论坛》(学术研究卷)2007年第9期。

[4] 瞿振元、李小云、王秀清主编《中国社会主义新农村建设研究》,社会科学文献出版社,2006,第458页。

活动空间极其匮乏，流域环境犯罪预防的公共产品与服务短缺，志愿服务或者专项活动不足，很大程度上影响流域环境犯罪社区预防活动高效有序开展。最后，社区预防活动时间不够平衡。一方面，特殊日期与普通日期黄河流域环境犯罪社区预防活动严重不平衡，专题活动基本上是在与环境有关的节日以及重大政策、活动的特殊日期进行的，而日常生活或者案件办理节点的预防活动极为匮乏。另一方面，即使是特殊日期的流域环境犯罪社区预防活动，不同地区、同一地区不同年份，相同地区不同主管领导，流域环境犯罪社区预防活动，普遍存在不够平衡问题，且不能实现常态化、持续化。

（四）黄河流域环境犯罪的家庭预防实践

在实践中，作为社会单位，家庭在黄河流域环境犯罪预防中发挥着相对独立的作用。截至2024年7月1日，在"水利部黄河水利委员会"网站，以"家庭"为关键词搜索，得到相关事例2621项。分析总结这些相关事例发现，家庭在流域环境犯罪预防方面存在意识与法律知识不足，家庭经济压力增加环境犯罪风险，家风建设缺失，家庭成员内部监督与制约不够到位等问题。

1. 流域环境犯罪预防意识与法律知识不足

在实践中，作为流域环境犯罪预防的重要环节，家庭的流域环境犯罪预防意识不足会降低家庭成员对环境犯罪的警惕性，在法律知识缺乏的情况下，可能使他们在面对环境问题时无法做出正确的判断和行动，流域环境违法犯罪的风险大大增加。在"水利部黄河水利委员会"网站，以"家庭"为关键词，搜索相关事例，发现各地区河务局及相关部门会针对家庭这一犯罪预防单位举办流域环境犯罪预防宣传讲座。例如：山东河务局举办专题法制讲座[1]，章丘河务局组织开展"抓消防安全，保高质量发展"的安全知识讲座[2]，温县河务局举办法律知识讲座[3]。遗憾的是，这些讲座内容大多限于法律条文和法规

---

[1] 伍巍茜、刘玮：《山东河务局举办专题法制讲座》，2011年12月12日，http://yrcc.gov.cn/zwzc/rsxx/jypx/202312/t20231220_364013.html，访问日期：2024年9月20日。

[2] 李丛：《章丘河务局：消防讲座强意识 安全理念进家庭》，2022年11月4日，http://yrcc.gov.cn/xwdt/jcdt/202312/t20231220_369620.html，访问日期：2024年9月20日。

[3] 成素霞：《温县河务局举办法律知识讲座》，2016年7月29日，http://yrcc.gov.cn/xwdt/jcdt/202312/t20231219_332139.html，访问日期：2024年9月20日。

的详细阐释，且主要是《中华人民共和国宪法》《中华人民共和国民法典》以及消防安全知识，没有在《中华人民共和国环境保护法》《中华人民共和国黄河保护法》中找到有关犯罪家庭预防宣传材料。同时，有关流域环境犯罪预防宣传的渠道和载体缺乏多样性，多数局限于座谈会的形式，受众的覆盖面不够广泛。另外，流域环境犯罪预防宣传教育缺少生动、实用的案例解析和法律常识普及，作为专职流域管理的河务局，不够重视其应当履行的流域环境犯罪家庭预防的宣传教育职能，使得家庭单位及其成员不仅缺乏环境保护法律知识，还缺乏应有的流域环境犯罪预防意识，这就容易导致家庭成员在日常生活中默许甚至参与环境违法犯罪行为。

2. 家庭经济压力引发犯罪风险

对于流域环境犯罪而言，家庭的经济因素不是必然因素，却是不可忽视的重要因素。有学者研究表明，在美国芝加哥，具有违法犯罪行为的584名行为人中，来自贫困家庭的占比高达80%。[1]由此推知，经济困难的家庭，为了生计，实施非法排污、盗伐林木等流域环境违法犯罪的风险更高。然而在实践中，流域环境犯罪预防活动却难以与之相匹配，进而增加了流域环境违法犯罪的风险。在"水利部黄河水利委员会"网站，以"家庭"为关键词，搜索相关事例，发现河务局及相关部门会开展帮扶慰问社区困难家庭活动。例如，天水治理监督局前往大城街道进步巷社区了解当地居民的生活状况，对辖区内的3户困难家庭开展帮扶慰问，为他们送去米面油等慰问物资[2]。然而，这种帮扶慰问活动，显然具有随机性与偶然性，甚至只是相关部门为了应付任务而被动采取的行动。在实践中，这种流于表面的形式主义慰问活动次数少，积极性不高，主动性严重不足，既没能根本延缓或者消除家庭经济压力，也难以通过慰问有效解决因家庭经济困难导致流域环境犯罪风险增加问题。

3. 家风建设缺失难以预防犯罪

良好的家风体现积极的家庭文化和家庭价值观，有利于家庭成员树立正确的价值理念，进而预防家庭成员实施流域环境违法犯罪，否则，将会在一定程度上增加家庭成员实施流域环境犯罪的风险。为此，相关单位及其部门

---

[1] 张甘妹：《犯罪学原论》，台湾汉林出版社，1985，第308页。

[2] 王柯凡：《天水治理监督局帮扶慰问社区困难家庭》，2024年1月18日，http://yrcc.gov.cn/xwdt/jcdt/202401/t20240118_426229.html，访问日期：2024年9月20日。

通过一定的方式，通过家风建设预防流域环境犯罪。如温县河务局"倡清廉家风　建最美家庭"[1]，淄博河务局开展"扬清风树正气　家庭助廉增底气"活动[2]。然而在实践中，家风建设在流域环境犯罪预防方面的重要功能并没能充分实现。一方面，相关活动少，且缺乏家风建设相关的内容，进而降低家风建设在预防黄河流域环境犯罪的积极作用。在实践中，相关单位及其部门没有充分认识家庭文化和价值观对家庭成员的重要影响，没能将家庭纳入流域环境犯罪预防主体之中，没能积极引导家庭通过树立良好的家风主动预防流域环境犯罪的发生发展。即使流域环境犯罪预防活动相当出色的单位及其部门，往往不会把培养良好的家风作为重要的宣传教育内容。在此背景下，在面临环境与经济利益冲突时，家庭成员就会出现重视经济利益而忽视环境保护的倾向，进而很有可能会为了家庭利益而冒险实施流域环境犯罪行为。相反，如果家庭具有良好的家风，在好的价值观的引导下，在面临经济利益与环境保护冲突时，家庭成员极大可能会优先选择不去实施甚至抵制流域环境犯罪行为。另一方面，相关单位及其部门没能充分发挥家庭在重要场所的个体社会化功能。家庭是家庭成员日常生活的场所，对于教育和引导家庭成员预防犯罪有着十分关键的作用。然而，相关单位及其部门没有充分利用家庭在这方面的功能优势，很难在相关平台找到这方面的信息。而诸多家庭在教育子女时，不够重视甚至忽视流域环境犯罪预防，进而难以培养家庭成员形成正确的流域环境犯罪预防观念和行为习惯。在这种家庭内部缺乏教育引导的情况下，青少年很大可能会受到不良环境因素的影响，更容易走上流域环境犯罪道路。当然，良好家风的形成是一个长期的过程，时间跨度较长，需要持之以恒、常抓不懈，这也是相关单位及其部门不愿意或者不积极通过这种方式预防流域环境犯罪的重要原因之一。

4. 家庭成员内部监督与制约不足

家庭成员内部的监督机制，对于黄河流域环境犯罪预防，具有重要作用。但是在实践中，家庭成员内部监督与制约在预防流域环境犯罪方面的功能没

---

[1]　侯宇辰、王俊伟：《温县河务局倡清廉家风　建最美家庭》，2021年12月7日，http://yrcc.gov.cn/xwdt/jcdt/202312/t20231219_346151.html，访问日期：2024年9月20日。

[2]　王晓君：《淄博河务局：扬清风树正气　家庭助廉增底气》，2022年10月11日，http://yrcc.gov.cn/xwdt/jcdt/202312/t20231220_374609.html，访问日期：2024年9月20日。

能得到充分发挥。在缺乏相关单位积极引导与教育宣传的情况下，某些家庭过度强调和谐与包容却忽视必要的规则与界限；有的家庭成员内部缺乏有效的沟通渠道与沟通方式，进而导致家庭成员出现破坏黄河流域环境犯罪的风险增大；有的家庭成员过于依赖心理沟通，缺乏必要的监督与约束，可能导致家庭成员在追求经济利益时，忽视环境保护的法律法规，甚至从事环境犯罪行为。研究显示，有关单位及其部门没能积极从家庭内部制约与监督入手，预防流域环境犯罪，既会降低家庭成员对环境犯罪的自我约束，又会使得问题难以及时发现并解决，从而增加其违法犯罪的可能性。同时，有关单位及其部门没能将家庭作为环境犯罪预防的主体，不够重视家庭的环保意识与法律知识，在一定程度上导致家庭教育与引导缺失，在家庭经济压力与环境犯罪之间发生冲突，以及在家庭成员间缺乏监督与制约的情况下，流域环境犯罪行为发生的风险就会增大。

二、黄河流域环境犯罪惩治实践检视

近年来，黄河流域环境犯罪治理状况在逐步好转，但因环境犯罪具有复杂性、长期性和隐蔽性，另因这种结果犯立法中往往很难确定因果关系，造成环境犯罪的司法控制容易出现"不作为"和"难作为"的窘境[1]，进而成为国家和社会治理的薄弱点。同时，因黄河流域环境犯罪具有诸多特殊性，内在地要求我们应当根据这些特殊性，发现该流域环境犯罪治理实践存在的问题。鉴于此，有必要从裁判文书网出发，结合一线调研，全面考察黄河流域环境犯罪惩治存在的问题。

（一）环境犯罪罪名相对集中

在中国裁判文书网，先以"黄河"为检索词进行搜索，然后在高级检索选项中，全文检索一栏勾选判决结果，案由选择刑事案由，案件类型选择刑事案件，审判程序选择刑事一审，文书类型选择判决书，裁判日期限定在2004年至2024年，可以得出非法处置进口的固体废物罪1份，非法捕捞水产品罪133份，危害珍贵、濒危野生动物罪31份，非法狩猎罪69份，污染环境罪69

---

[1] 侯艳芳：《中国环境资源犯罪的治理模式：当下选择与理性调适》，《法制与社会发展》2016年第5期。

份，非法占用农用地罪40份，破坏自然保护地罪1份，非法采矿罪79份，破坏性采矿罪2份，危害国家重点保护植物罪1份，盗伐林木罪26份，滥伐林木罪127份的判决书。但是，有些样本属于重复上传，有些属于非黄河流域的环境犯罪判决书、重复的判决书等无效样本。除此之外，有效样本388份。根据判决书数量排序，样本量前四名的分别为非法捕捞水产品罪裁判文书79份、非法采矿罪裁判文书69份、污染环境罪裁判文书60份、滥伐林木罪裁判文书58份。其他环境犯罪裁判文书样本具体分布如下：非法狩猎罪样本42份，非法占用农用地罪样本32份，危害珍贵、濒危野生动物罪样本25份，盗伐林木罪样本18份，破坏性采矿罪样本2份，破坏自然保护地罪样本1份，非法处置进口的固体废物罪样本1份，危害国家重点保护植物罪样本1份。因此，我们以该四种罪名共388份判决书为重点分析样本，从环境犯罪的主体形式、环境犯罪发生的地域与年份以及人民法院对环境犯罪的量刑情况等四个角度，对黄河流域环境犯罪的惩治现状进行考察。

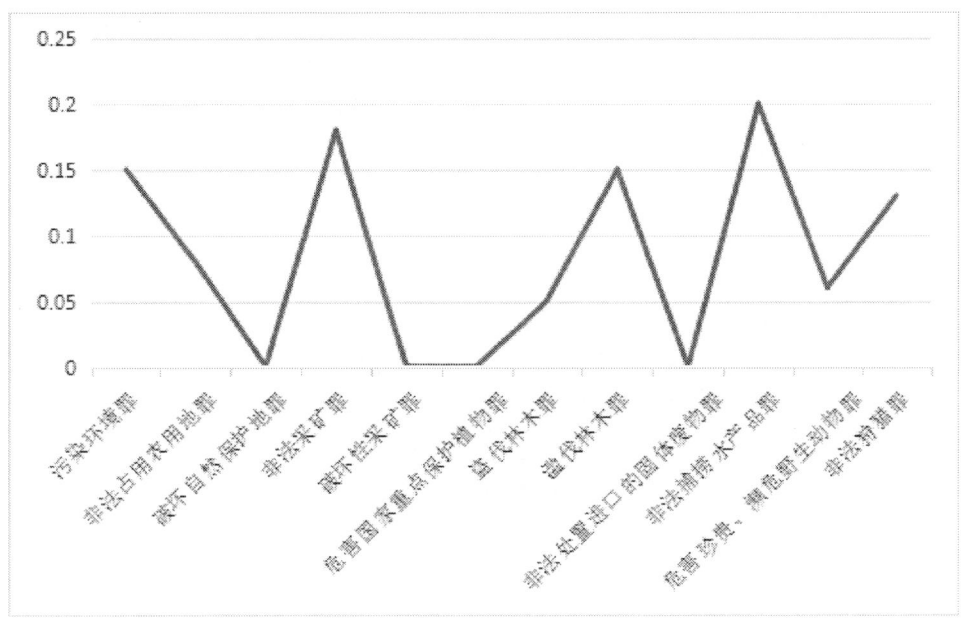

图4-1 环境犯罪类罪所占比例

上图显示，黄河流域环境犯罪中，非法捕捞水产品罪占比20%、非法采矿罪占比18%、污染环境罪占比15%、滥伐林木罪占比15%，这四个罪名占比最为突出，而其他犯罪数量较少。

（二）环境犯罪量刑普遍偏轻

1.非法捕捞水产品罪量刑情况

（1）自由刑

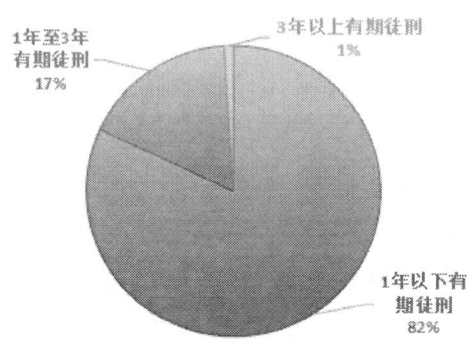

图4-2 非法捕捞罪自由刑不同刑期所占比例

在非法捕捞水产品罪中的79份样本中，被判处1年以下有期徒刑占比82%，1年至3年有期徒刑占比17%，三年以上有期徒刑占比1%。

（2）罚金刑

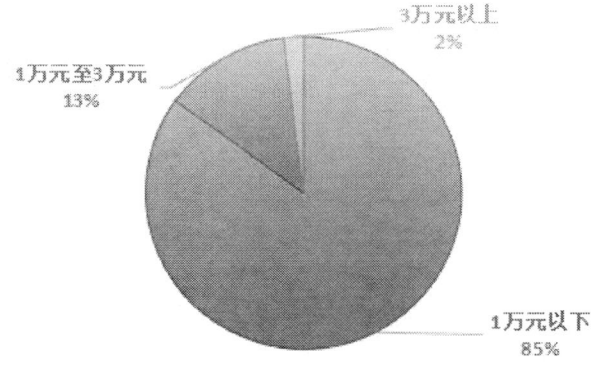

图4-3 非法捕捞罪罚金刑不同金额所占比例

在罚金刑方面，被判处1万元以下占比85%，1万元至3万元占比13%，3万元以上占比2%。

2. 非法采矿罪量刑情况

（1）自由刑

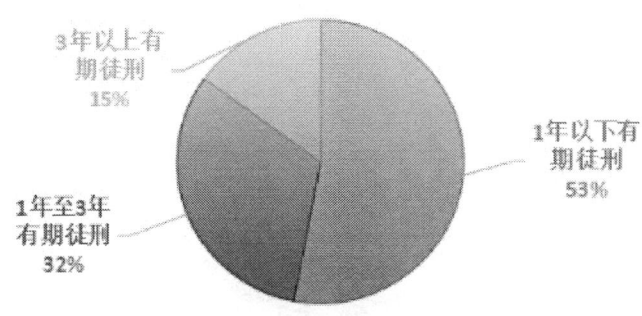

图4-4 非法采矿罪自由刑不同刑期所占比例

在非法采矿罪的69份样本中，判处1年以下有期徒刑占比53%，1年至3年有期徒刑占比32%，3年以上有期徒刑占比15%。

（2）罚金刑

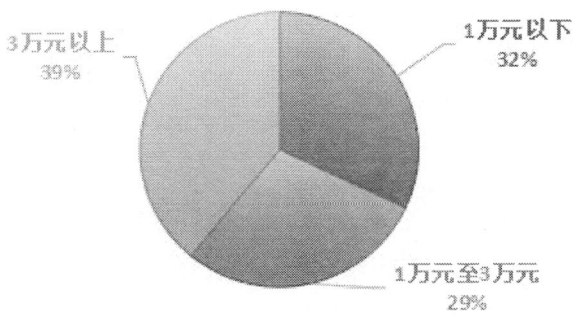

图4-5 非法采矿罪罚金刑不同金额所占比例

在罚金刑方面，1万元以下占比32%，1万元至3万元占比29%，3万元以上占比39%。

3. 污染环境罪量刑情况

（1）自由刑

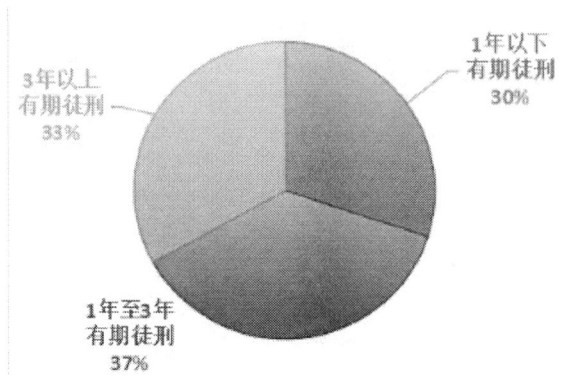

图4-6 污染环境罪自由刑不同刑期所占比例

在污染环境罪的60份样本中，被判处1年以下有期徒刑占比30%，1年至3年有期徒刑占比37%，3年以上有期徒刑占比33%。

（2）罚金刑

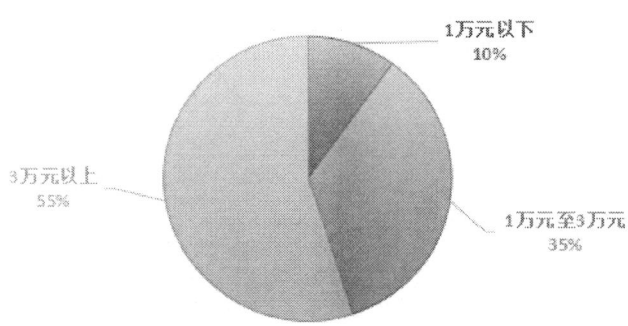

图4-7 污染环境罪罚金刑不同金额所占比例

在罚金刑方面，被判处1万元以下占比10%，1万元至3万元占比35%，3万元以上占比55%。

4. 滥伐林木罪量刑情况

（1）自由刑

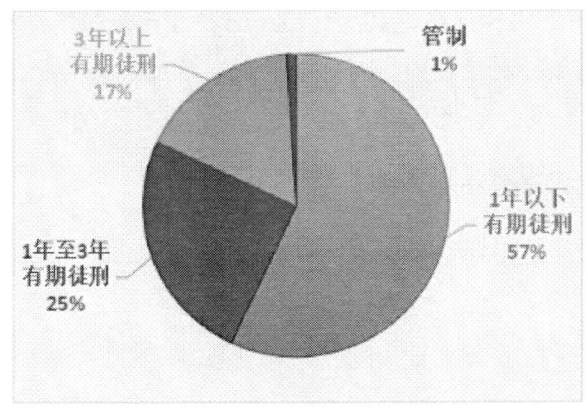

图4-8 滥伐林木罪自由刑不同刑期所占比例

在滥伐林木罪的58份样本中，被判处1年有期徒刑占比57%，1年至3年有期徒刑占比25%，3年以上有期徒刑占比17%，被判处管制占比1%。

（2）罚金刑

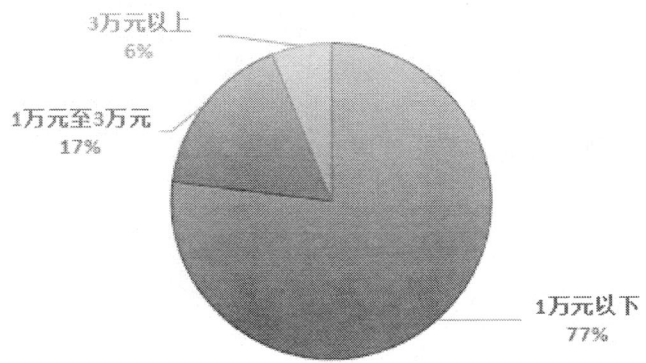

图4-9 滥伐林木罪罚金刑不同金额所占比例

在罚金刑方面，被判处1万元以下占比77%，1万元至3万元占比17%，3万元以上占比6%。

综合来看，在自由刑方面，被判处1年以下有期徒刑的占比最高，其次是

1年至3年有期徒刑，甚至有的罪名还出现了判处管制刑的情况，并且在判处有期徒刑的同时（包括3年以上有期徒刑），法院都宣告了缓刑；在罚金刑方面，被判处1万元以下的占比最高，其次是1万元到3万元，即使样本中出现了百万元的判罚，也只是针对企业而言，并不普遍。因此，结合量刑情况可知，人民法院对环境犯罪的量刑普遍偏轻，出现了"轻刑化"的倾向。

（三）环境犯罪分布不均衡

1. 非法捕捞水产品罪样本地域分布情况

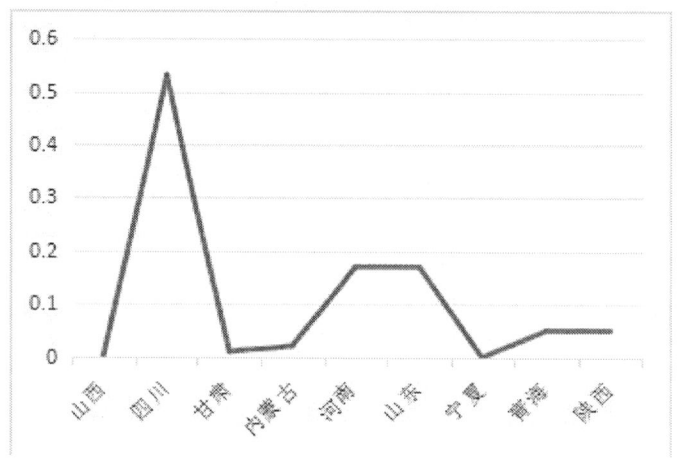

图4-10 非法捕捞罪样本地域分布情况

2. 非法采矿罪样本地域分布情况

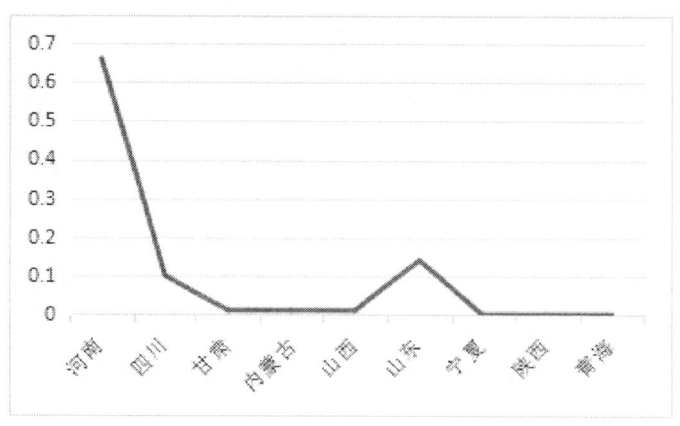

图4-11 非法采矿罪样本地域分布情况

3.污染环境罪样本地域分布情况

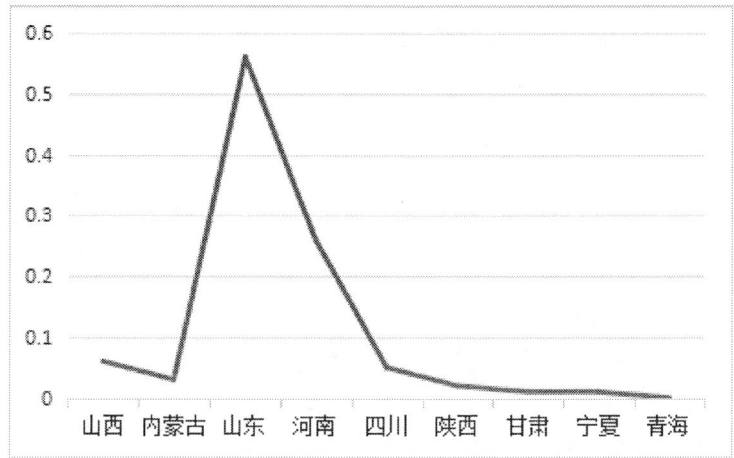

图4-12 污染环境罪样本地域分布情况

4.滥伐林木罪样本地域分布情况

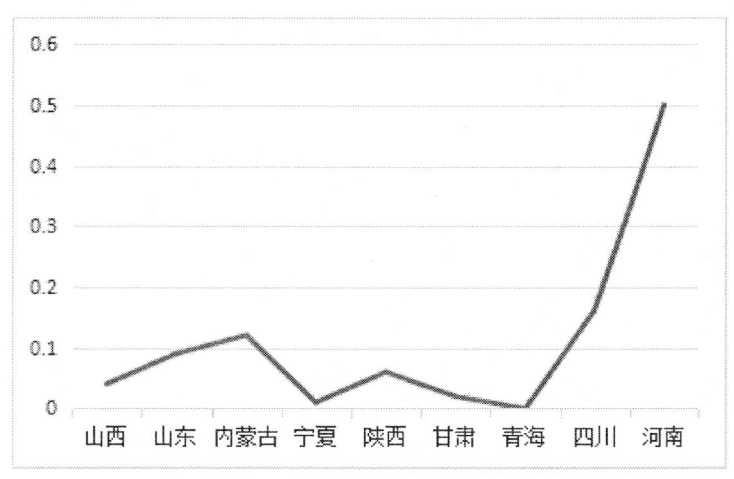

图4-13 滥伐林木罪样本地域分布情况

从上面四个饼状图可以看出，环境犯罪的地域分布不均衡，每一个罪名都有其高发省份，而在其余的省份则占比不均。

（四）环境犯罪处罚差距明显

1. 上游污染环境犯罪行为的刑罚

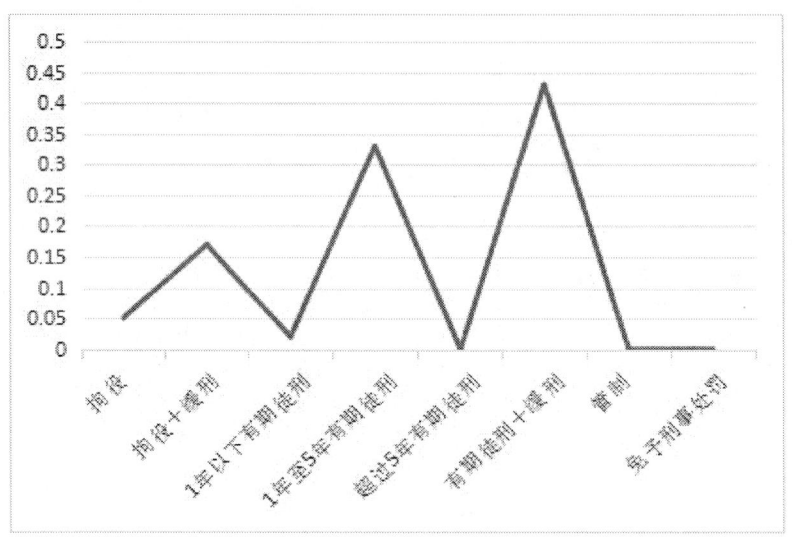

图4-14 上游污染环境犯罪行为不同刑期所占比例

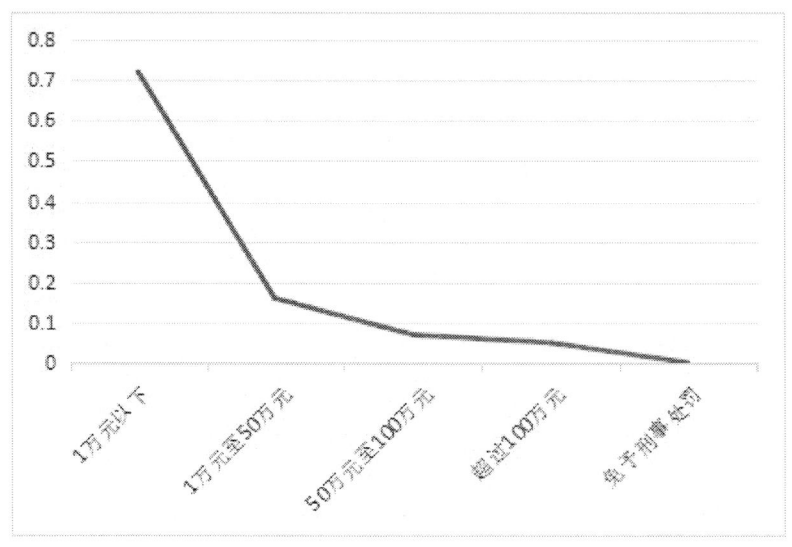

图4-15 上游污染环境犯罪行为不同罚金额所占比例

2. 中游污染环境犯罪行为的处罚

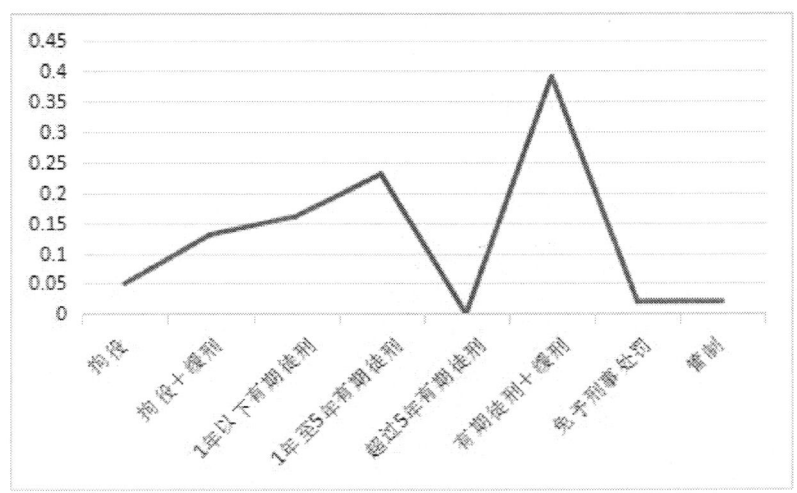

图4-16 中游污染环境犯罪行为不同刑期所占比例

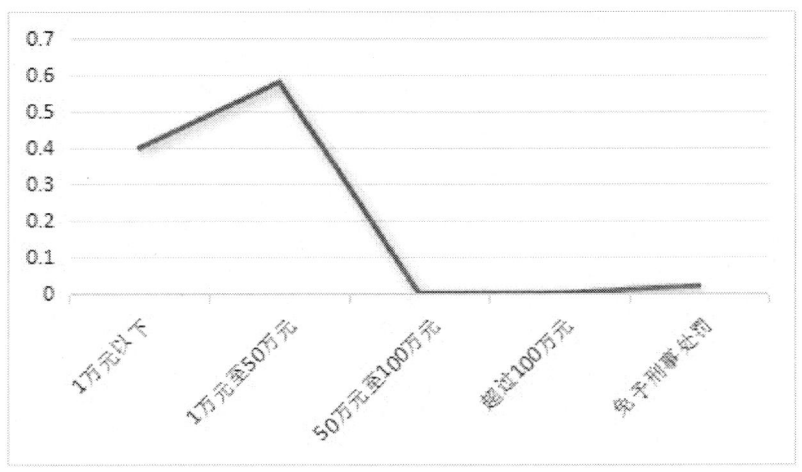

图4-17 中游污染环境犯罪行为不同罚金额所占比例

3. 下游污染环境犯罪行为的刑罚

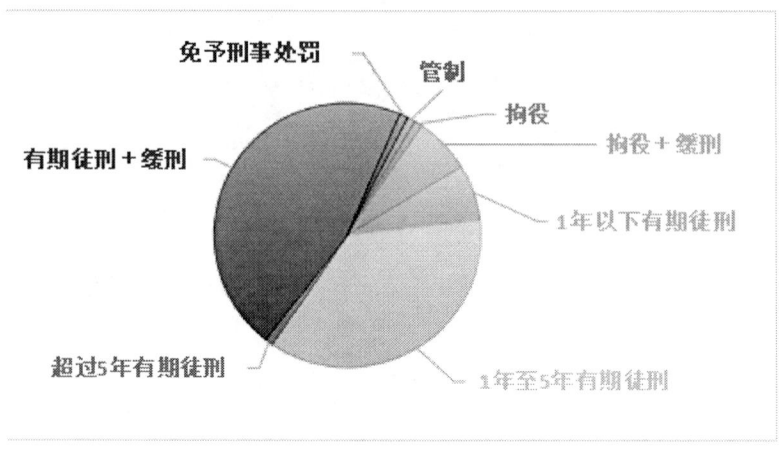

图4-18 下游环境污染犯罪行为不同刑期所占比例

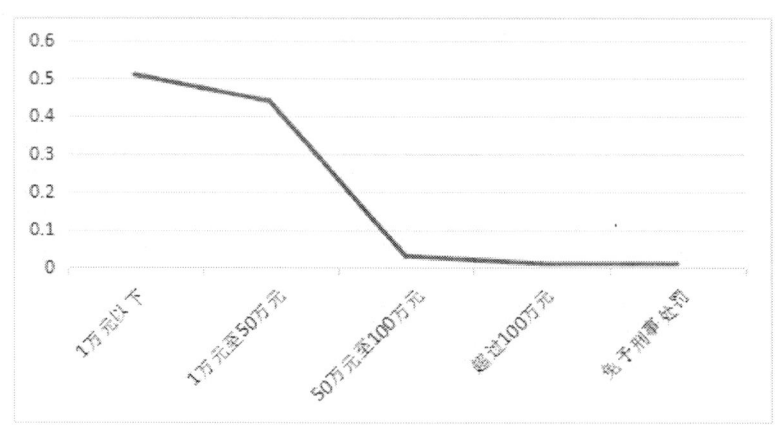

图4-19 下游环境污染犯罪行为不同罚金额所占比例

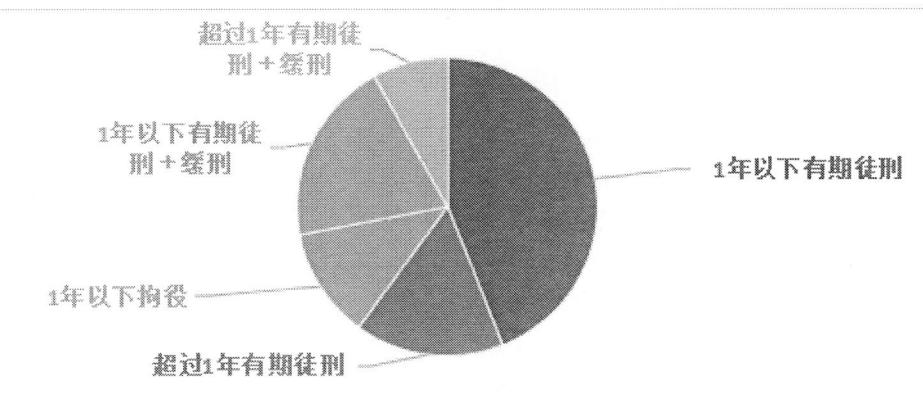

图4-20 污染环境罪自由刑不同刑期所占比例

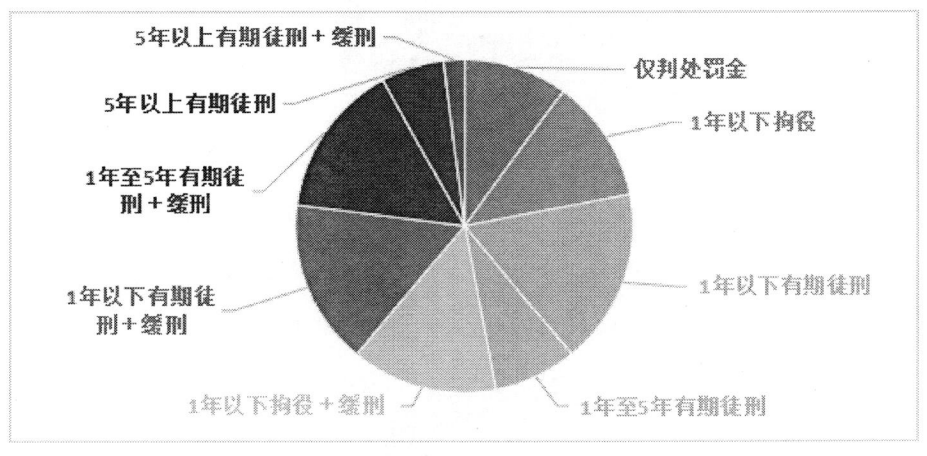

图4-21 非法捕捞罪自由刑不同刑期所占比例

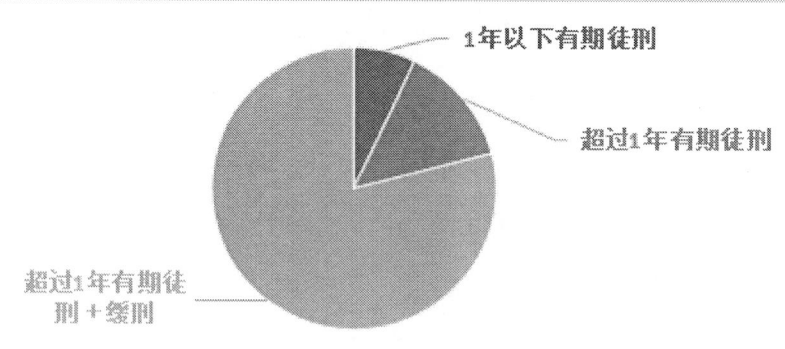

图4-22 非法采矿罪自由刑不同刑期所占比例

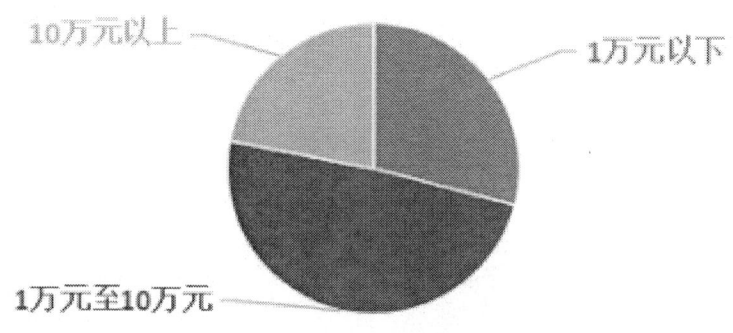

图4-23 非法采矿罪罚金刑不同金额所占比例

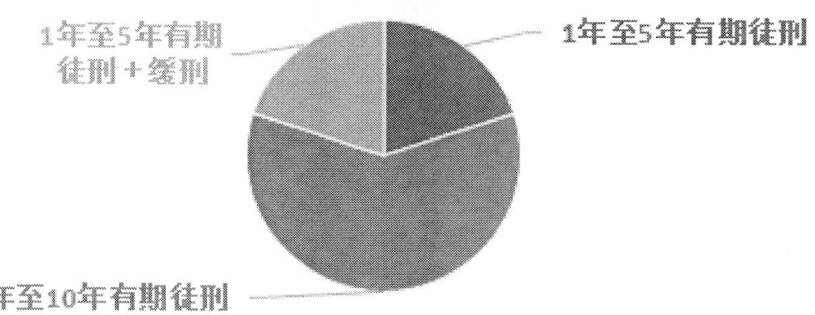

图4-24 滥伐林木罪自由刑不同刑期所占比例

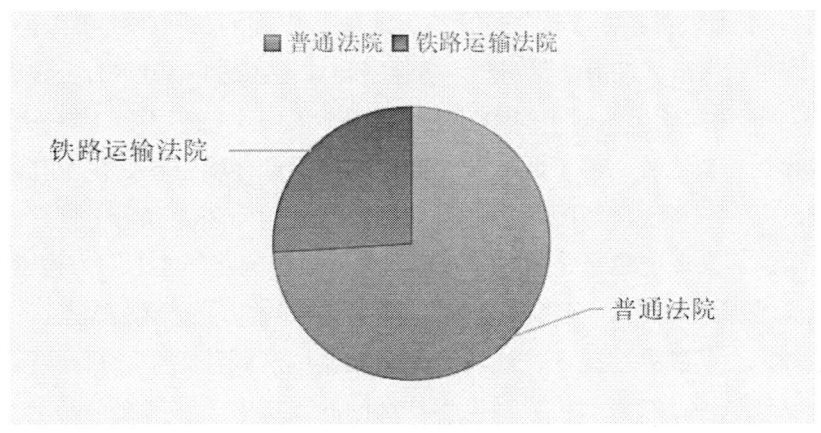

图4-25　不同审判机构审理环境犯罪金所占比例

从自由刑和财产刑的量刑数据不难看出，黄河流域上、中、下游污染环境犯罪行为被判处的刑罚存在差异，具有量刑不均衡问题。在自由刑方面，上游区域污染环境犯罪被判处的刑罚以5年以下有期徒刑并同时宣告缓刑为主；与上游区域相比，中游区域污染环境犯罪被判处的刑罚较为多元，虽然存在管制和免予刑事处罚的判决，但判罚普遍较为严厉，判处5年以下有期徒刑但未宣告缓刑的判决占了相当大的比例；下游区域污染环境犯罪被判处的刑罚较为多样化，以判处5年以下有期徒刑却不宣告缓刑的刑罚为主。在财产刑方面，上游区域污染环境犯罪存在被判处1000万甚至2500万元刑罚的判决，而被判处1万元以下罚金刑的比例远超中、下游区域被判处1万元以下罚金刑所占的比例；在中游区域，污染环境犯罪被判处1万元至50万元罚金刑的比例超过黄河上游和下游区域；在下游区域，污染环境犯罪以被判处1万元以下罚金刑为主，但被判处1万元至50万元罚金刑的所占比例与其仅有较小的差异。可见，黄河中下游区域污染环境犯罪的判罚情形较类似，而上游区域的判罚与之差异较大，且没有中游和下游的判罚那么严厉。这种较为宽松的处罚从侧面反映出环境保护力度的不足，会纵容甚至导致污染环境犯罪行为增多，从而阻碍黄河流域整体环境保护工作。

4. 与其他流域环境犯罪处罚的比较考察

我国流域众多，除黄河流域之外还有长江流域、珠江流域及松花江流域等等。与珠江流域相比，黄河流域在流域面积以及人口数量上虽有差异，但仍然具有相似性。珠江属于中国第三大河流和南部的长河，主要流经云南、江西、广西、广东、湖南、贵州等六省区，流域面积约45.3万平方公里，人口约2亿人；而黄河流域的面积约80万平方公里，人口约1.8亿人。不难看出，两大流域存在相似之处。鉴于此，与珠江流域的污染环境犯罪处罚及其治理进行比较研究，分析珠江流域污染环境犯罪及其处罚问题，有利于更好地发现黄河流域的污染环境犯罪处罚及其治理问题。以中国裁判文书网为检索平台，以珠江流域流经的国内六省区出现的五个污染环境犯罪为检索重点，结合黄河流域环境犯罪判处情况，在比较考察两大流域这五种犯罪所判处刑罚的基础上，发现是否存在量刑差异乃至不均衡问题。在中国裁判文书网上，以刑事案件、珠江、污染环境犯罪为关键词，以基层法院为法院级别，共检索出污染环境罪案件8件、非法捕捞水产品罪559件、非法狩猎罪1件、非法采矿罪9件、滥伐林木罪3件。

（1）污染环境罪的处罚

裁判文书显示，环境污染的8个案件以共同犯罪居多，既有自然人之间的共同犯罪，也存在着自然人与单位之间的共同犯罪。对单位实施的这类犯罪适用双罚制，既对单位判处罚金，又对单位的主管人员或直接负责人判处自由刑；对自然人犯罪则无一例外地既判处财产刑也判处了自由刑，并且对一部分罪犯还宣告了缓刑。

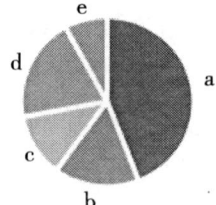

a 一年以下有期徒刑　　b 超过一年有期徒刑
c 一年以下拘役　　d 一年以下有期徒刑+缓刑
e 超过一年有期徒刑+缓刑

图4-26　污染环境罪不同刑期所占比例

（2）非法捕捞水产品罪的处罚

珠江流域的非法捕捞水产罪案件的数量比其他四种污染环境犯罪的总和还要多。究其原因，珠江所流经的区域大多为我国东南沿海省份，水产品资源丰富，再加上人们法律意识淡薄，在禁渔期仍然捕捞水产品以获取经济利润或者出于寻求刺激等其他目的。

分析这559份判决书可以看出，各省区人民法院对触犯非法捕捞水产品罪的罪犯有着不同的判罚尺度，有的省区人民法院仅对罪犯判处罚金，并不判处自由刑，而有的省区人民法院则对罪犯既判处自由刑又判处财产刑，虽然有些法院对罪犯判处了严厉的刑罚，但是总体来说判处的刑罚还是比较轻的。

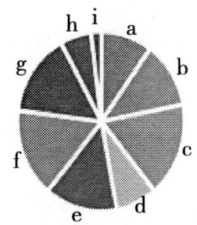

a 仅判处罚金　　　　　b 1年以下拘役　　　　　c 1年以下有期徒刑
d 1年至5年有期徒刑　　e 1年以下拘役+缓刑　　　f 1年以下有期徒刑+缓刑
g 1年至5年有期徒刑+缓刑　h 5年以上有期徒刑　　　i 5年以上有期徒刑+缓刑

图4-27　非法捕捞水产品罪不同刑罚类型所占比例

（3）非法狩猎罪的处罚

在中国裁判文书网上，仅检索到一起非法狩猎罪案件，数据比较单薄，因此不再用图表显示。这一件非法狩猎罪是一起共同犯罪，根据犯罪的社会危害性以及犯罪人的主观恶性，人民法院对两位犯罪嫌疑人均判处了6个月的有期徒刑。

（4）非法采矿罪的处罚

在这9份判决书中，不同省区非法采矿犯罪被判处的自由刑很均衡，而反观罚金刑的判处，则起伏较大，最低的罚金刑是6000元，最高的罚金刑则达到500万元。

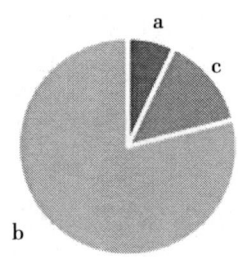

图4-28 非法采矿罪不同刑期所占比例

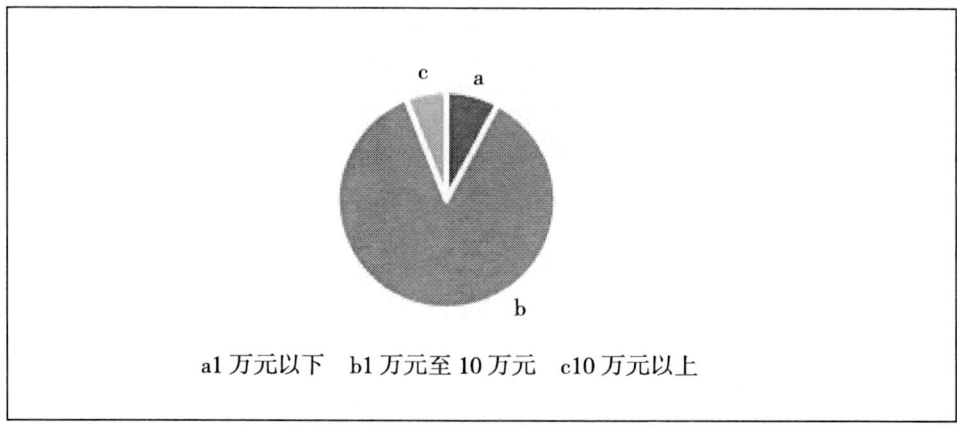

图4-29 非法采矿罪不同罚金所占比例

（5）滥伐林木罪的处罚

在裁判文书网检索到的3份滥伐林木犯罪判决书中，不同省区所判处的罚金差距不大，但对自由刑的判罚却存在着不均衡问题。有的省区犯罪人只被判处1年有期徒刑且同时宣告缓刑，而有的省区犯罪人被判处5年甚至8年有期徒刑且没有宣告缓刑。

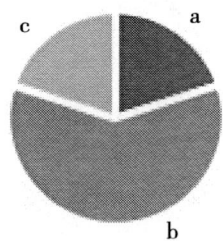

图4-30　滥伐林木罪不同刑期所占比例

根据两大流域所流经省区基层法院有关污染环境罪、非法捕捞水产品罪、非法采矿罪、非法狩猎罪和滥伐林木罪等五种犯罪所判处刑罚情况，不难发现：环境犯罪的个案判罚存在量刑不均衡问题，这种问题容易损害司法公正和司法权威。

我们选取两份比较类似的污染环境犯罪裁判文书，深入分析这种不均衡问题。这两份裁判文书都来自河南省。这两个案件有着相似的犯罪情节，判处的罪名都是污染环境罪，但量刑差距较大。一份判决书是孟州市人民法院审理的郭某污染环境案[1]，另一份判决书是义马市人民法院审理的李某污染环境案[2]。郭某污染环境案基本案情为郭某在生产制革及皮毛加工过程中，违反国家规定，排放含重金属（总铬）污染物，总铬含量为15.8 mg/L，超过河南省人民政府授权制定的《蟒沁河流域水污染物排放标准》限值1.0 mg/L 三倍以上。郭某的行为属于排放重金属污染物，严重污染了环境，最终构成污染环境罪。李某污染环境案基本案情为李某在未取得生产经营资质、未到环保部门登记备案的情况下，租用厂房并且私自收购废旧电瓶，雇用工人进行拆解、冶炼，生产铅块及铅粉，并将铅块及铅粉售卖牟取利益。在其冶炼过程中对厂区土地造成严重污染。经过专业鉴定机构鉴定后，其租用厂房附近的土壤

---

[1]　河南省孟州市人民法院判决书〔2017〕豫 0883 刑初 15 号。
[2]　河南省义马市人民法院判决书〔2019〕豫 1281 刑初 37 号。

铅含量为1.6×10^4mg/kg，南水池底泥土壤铅含量为9.39×10^4mg/kg，电池拆解棚土壤铅含量为8.61×10^4mg/kg，采集的土壤样本中铅含量严重超标，超标倍数为31~186.8倍。李某由于未合法合规处置含铅的废旧电池致使对周边土地造成严重污染，属于排放重金属污染物，严重污染环境，最终构成污染环境罪。

分析上述两个案件，虽然有着相似的犯罪情节，却有着差别较大的量刑结果：郭某被判处有期徒刑一年零三个月，缓刑二年，并处罚金五万元；李某被判处有期徒刑六个月，缓刑一年，并处罚金二万元，李某所受的刑罚明显要比郭某所受的刑罚轻得多。然而，李某犯罪行为的社会危害性即对土壤的污染破坏程度甚至要重于郭某犯罪行为所带来的危害结果，如此判决显然对郭某不公平。

（五）环境犯罪追诉机制有待完善

1. 黄河流域环境犯罪的立案难度较大

立案是开启污染环境犯罪侦查的起点，也是依法打击此类犯罪的关键环节。但由于污染环境行为的专业性和复杂性，实践中判断是否符合立案标准并进而立案侦查的难度颇高。

（1）污染环境犯罪的专业性使得判断立案标准充满挑战

这类犯罪往往涉及深奥的科学知识和技术，如化学物质的分析、生态系统的评估等。对于执法人员而言，若缺乏相关的专业背景，很难准确理解和把握污染行为的性质、程度以及潜在的危害。例如，在判断某种工业废水排放是否达到立案的污染程度时，需要对废水中的各类污染物成分、浓度以及其可能引发的生态影响进行精确的科学分析，稍有偏差就可能导致立案判断的失误。

（2）污染环境犯罪的复杂性也增加了立案判断的难度

此类犯罪可能涉及多个环节、多种因素的相互作用。比如，一个企业的污染行为可能不仅是其生产过程中的直接排放，还可能包括原材料的采购、废弃物的处理等多个环节的违规操作。同时，污染的影响可能在时间和空间上具有广泛性和滞后性，即当下的污染行为可能在未来的某个时间、某个区域才显现出严重的后果。这使得在判断是否达到立案标准时，需要综合考虑众多复杂的因素，增加了判断的不确定性。

（3）法律规定的模糊性也在一定程度上加大了立案判断的难度

尽管有相关的法律法规对污染环境犯罪进行了规定，但在一些具体的标准和情形上可能不够明确或详细。不同地区、不同执法部门对于法律的理解和适用可能存在差异，这也导致在实践中对于是否达到立案标准的判断难以统一。

2. 黄河流域环境犯罪侦查机制存在的问题

（1）审查程序不合理

首先，案件线索来源少。破坏环境类犯罪一般没有明确的被害人而是侵害公共利益，即使有明确的被害人，作为一般个人也往往不会选择向公安机关报案，而是倾向通过民事诉讼请求赔偿；环境犯罪的犯罪人流窜多地区实施犯罪，犯罪手段较为隐蔽，犯罪工具较为现代化。侦查机关进行侦查比较困难，即使发现环境犯罪线索，犯罪人可能已经逃往其他地区。同时，部分污染环境犯罪在风向、温度、水流等自然条件影响下，污染物会迅速扩散，在广袤的黄河流域内无法快速确定污染源头，更难以确定具体的犯罪人。环境犯罪未必会在一开始就显现，部分环境破坏行为可能需要几年甚至几十年才被人察觉，导致环境犯罪线索获取更加困难，大大限制了公安机关侦查程序的启动。不仅如此，由于环境犯罪能够带来较大的金额收益，导致很多犯罪人不知悔改，成为惯犯。加上黄河流域环境犯罪治理往往受多个行政部门管辖，行政机关认为行为人的行为不构成犯罪的，一般直接给予其行政处罚，不会把案件向司法机关进行移送，在一定程度上也堵塞了环境犯罪的线索的重要来源。《中华人民共和国行政处罚法》第二十七条规定确定了"刑事优先"的原则，从污染环境犯罪的查处来看，即环保部门发现涉嫌污染环境犯罪的，须及时将其移送公安机关，公安机关经审查后认为需立案侦查并依法追究刑事责任的，应及时立案。但当前公安机关对于涉嫌环境犯罪的立案侦查程序存在诸多不合理之处。一是立案审查流程较为烦琐。当前，污染环境犯罪案件的立案审查程序冗余，非关键环节的审查耗用了过多的行政资源，而对案件关键证据的审核却可能因此受到忽视。这种流程设计难以适应快速变化的侦查实践需求，导致侦查效率低下，影响了对黄河流域环境犯罪的有效打击。此外，在立案审查方面，缺乏分级审查机制。对于那些明显达到立案标准的案件，僵化的审批流程导致不必要的拖延，错失了最佳侦查时机，影响了侦查工作的及时性和有效性。二是由于缺乏有效的联合预审机制。案件相关材料和证据的收集工作往往在正式立案之后才开始,这不仅延长了审查时间,而且可能因信息获取的延迟而影响侦查工作的连贯性与效率。三是立案审查期限不合理。根据《环境保护行政执法与刑事司法衔接工作办法》,审查立案期限一般为3至7日,即使重大疑难复杂案件最长也不过30日,而且还需要经过上级公安机关批准。环境犯罪案件,尤其是那些技术含量高、涉及复杂科学鉴定的案件,这段时间不足以完成全面的审核工作。公安机关在面临严格的立案期限约束时,可能被迫在证据收集不完全的情况下作出立案或不予立案的决定,这不仅影响了案件的公正处理,也可能导致重要线索的遗漏。

其次,专业化程度有待加强。为了有效打击危害食品药品安全及环境犯罪,维护人民群众生命健康与生态安全,食品药品环境(以下简称"食药环")侦查队伍应时代之需而诞生。这支队伍的使命在于缓解人民群众日益增长的安全与健康需求同食品药品、环境等领域犯罪频发之间的紧张关系。然而,不同于传统治安与侦查工作,"食药环"侦查面临的目标更为具体、任务更为艰巨,这要求队伍具备高度的专业性和完备的工作体系。但"食药环"队伍的发展路径源于各地的自发性与分散性尝试,尚未形成全国统一、自上而下的机构体系。其工作体系亦处于初步构建阶段,距离高标准的专业性仍有较大距离。特别是在专业执法领域,知识与技能的专业性显得尤为重要。考虑到"食药环"工作覆盖食品、药品、知识产权、生态环境、森林草原和生物安全等六大领域,涉及多达38个罪名,对执法人员的综合素质要求极高。以长江流域环境侦查为例,工作人员需掌握公安学、法学、管理学、化学、生物学、环境科学等多学科知识,并熟练运用法律适用、侦查办案、风险防控、复杂案件处置、群众工作、科技应用等多种技能。然而,目前"食药环"侦查队伍的现状并不乐观。各地发展不均衡,多数执法力量来源于原有治安、刑侦、交警或城管等部门的人员调整,缺乏专业背景和针对性的技能培训,难以满足专业、综合、复杂的工作要求。这一状况揭示了"食药环"队伍在专业性、系统性与科技支撑方面的明显短板,亟须通过深化体制改革、加强专业培训等方式加以改善,以期在未来能够更好地履行其守护食品、药品安全与环境健康的神圣职责。

最后,专业鉴定机构欠缺。根据污染环境罪的相关规定,环境鉴定机构对环境污染源和损害后果的鉴定是污染环境罪认定的关键依据。基于环境污染行为本身的复杂特性，环境损害类鉴定不仅专业技术性强而且准入门槛较高，具备环境损害鉴定资质的社会鉴定机构非常少，全国范围内具备环境损害鉴定资质的鉴定机构仅占鉴定机构总数的3.6%，经济相对发达的东部沿海地区在这一数据对比中也未见明显优势。全国3065家鉴定机构中具备环境损害鉴定资质的鉴定机构共111家。另外，在污染环境犯罪一审判决数量位居全国前五的省市中，浙江省62家鉴定机构中仅2家具备资质，河北省191家鉴定机构中仅3家具备资质，广东省214家鉴定机构中仅7家具备资质，山东省223家鉴定机构中仅8家具备资质，江苏省131家鉴定机构中仅11家具备资质。[1] 专业性的环境鉴定机构少是阻碍环境犯罪认定的重要因素。不仅如此，由于污染环境罪入刑较晚，污染环境犯罪案件的鉴定机构数量少的同时，由于缺乏行业竞争的自然淘汰，现有鉴定机构缺乏相应约束，在专业能力和公信力上有待提高。与此同时，环境鉴定机构的行业乱象较为突出，比如缺乏统一的鉴定费用收取标准，使得部分鉴定机构不当收取费用过高，导致办案机关支出过高，不利于环境犯罪侦查工作有效展开。此外也缺乏统一的环境鉴定标准，由于环境鉴定自身的复杂性，不同环境范围的鉴定规定和相关要求可能存在差异，对于一些非常复杂的环境破坏案件，可能需要多部门的相关专家协同配合。不同的鉴定机构如果对同一案件出具相互矛盾的鉴定意见，这种鉴定结果的不一致性不仅会加大法官在案件审理过程中的事实认定难度，而且会影响判决的公正性和权威性。

（2）侦查职能定位不清晰

当前环境犯罪侦查职责主要由各地的"食药环"犯罪侦查部门承担。然而，这些警队在运行机制与职能界定上存在显著差异，暴露出体制架构的非标准化问题，这些问题制约了环境犯罪侦查的效能和统一性。

首先，部门的归属缺乏一致性。在不同省份，有的地方已经建立了独立的"食药环"侦查总队，彰显了对环境犯罪打击的重视与专业化；而在其他地区，这类职责则被嵌入治安总队之下，设立支队进行管理，队伍的名称各异，反映出各地在职能划分上的不同考量。

---

[1] 参见国家司法鉴定名录网（动态信息），载http://www.sfjdml.com/web/toorg，最后访问日期：2020年7月20日。

其次,各地"食药环"警队的管辖范围亦存在差异。有的地区聚焦于食品药品犯罪的侦查,而另一些则扩展至环境犯罪,涵盖了更广泛的违法活动。公安部食品药品犯罪侦查局的管辖范围更是广泛,包括了食品药品安全、知识产权、生态环境等多个领域,这种差异化的管辖范围反映了不同地区对环境犯罪侦查侧重点的不同。

最后,各省份"食药环"警队的组织架构成熟度和建设进度呈现出明显的不均衡。在一些先行省份,如湖北省,早在2015年便已建立起覆盖省、市、县三级的食品药品警察机构网络,共计39个单位,显示了该省在环境犯罪侦查体系建设上的前瞻性和系统性。而在其他省份,如湖南省,虽然在2009年就创立了全国第一支食品安全公安执法队伍,展示了早期的探索精神,但直到2021年5月17日,浏阳市公安局食品药品环境犯罪侦查大队的成立,才标志着县级层面的"食药环"警队正式组建,这表明了环境犯罪侦查队伍建设的进程存在地区间的时间差。这些差异性揭示了我国"食药环"警队在建制、定位、管辖范围以及组织健全程度上的不统一。未来,为了提升环境犯罪侦查的整体效能,需要国家层面出台统一的指导方针,明确"食药环"警队的建制标准、职能范围,同时鼓励各地根据实际情况进行创新实践,以构建起一套既符合国家总体战略又适应地方特点的环境犯罪侦查体系,为保护生态环境、维护公共安全提供坚实的执法保障。

(3)数字化侦查技术有待完善

有效开展环境犯罪侦查,不仅要求具备专业的执法团队,还需辅以先进的技术和装备,依托于研究机构与鉴定机构的强大支撑。目前,环境犯罪侦查技术与装备条件相对滞后,污染物检测与鉴定机构的建设仍处于初级阶段,必需的调查取证、现场勘查与安全防护装备配备不足,这在一定程度上制约了侦查工作的效率与精度。特别是在黄河流域的环境保护行动中,传统的依靠人力进行侦查的方式,显然无法满足对黄河进行全面、持续监测的需求。面对如此广阔的水域和复杂的地理环境,单纯依赖人力难以有效监控环境污染行为。因此,迫切需要引入无人机、卫星监控等高科技手段,以实现对长江流域的全天候、全覆盖监测。此外,运用先进的法医学技术和数字技术,能够帮助侦查人员更准确地捕捉犯罪线索,及时固定证据,为环境犯罪的查处提供强有力的技术支持。基于上述现状,当前的工作重心应当放在推进执法制度的完善、情报信息的共享、侦查技术的革新、装备保障的加强以及科研培训体系的建设上。唯有如此，才能加速构建一个系统完备、功能齐全的环境犯罪侦查体系。特别地，应加大技术投入，强化对黄河流域环境犯罪侦查的支持力度，加快建立黄河污染检验鉴定的"绿色通道"，以及黄河流域环境监测平台，以期实现对环境犯罪的快速反应与高效打击。

环境犯罪案件办理力度不足。为了更有效地打击环境犯罪，客观上需要案件办理的专业化，主要体现在专门机构、专业队伍、专业设备等方面，即要求在专门机构的规范整合、专业队伍的扩充和素质的提升、专业设备的配备更新以及经费保障等方面加大投入和改进力度。然而在实践中，与这些要求存在不小差距。

在专门机构方面，各地的设置和运作模式存在差异，缺乏统一的标准和规范。有些地区的机构设置较为完善，分工明确，而有些地区则存在职责不清、协调不畅的问题。这导致在跨区域的污染环境犯罪案件侦查中，难以形成高效的合作机制，影响了侦查工作的整体效率和效果。

专业队伍的建设也是一个关键问题。一方面，从事污染环境犯罪案件办理的人员相对较少，无法满足日益增长的案件侦查需求。另一方面，现有办案人员的专业知识和技能水平参差不齐。部分人员对环境科学、化学分析等相关专业知识了解有限，在面对复杂的污染环境犯罪案件时，可能无法准确判断案件的性质和关键证据。

专业设备的不足同样制约着案件办理工作。先进的检测设备、数据分析工具和信息化侦查平台的缺乏，使得在收集证据、分析案件线索等方面面临诸多困难。例如，对于一些新型的污染物或者复杂的污染方式，现有的设备可能无法准确检测和分析，从而影响案件的定性和侦破。

此外，经费保障也是一个不容忽视的问题。由于污染环境犯罪办理工作需要投入大量的人力、物力和财力，而部分地区的经费预算有限，导致无法及时更新设备、开展培训和引进专业人才，进一步加剧了上述的不足。

（4）行刑衔接不畅

行政执法机关与公安机关在行刑衔接方面还存在以下问题：其一，沟通机制不够顺畅。双方在日常工作中的交流频率较低，信息传递存在滞后性，导致一些紧急案件或重要线索无法及时共享。有时，由于缺乏有效的沟通渠道和平台，双方对于案件的理解和处理思路可能出现偏差，影响案件的顺利移交和办理。其二，责任划分不够清晰。在行刑衔接的具体操作中，对于哪些环节由行政执法机关负责，哪些由公安机关介入，存在模糊地带。这容易造成双方在工作中出现推诿、扯皮的现象，延误案件的处理时机。其三，联合执法的协同性不足。尽管会开展联合执法行动，但在实际操作中，由于双方的执法流程、标准和重点不同，可能导致行动的协调性不够，无法充分发挥联合执法的优势，对复杂的环境污染犯罪难以形成有力打击。其四，案件移送的标准不一致。行政执法机关和公安机关对于构成犯罪的标准和证据要求存在差异，这使得一些在行政执法机关看来应当移送的案件，公安机关可能认为证据不足或未达到立案标准，从而产生分歧和争议。其五，移送承接程序不够顺畅。行刑衔接的实体性层面致力于构建行政执法与刑事司法间的桥梁，其关键在于厘清行政违法行为与犯罪行为之间的界限。然而，实体性衔接的成功实施离不开程序性衔接的辅助，后者作为一种实践导向的、规范化的制度安排，旨在司法层面上确保案件处理的恰当性和各部门间的协同作业，进而实现"看得见的正义"。尽管环境行政执法与刑事司法都是国家执行法律的基石，二者紧密相连，但它们各自代表了不同性质的权力运作：前者为管理性权力，后者则属于裁判性权力。这要求行刑衔接的程序设计能够巧妙调和行政与司法机关的异质性权力，减少机构间的摩擦，达成利益均衡，形成合力。在实际操作中，环境案件行刑衔接的程序性规则散布于各级环境法律法规之中，这些行刑衔接的程序性条款表面上看数量众多，也规定了移送主体与移送对象，但原则性的内容居多，有关移送程序的具体规则很少，诸如移送时限、移送范围、双向移送的操作细则以及法律责任等关键要素的内容模糊不清，不同法规对衔接程序的规定甚至自相矛盾。这种缺乏统一、明确的操作指引的规则，制约甚至阻碍了环境行刑衔接机制的顺畅运行，极易导致行政机关与司法机关的案件移交呈现出较大的随意性。其六，培训和学习交流不够深入。双方工作人员在各自的领域内积累了丰富经验，但对于对方的业务知识和工作流程了解有限。缺乏系统深入的培训和学习交流，使得在行刑衔接工作中难以实现无缝对接。其七，监督和考核机制不完善。对于行刑衔接工作的成效，缺乏全面、科学的监督和考核体系，难以对双方的工作进行有效的督促和评估，无法确保行刑衔接工作的高质量推进。

3. 黄河流域环境犯罪起诉机制存在的问题

（1）铁路运输检察院利用率较低

现阶段关于治理环境犯罪的起诉、审判主体结构不合理。截至2024年6月30日，在中国裁判文书网上选择"刑事案件"类型，以"黄河"为关键词进行检索，能够得到388份判决书。然后以"环境犯罪""非法捕捞水产品罪""危害珍贵""濒危野生动物罪""非法狩猎罪""非法占用农用地罪""非法采矿罪""危害国家重点保护植物罪""盗伐林木罪以及滥伐林木罪"为关键词可以得到419份判决书。

根据上述判决书不难发现，黄河流域环境犯罪案件的起诉和审判主要由常规的地方司法机构与铁路运输司法体系承担。具体而言，约74%的环境污染案件是由地方基层检察院提起公诉，随后由相应的地方基层法院审理；而剩余的26%则由铁路运输检察院提起，最终交由铁路运输法院裁决。这表明在起诉环境犯罪的职能分配上存在不平衡的现象，铁路运输检察院的潜力未能得到充分利用，导致司法资源的部分闲置。鉴于此，有必要重新评估铁路运输检察院的角色，考虑将其专责于环境犯罪案件的起诉，以达到更高效的司法资源配置。特别是在铁路司法体系改革的进程中，铁路运输检察院完全有能力覆盖黄河流域的环境犯罪起诉职责。环境犯罪，尤其是那些破坏黄河经济带生态平衡的违法行为，因其专业性和复杂性，往往面临管辖权确定困难、取证困难、司法鉴定混乱、法律适用模糊以及严格惩罚执行难等"五难"问题。为确保环境犯罪惩治的实质性，必须对这些问题加以解决。

（2）侦查检察监督机制不够完善

深化检察监督体系，是提升司法公正、保障公民权益的关键一环。尤其在新公共服务理论的指导下，检察监督更需以人民为中心，强化内外部监督机制，以实现更高质量的司法服务。然而，当前检察监督体系中，无论是内部监督还是外部监督，均存在亟待解决的问题。

检察内部监督面临挑战。一方面，集体决策机制不健全。当前，检察系统在处理重大、敏感案件时，往往过度依赖个案检察官的主观判断，缺乏有效的集体决策机制。这不仅可能导致案件处理的专业性和公正性受到质疑，还可能因为个人认知偏差而影响案件的最终裁决。优化案件审查流程，实施检察官联席会议制度，是弥补这一缺陷的重要举措，旨在通过集体智慧提高决策的合理性和公正性。另一方面，案件监控存在疏漏，检察系统内部缺乏一个全面、系统的案件监控机制，对案件的全流程监管不足。这直接导致对案件数据的实时监控和及时纠错机制的缺失，影响了权力行使的合规性和案件处理的效率。建立综合管理办公室，专门负责环境案件的全流程监督，能够确保每一环节的合法性和正当性，避免权力滥用。最后是司法行为规范的漏洞。"三个规定"的执行不严，不当干预时有发生，检察官廉洁自律和司法独立性受到挑战。加强对此规定的监督，深入调查零报告现象背后的真相，严肃处理违规行为，是维护司法公正和检察官职业尊严的迫切需要。

检察外部监督力度不足。一是社会力量参与受限。目前，社会力量如特邀检察监督员、人大代表、政协委员以及辩护律师等，在检察监督中的参与度有限，其监督作用未能充分释放。引入这些社会力量，可以增强检察工作的透明度和公信力，但现实中，他们的参与往往流于形式，难以深入影响案件的决策过程。二是听证程序形式化。听证会作为提升检察工作透明度和公众参与度的重要手段，实践中却往往流于形式，缺乏实质性的意见听取和讨论环节。听证会的质量并未得到应有的重视，导致其作为监督手段的效能大打折扣。三是特邀监督员作用的边缘化。特邀监督员在检察工作中虽有参与，但其角色多限于旁观者，未能在案件的多个关键环节如强制措施决定、起诉与否、羁押必要性审查等发挥实质性的监督作用。他们所提意见的采纳率低，反馈民众声音的渠道不畅通，这大大削弱了特邀监督员的影响力和检察监督的全面性。

检察监督质效有待提升。环境犯罪案件的行刑衔接直接关系到刑事司法程序能否启动。作为国家法律监督机关，检察院理应在环境案件的行刑衔接中扮演积极的监督角色。然而，环境案件的特殊性质与现行法律制度的不完善，导致检察院的监督功能在很大程度上流于形式，其监督效力远未达到预期。司法实践中，检察监督被动性特征明显，如果有相关单位或个人主动举报或反映，检察监督程序很难启动。但环境犯罪通常具有隐蔽性和复杂性，且犯罪有时缺乏直接的受害人，普通民众出于对个人安全和时间成本等因素的考虑，主动举报的动力不足，这使得检察监督的触发变得尤为艰难。一般来说，能引起检察监督注意的环境犯罪案件，主要局限于三类情况：存在直接或明确受害人的案件；引发大规模社会事件的案件；导致群体疾病或重大环境污染事故的案件。然而，环境犯罪本质上属于公害犯罪，直接受害者罕见，而第二、三类案件因其社会影响巨大，执法机关本就高度关注，检察监督在此类案件中的作用相对有限。大量应由检察监督介入的环境案件，由于未及时进入检察监督的视线，而未能获得应有的监督。在实践中，检察机关的监督作用主要体现在刑事、民事和行政诉讼领域，而其在行政执法层面的监督职能发挥有限。尽管我国三大诉讼法赋予了检察机关对法院生效裁判的抗诉权，对审判人员违法行为的检察建议权，以及对公安机关侦查行为的直接监督权，但在行政执法与刑事司法衔接的领域，检察机关的监督往往仅限于提出建议或意见，缺乏刚性约束力。一旦行政机关或公安机关拒绝采纳建议，检察机关缺乏有效的后续制约手段。此外，检察机关在行使监督权时还面临着来自地方政府的潜在干预，尤其是在当前检察机关的财政和人力资源仍受地方控制的背景下。地方政府可能出于地方经济利益的考量，对检察机关的监督职能施加压力，从而削弱其监督效力，进一步加剧了检察机关在环境案件行刑衔接中监督作用的边缘化。

4. 黄河流域环境犯罪审判机制存在的问题

（1）审判专业化程度不足

第一，审判人员专业化程度参差不齐。流域环境资源案件的复杂性要求审判人员具备跨学科的专业知识，涵盖流域学、生态学及环境科学等多个领域，对法官的专业化水平提出了严峻挑战。尽管地方流域环境法庭已通过环境司法培训和设立专家顾问团等方式来增强专业知识，但受制于学科背景和审判经验的局限，专业化的进展依然缓慢。现实中，一些法庭甚至出现资源分配不均的问题，比如同一审判团队同时负责多个审判庭的工作，或是由非环境专业的庭长兼任环境审判庭的领导。这种状况不仅可能导致审判人员和诉讼参与人对环境价值与权益的理解出现偏差，还可能削弱司法的权威性和判决的质量。同时，审判人员素质参差不齐。黄河流域环境犯罪案件的专业性强，理应由更为专业的法官队伍审理这类案件。然而，在黄河流域九个省区的普通法院与铁路运输法院，因受经济发展水平与收入较低等条件限制，法院人才流失严重，流失法官年轻化、高学历化，刚入职法官法律知识储备不够，审判经验不足。总的看来，在黄河流域九省区人民法院中，年龄大的法官多于年轻法官。同时，是否能够将现代技术运用到审判实践中，不同的审判人员存在着差异。年轻的法官在审判过程更习惯于使用类案检索技术，参考其他地区相似案件的审判结果，从而形成在审案件的裁判意见，提高自己的素养。而年龄大的法官在审理污染环境犯罪时会依靠自身丰富的审判经验以及社会阅历作出审判，对类案检索等数字化手段的接受度不高，因此不习惯于参考其他地区人民法院对相似案件的处理结果，造成类案类判的阻力，整体素质略低于沿海省份。

第二，审判程序专业化程度不足。流域环境法庭面临的核心挑战在于现行法律框架下缺乏专门针对流域审判的程序法规，这导致其运作主要依托于传统的民事、刑事与行政诉讼体系。然而，这些传统诉讼模式并未充分考虑到流域环境案件的特殊性，即它们往往超越单一行政区划，涉及复杂的生态系统和跨地域影响。由于这些法庭多设在基层法院层级，它们在立案管辖上的分散性限制了处理综合性环境纠纷的能力，进而阻碍了对新兴环境争议的有效应对，违背了专门法庭设立的初衷——建立一套长效处理机制，以应对不断涌现的各类环境纠纷。从管辖边界的视角分析，流域环境损害的扩散性和流动性意味着案件的影响往往跨越广泛的地理范围，并非局限于特定的行政区或时间点。尽管流域环境法庭试图突破行政区划限制，实施跨区域管辖，但实践中，大多数法庭仅实现了省内跨区域的覆盖，远未达到跨省乃至流域整体保护的程度。基于"环境无界、行政有界"的现实，按照行政区划划分司法管辖区域，不仅忽略了环境保护的自然空间属性，还割裂了司法权限与生态规律之间的联系，使得跨区域的环境问题难以获得有效的司法救济。鉴于此，迫切需要创新司法管辖体制，以适应流域生态环境的整体性和连续性特征。探索设立不受行政区划限制的流域环境审判机构，能够更有效地协调司法资源，实现对流域环境问题的综合管理与司法保护，进而促进环境治理的协同效应。这要求在立法层面进行相应的调整，以确立跨行政区划的流域环境司法管辖原则，确保司法体系与生态系统的保护目标相一致。

第三，审判专门化衔接不够通畅。在我国的司法实践中，流域环境法庭大多被安排在基层法院层级，这一设置虽确保了环境案件的两审终审制得以执行，但因缺乏流域司法机构的层级专门化，目前采用的审判模式呈现出一定的局限性。具体而言，有两种主要模式：一是"先合后分"，即基层法院的环境法庭负责一审，而上诉则由上一级法院的传统法庭接手；二是"先分后合"，即一审由基层法院的传统法庭审理，上诉阶段再移交给上一级法院的环境法庭。这两种模式都存在着初审与上诉环节在专业化上的断层，即基层与上级法院之间缺乏专业化的顺畅对接，这无疑对流域环境案件审判的科学性和专业性构成了挑战。

（2）审判机构的设置存在欠缺

第一，审理法院结构不够合理。裁判文书样本显示，黄河流域环境犯罪案件，由普通法院审理的有288件，由铁路运输法院审理的有100件，如图4-31所示。众所周知，铁路运输法院改制以来，其核心职能之一就是审理环境污染案件。为了突出铁路运输法院的专业性与专项性，培养了一批专门从事环境污染违法犯罪案件的审判人员，配备了相应的司法资源，在审理环境犯罪案件及配套制度实施方面，具有得天独厚的优势。因此，相当一部分案件没能交由铁路运输法院审理，在很大程度上表明，黄河流域环境犯罪案件的审判主体结构不够合理，铁路运输法院的办案优势没能得到充分发挥，在一定意义上存在着司法资源闲置的问题。

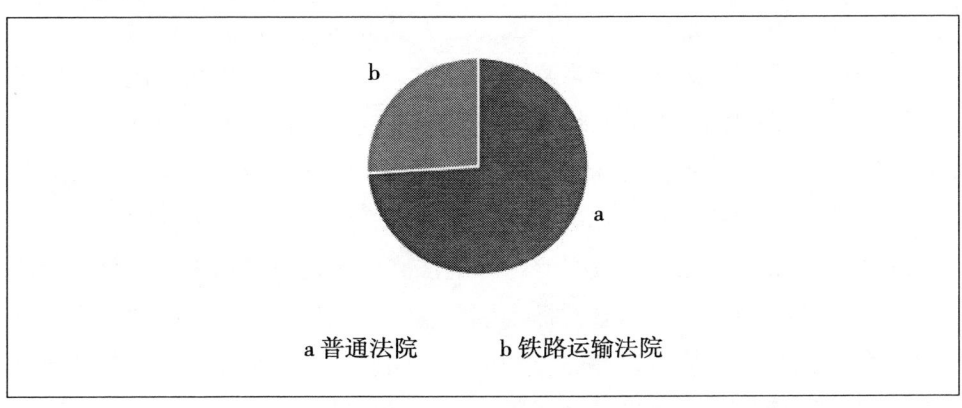

图4-31 普通法院与铁路运输法院审理黄河流域环境犯罪案的件数比例

第二，地方保护主义克服程度有限。流域环境法庭的设立初衷是为了解决流域环境资源保护中的司法难题，但其在基层法院的定位却带来了意想不到的挑战。当这些法庭对流域内流经的其他特定区域产生的环境资源案件行使管辖权时，可能会滋生新的地方保护主义倾向。这是因为基层法院往往与其所在的地方政府有着千丝万缕的联系，这种联系在处理环境案件时可能转化为对当地利益的偏袒，尤其是在涉及经济活动与环境保护之间的冲突时。这种地方保护主义不仅体现在对本地企业或产业的庇护，也可能表现为对跨区域污染源的宽容，尤其是当这些污染源来自邻近地区或省份时。例如，上游地区的污染可能对下游的生态环境造成严重影响，但在司法实践中，上游地区的法院可能会倾向于保护本地工业的发展，而不愿追究污染责任，这直接导致了流域整体环境治理的不均衡。

第三，各地法庭的个性化探索导致当事人产生参加诉讼的困扰。各地流域环境法庭在命名、运行机制上存在的差异，反映出深层次的地方特色与多元实践。这些差异不仅源于法庭设立的背景、地域特性、成立时间及受理案件类型的不同，还体现了地方在环境司法领域的自主探索与创新。然而，这种个性化特征的累积，尽管彰显了地方智慧，但也带来了若干负面后果。首先，不同称谓与运作模式的并存，使得流域环境司法体系内部的协调与统一成为难题，影响了上下级法庭之间的有效衔接。其次，这种多样性的存在可能削弱司法机关的权威形象，容易导致公众对司法判决的一致性和公正性产生怀疑。更重要的是，它给流域环境审判机构的专业化建设带来困扰，容易导致公众对环境法庭的职能产生认知混乱。更为关键的是，司法保护的统一性受限，部分流域环境法庭在界定自身职责、与其他非专门机构的协作方面缺乏清晰界限，导致相同类型的环境案件在不同地区可能遭遇不同的立案标准和裁判结果。这种不一致性意味着，即便面对相似的环境侵害，各地的流域环境法庭可能作出截然不同的裁决，严重时甚至会延误或忽视对受损生态环境的及时司法救济，这显然与设立专门环境法庭以实现环境司法专门化的立法初衷背道而驰。因此，要充分发挥流域环境法庭的应有作用，必须克服地方性实践带来的碎片化影响，通过统一标准、明确分工、强化协作，提升流域环境司法的系统性和权威性，确保每一个环境案件都能得到公正、高效、专业的审理，从而真正实现环境资源的可持续保护。

（3）惩罚依据不够合理

1997年《刑法》分则第六章第六节设立了"破坏环境资源保护罪"，2001年《刑法修正案（二）》、2002年《刑法修正案（四）》先后进行了两次修改。在2011年的《刑法修正案（八）》修改以前，对环境违法犯罪行为，我国以"事后处罚"为主要手段，以打击环境犯罪为主。出现这种惩治模式的重要原因之一就是GDP（国内生产总值）作为最重要的政绩衡量指标，影响甚至决定了环境犯罪打击难以依法有效开展。国家机关更多地关注经济发展而忽略了对环境和资源的保护,个别地方甚至以损害环境利益的方式换取经济发展。以结果为本位的导向是我国传统刑事法律遵循的基本立场,体现了古典刑法的思想。在刑法立法中,注重从犯罪行为造成的危害后果处罚出发,依据客观实害,处罚犯罪行为人。可见,危险犯和行为犯的规定基本被排除在外。[1]这种消极且被动的事后型刑罚,只能在法益被侵犯的情形下才能实现,由此决定了环境犯罪刑事法治所采取的以惩罚主义为主导的惩罚模式。环境犯罪处罚立足法益。我国坚持以"人类中心主义"的立法价值理念,认为环境犯罪立法的主要目的不是保护环境,而是保护人类的生命与健康。在此理念指导下,只有在人们的生命、健康、财产等权利遭受到了损害的前提下,刑法才能介入[2],才能考量如何通过环境刑法处罚行为人。这种事后处罚方式很难将维护人类的健康法益和财产法益作为环境犯罪惩治工作的最核心目标,进而导致环境资源保护与恢复成为刑法中用来保护人类的附加品。环境犯罪处罚立足于实际危害结果的发生。依据《刑法》规定,只有"致使公私财产遭受重大损失或者人身伤亡的严重后果"等造成了达到一定严重程度的危害结果的行为才能构成相应的环境犯罪。修订之前的《刑法》对于环境犯罪处罚立足于"事后追究",要求必须满足"造成重大环境污染事故"的结果要件。修改前的《刑法》规定,资源破坏型的环境犯罪的犯罪构成要件为"被命令停止采矿而拒绝采矿,并对矿产资源造成损害"。不难看出,环境犯罪立法坚持的是结果犯的立场,对于只侵害环境却没有造成人类人身、财产法益受损害的行为一般不会被追究刑事责任,只有侵害人类人身、财产法益的行为才能被视为犯罪,从而在很大程度上导致环境保护成为人类人身、财产法益保护的副产品。

(4)环境公益诉讼程序不合理

一方面,提起环境公益诉讼的主体较为单一。司法实践中,检察机关系提起污染环境刑事附带民事公益诉讼的绝对主力。但学界对刑事附带民事公益诉讼的提起主体范围争议颇大。一种观点认为,检察机关系唯一的主体地位。[3]虽然其强调了刑事附带民事公益诉讼的独立价值,却忽略了此类诉讼

---

[1] 周光权:《积极刑法立法观在中国的确立》,《法学研究》2016年第4期。

[2] 杜澎:《破坏环境资源犯罪研究》,中国方正出版社,2000,第34页。

[3] 周新:《刑事附带民事公益诉讼研究》,《中国刑事法杂志》2021年第3期。

的刑民复合性及恢复性司法的价值取向。另一种观点认为，由于此类诉讼具有复杂性，因而理论上具有提起诉讼资格的主体应包括"刑事诉讼中的公诉人和民事公益诉讼中的起诉人"[1]。根据《刑事诉讼法》第101条和《检察公益诉讼解释》第20条的规定，人民检察院虽然具有提起刑事附带民事公益诉讼的资格，但行政机关等其他机关或组织的诉讼主体资格却未予以明确规定。最高人民法院、最高人民检察院《关于办理海洋自然资源与生态环境公益诉讼案件若干问题的规定》第4条也仅规定了人民检察院在破坏海洋生态、海洋水产资源、海洋保护区涉嫌犯罪的案件中可以提起刑事附带民事公益诉讼，但也并没有赋予海洋环境监督管理部门或其他组织提起附带民事公益诉讼的主体资格。反观《民事诉讼法》第58条、《中华人民共和国民法典》第1235条以及《最高人民法院关于审理环境民事公益诉讼案件适用法律若干问题的解释》第1条的规定，包括人民检察院在内的法律规定的机关和组织均有权提起民事公益诉讼。同时，根据《民事诉讼法》第58条第2款的规定，检察机关在提起公益诉讼时并非处于优先顺位。因此，基于法律规定的模糊性，致使目前理论与实践并未形成一致观点。与之相关的还有诉前公告程序。其中，检察机关唯一主体论者往往认为检察机关提起公益诉讼没有必要进行诉前公告。理由在于，既然检察机关是唯一主体，那么诉前公告自然失去其意义。立法对此也未予以直接回应。但是，《关于人民检察院提起刑事附带民事公益诉讼应否履行诉前公告程序问题的批复》则要求检察机关严格落实诉前公告程序。从这一点来看，司法机关对刑事附带民事环境公益诉讼更加倾向于多元化的诉讼提起主体模式。

另一方面，环境公益诉讼的启动条件不明确，附带民事责任的承担差异较大。刑事附带民事公益诉讼的适用范围、审判组织、启动主体等内容均由《检察公益诉讼解释》第20条予以原则性规定，因而环境公益诉讼的启动条件并不明确，进而导致司法适用的混乱。例如，本文通过对569份裁判文书分析发现，各地对污染环境提起刑事附带民事公益诉讼的启动条件表述千差万别，部分文书概括表述为公诉机关认为被告人严重破坏生态环境；部分文书则直

---

[1] 汤维建：《刑事附带民事公益诉讼研究》，《上海政法学院学报（法治论丛）》2022年第1期。

接表述污染环境的具体事实,如在"本院认为"部分缺乏对启动公益诉讼理由的具体表述和论证。随之而来的问题是,因启动条件不一致而导致附带民事责任承担更是相差极大,部分案件的被告人虽受刑事处罚,但鉴于附带民事责任承担方面缺乏适格主体,导致被告人无须对污染环境行为承担附带民事责任,这就导致相同的犯罪行为仅因启动主体是否可以提起公益诉讼而导致处理结果相差悬殊,从而严重违背了司法裁判的统一性和规范性。

（5）证据与证明规则有待完善

首先,证据转化规则阙如。证据转化行刑衔接程序机制中的关键就是如何实现不同类型证据在行政与刑事诉讼之间的平滑过渡与有效衔接。我国《刑事诉讼法》第54条第2款明确规定,行政机关在行政执法过程中收集的部分证据材料可以转化为刑事诉讼中的证据,这一规定为行政证据向刑事证据的转化提供了法律依据。然而,实践中,该条款并未详细阐述行政程序中收集的证据材料如何具体转换为符合刑事诉讼要求的证据,也未明确指出未列举的行政证据类型是否能被接纳进入刑事诉讼程序,这导致司法机关在处理此类证据时面临困境,不知如何正确适用。同时,《刑事诉讼法》第50条规定的证据类型与《行政诉讼法》第33条所列的证据种类存在差异,这一差异在实践中引发了证据衔接的难题。其中,最典型的争议点在于如何界定《行政诉讼法》中"勘验、现场笔录"这一证据形式。勘验、现场笔录具备物理形态,但又不可避免地掺杂了办案人员的主观因素,如对现场的感知、记忆和表述,因此,其同时具备实物证据与言词证据的双重特征。确定这类证据的性质成为行刑衔接中的一大挑战,不同的定性将产生截然不同的法律后果。若认定为实物证据,则其具备进入刑事诉讼程序的合法性基础;反之,若不视为实物证据,则可能被排除在《刑事诉讼法》第54条第2款允许转化的证据范畴之外。此外,不同证据类型之间证明标准的冲突、行政证据的合法性保障机制的缺失,以及对《刑事诉讼法》第54条第2款中"等证据材料"表述的多元解读,这些都是当前行刑衔接机制中证据转化面临的现实障碍。这些难题的存在,不仅影响了证据的合法性和证明力,也阻碍了行政与刑事司法程序之间的顺畅衔接,降低了司法效率和公正性。

其次,证明责任不合理。在黄河流域环境犯罪案件的处理上,公安机关承担着至关重要的角色,其职责不仅限于案件的侦查、嫌疑人抓捕与讯问,更涉及犯罪事实的证明。然而，在当前严厉打击环境犯罪的背景下，公安机关在环境犯罪证明责任方面的角色定位和职责范围往往不够清晰，导致其在环境案件惩治中的角色不够突出。这种模糊性不仅影响了公安机关在环境犯罪侦查过程中的主动性，也可能导致案件事实证明不够充分，影响被告人质证的针对性和有效性。环境犯罪案件的复杂性要求公安机关具备一定的环境科学知识，以便于有效收集和分析环境证据，但目前公安机关在这方面的专业能力相对薄弱，因此在强调公安机关证明责任的同时，也要提高公安机关的证明能力。

最后，证明方法单一。面对复杂多变的环境犯罪因果关系，特别是当涉及因果链条的运行时，传统的逻辑推理和经验法则显得力不从心。以我国台湾地区"刑事诉讼法"第161条第1项为例，该条款明确规定了检察官对被告犯罪事实的举证责任，要求检察官不仅需要提供证据，还必须指明证明方法。这意味着，一方面，检察官在未能尽到举证责任时，将面临不利的裁判结果；另一方面，他们还需承担高度的说服责任，以确保证据的充分性和证明的说服力。在环境犯罪的证明中，特别是在由新型化学物质引发的环境污染案件中，其因果链条和流程运行往往复杂难解，即便是环境科学领域的专家和自然科学界的学者也可能难以给出确切判断。相比之下，仅精通法律规范与逻辑的法律专业人士在面对这类技术性问题时更是难以胜任。因此，固守传统的单一证明方式将无法应对环境犯罪因果关系的证明挑战，必须拓宽证明路径、创新证明方法。传统证明方法在处理高度复杂的污染型环境犯罪因果关系时显得捉襟见肘，唯有开发并采用具有针对性、区别于常规刑事案件的特殊证明方法，方有可能破解这一难题。由此观之，深入研究环境犯罪因果关系的认定与证明，完善相关理论体系和技术路径，更新证据理论，才能有效应对环境犯罪的司法证明挑战。

（六）环境犯罪的生态修复机制亟待完善

在司法实践中，法院作出环境犯罪刑事裁判时，往往会一并要求犯罪行为人承担生态修复责任。生态修复是一个复杂的工程，应当长效化、专业化，既需要司法机关高度重视，又需要与环保、林业、国土和水利等部门配合，还需要精准把握流域生态修复标准。然而，现行法并没有非常明确地要求专业部门履行生态修复义务，在实践中，这些专业部门也没有积极参与专业性极强的生态修复工作，及时监督和验收补种复绿等生态修复工作，在很大程度上影响了生态修复工作质量。鉴于此，有必要从实践出发，深入考察环境犯罪案件生态修复问题。

1. 生态修复理念滞后

针对环境犯罪行为，司法机关习惯性地坚持"一一对应"的生态修复理念。[1] 例如，对于非法捕捞犯罪行为，司法机关就要求犯罪人对应补全与捕捞数量相当的该种水生生物。这种环境犯罪行为的生态修复具有明显的"同态复仇"色彩，具有"单一性""司法成本低""效率高"等特点，如果在普通犯罪或者环境影响较小及社会危害程度较低的流域环境犯罪中使用，将会更为便捷、有效。然而，与"物"或"财物"不同，流域环境因素相互影响、相互关联，流域环境犯罪及其造成的损失具有综合性、系统性的特点，只针对个别环境要素进行修复，通过单纯的填补、修复缺损，难以系统修复水生动物、水生植物及水质等因犯罪造成的损失，达到实质意义上的恢复原状效果。[2]

2. 生态修复标准不统一

生态修复的评价标准，是环境犯罪生态修复工作的核心，直接决定生态修复的目标与效果，也是司法机关判断被追诉人是否在规定的时间内承担了相应的刑事责任或是达到了流域生态修复要求的依据。然而在实践中，这种标准却不够统一，主要有如下原因。环境损害评估主体具有多元性，这些主体主要有农业农村局、渔业渔政局和专业的科研院所等。这种多元性，在跨部门、跨行业的统一标准颁行之前，多头评估必然造成环境犯罪的生态修复标准难以统一甚至差异很大。同时，生态修复的评估工作具有复杂性，且参考依据纷纭复杂[3]，往往需要行政机关、社会专业机构进行判断，这就进一步加剧了生态修复标准不统一的问题。另外，生态修复兼具技术性与法律性，

---

[1] 赖玉中、王耀珑：《流域环境犯罪中恢复性司法适用的考察——以江西省增殖放流情况为样本》，《江西理工大学学报》2023年第2期。

[2] 吕忠梅、窦海阳：《修复生态环境责任的实证解析》，《法学研究》2017年第3期。

[3] 赖玉中、王耀珑：《流域环境犯罪中恢复性司法适用的考察——以江西省增殖放流情况为样本》，《江西理工大学学报》2023年第2期。

司法机关往往没有单独进行生态修复评估的能力，进而难以全面回应公众对其处理结果的质疑。[1]需要指出，由于评估过程中被追诉人一般难以获得有效信息，进而难以获得与行使评估有关的选择权与异议权。

3. 自行增殖放流难以保证生态修复质效

流域环境犯罪生态修复模式主要有责任人自行履行、司法机关履行以及委托专门行政机关、社会专业机构履行等三种。在实践中，责任人自行履行的不在少数。这种方式有利于教育责任人认识到生态修复的重要性。然而，生态修复工作具有极强的专业性、科学性，需要专业知识，如果缺乏专业指导，由普通的责任人进行，不仅难以完全达到预期修复效果，反而会导致事倍功半甚至滋生继发污染。例如增殖放流类流域环境犯罪的生态修复工作，无论是普通物种还是特殊水生生物，因被放流物种的不同，放流实施过程应当差别很大，放流地点、放流数量及规格确定等也具有很大差别。对于普通物种的生态修复，普通民众一般能够知晓，但特殊水生生物的放流，却不那么简单，需要放流个体的野化训练。否则，如果增殖放流不规范，不仅难以发挥生态修复作用，还会增大野生资源种类和增殖水域生态系统健康带来诸多风险[2]，进而无法保证生态修复的质效。

4. 生态修复民事责任刑罚化

依据罪刑法定原则，环境犯罪行为人承担刑事责任应当具有法律依据。根据现行刑事法，环境犯罪行为人承担生态修复责任，如果将这种责任承担理解为附带民事诉讼意义上的赔偿责任或者量刑情节，是有明确的"犯罪后悔罪表现""积极赔偿"等法律依据的。然而在实践中，却存在着将是否履行流域生态修复责任作为独立刑事判项。这种做法既没有法律依据，还容易导致民事责任刑罚化。根据《刑法》规定，生态修复，既不属于主刑，也不属于附加刑，而且其严厉性与强制性远比刑罚弱，直接将生态修复作为独立刑事判项，是较为典型的刑民不分，既违背罪刑法定原则，又容易导致被追诉人的地位进一步恶化。对于司法机关而言，如果将这种民事责任刑罚化，极易引发办案机关滥用裁量权、侵害被追诉人的合法权益。

---

[1] 吕忠梅、窦海阳：《修复生态环境责任的实证解析》，《法学研究》2017年第3期。

[2] 姜亚洲、林楠、杨林林、程家骅：《渔业资源增殖放流的生态风险及其防控措施》，《中国水产科学》2014年第2期。

5. 生态修复监督工作难以落实

一方面，司法机关难以全面履行环境生态修复的监督职能。司法机关不是环保部门，既缺乏专业的监测设备，也没有具备相应的专业知识及专业技术的司法人员参与监督，再加上生态修复往往是极其漫长的过程，可能持续几年甚至几十年，没有足够的司法资源用以长期跟踪及监管生态修复的执行情况。另一方面，生态修复具有复杂性与科学性，监督过程与监督内容都要符合科学标准。与环保、林业、国土和水利等部门相比，司法权的局限性与司法人员的特殊性客观上决定了司法机关难以胜任生态修复监管工作。

本章小结

黄河流域环境犯罪预防和惩治实践，近年来取得了实质性成就和长足发展，但仍存在亟待解决的问题。一是地区差异明显。在不同地区，受资源和技术限制的影响，黄河流域环境犯罪预防和惩治工作的进展和效果存在明显差异，有些地区环境犯罪预防与惩治实践相对滞后。二是法律适用困难。黄河流域环境犯罪行为复杂多样，危害行为或危害结果通常具有跨地域性与跨行业性。在适用法律时，不同区域的地方性法规不完全一致，在适用时经常会出现冲突，导致执法和司法实践产生不确定、不统一问题。三是恢复性司法功能发挥不足。在环境犯罪惩治实践中，普遍存在司法机关没有充分履行也难以充分履行生态环境修复职能问题，这种恢复性司法功能对于生态环境保护而言具有极为重要的意义，亟须进一步加强。四是长效机制仍需完善。目前，黄河流域环境犯罪预防和惩治措施通常具有临时性和阶段性，缺乏长远规划，没能制度化、规范化，难以有效预防黄河流域生态环境安全风险，难以从根本上遏制流域环境犯罪的发生，难以及时保护和有效修复流域生态环境，难以保障黄河流域生态环境稳定健康发展。

第五章
黄河流域环境犯罪预防机制的优化路径

犯罪预防是保障社会长治久安、加强环境有效治理的重要举措。由于环境犯罪危害后果具有不可预测性、不可逆转性、难以修复性等特征,环境犯罪事前预防非常重要。近年来,我国高度重视黄河流域环境犯罪预防工作,全方位、多角度预防环境犯罪的发生发展。目前,环境犯罪预防理念逐渐融入环境治理制度与实践,为学校、企业、社区、家庭等主体的环境犯罪预防提供了基本思路,现有的环境犯罪预防制度为黄河流域环境犯罪预防提供了制度保障,初步形成黄河流域环境犯罪预防机制。但是,黄河流域环境犯罪预防也存在有待改进的一些问题,尤其是现有预防机制亟须进行优化。鉴于此,应当根据预防实践及相关理论,有必要从环境犯罪的现有预防模式出发,从社会预防和情境预防方面系统优化黄河流域环境犯罪预防机制。

一、黄河流域环境犯罪预防的主要模式

著名学者托尼(Tonny)和法林顿(Farrington)将犯罪预防策略划分为四大类,即社会预防策略、情境预防策略、社区预防策略和刑事司法预防策略。社会预防策略着重于解决社会结构中的不平等、贫困、失业等深层次问题,通过改善教育、就业机会和社会福利,营造一个公平、和谐的社会环境,减少犯罪的社会根源。情境预防策略更关注于通过改变犯罪发生的具体环境和条件来阻止犯罪。通过加强公共场所的监控、改善照明设施、设计具有防范性的建筑和城市规划等措施,减少犯罪的机会和可能性。社区预防策略强调社区在预防犯罪中的重要作用,通过增强社区凝聚力、建立良好的邻里关系、开展社区教育和监督活动,形成一个相互支持和监督的社区氛围,共同

抵制犯罪。刑事司法预防策略主要依靠法律和司法系统的威慑力和矫正作用，通过公正审判、严格执法对潜在犯罪分子形成威慑力，进而对犯罪分子进行改造和教育引导，以防止其再次犯罪。鉴于此，根据以上犯罪预防策略种类，结合黄河流域环境犯罪预防实际，有必要从社会预防和情境预防这两种预防模式进一步探讨黄河流域环境犯罪预防模式。

（一）黄河流域环境犯罪的社会预防模式

环境犯罪社会预防主要是指在社会层面上充分利用各种手段和策略以预防环境犯罪发生，为提升环境犯罪预防质效，应充分发挥政府、企业、社会组织以及公民个人等社会各界力量。根据社会预防理论，社会预防主要涉及趋势预测、诱因消除、条件瓦解、抑制生长、能量宣泄、燃点提高等六个有机统一的预防系统。从社会预防的角度，根据社会预防理论，黄河流域环境犯罪预防旨在调动政府、企业、社会组织、个人等社会各界力量协同合作，充分整合社会多方资源，形成社会预防合力，从不同维度有效预防和遏制黄河流域环境犯罪发生。

1.黄河流域环境犯罪的趋势预测

黄河流域环境犯罪的预防不仅需要关注当下，而且也应当放眼未来。趋势预测主要是通过对环境犯罪发生以及演变的结构性因素进行分析，在分析的基础之上对流域未来的犯罪趋势得出相应结论。通过对现阶段社会各种信息的收集与分析，掌握黄河流域环境犯罪产生的原因与本质特征，在此基础之上分析未来流域内可能发生的犯罪趋势。黄河流域环境犯罪作为一种社会现象，其产生、演变规则与逻辑往往有迹可循，通过对现阶段黄河流域环境犯罪发生机制进行分析，建立相应的定性与定量相结合的信息收集体系和事前预警机制，从而为黄河流域环境犯罪的预防提供有力的防范措施。

2.黄河流域环境犯罪的诱因消除

黄河流域环境犯罪的产生往往是多种因素共同发酵的结果，诱因也可能是引发黄河流域环境犯罪产生的一种因素。消除诱因主要是通过社会调查的方式去发现黄河流域环境犯罪可能产生的原因，并通过一定的手段对可能导致黄河流域环境犯罪的原因进行干预，从而遏制黄河流域环境犯罪的发生。黄河流域环境犯罪的诱因具有多样性，大部分原因是由于企业或者社会公众不遵守政府的环境政策或决策而引起的。事实上，引发黄河流域环境犯罪产生的各种因素往往是具体的，并且具有一定的可控性，而这可以通过改善民生以及利益协调等举措进行消除，从源头上消除黄河流域环境犯罪引发的诱因。

3. 黄河流域环境犯罪的条件瓦解

条件可以理解为推动或者滋养黄河流域环境犯罪滋生或者发展的外部环境因素。条件瓦解主要是一种预防策略或者是一种方法论，其主要目的是通过消除或者转变外部环境因素，削弱甚至消除潜在危害环境滋生的土壤，从而使其向更加安全的方向发展。具体到黄河流域环境犯罪，社会预防主要通过宏观与微观两方面调整环境犯罪的外部条件，从而预防黄河流域环境犯罪行为的发生。在宏观层面，应完善环境治理综合性因素。这一环境犯罪的综合性条件瓦解，需要通过完善相关法律法规，加大对环境犯罪的惩处来实现；加大对黄河流域环境犯罪的监管力度，以防患于未然；通过环保教育提升人们的环境保护意识，形成全社会共同保护环境的文化氛围；加强环境保护综合治理，从经济、政策、文化观念、教育等宏观上保护黄河流域环境生态。在微观层面，应加强环境刑法预防功能。这一层面的犯罪条件瓦解，需要加强刑罚的教育功能和威慑功能。加大刑罚打击力度，通过严打环境犯罪本身及其犯罪背后的利益链条，铲除环境犯罪滋生土壤，充分发挥刑罚的教育和威慑作用，从而有效预防和遏制环境犯罪的发生。

4. 黄河流域环境犯罪的抑制生长

抑制生长是指矛盾产生以后，针对矛盾产生后各个阶段、各个因素采取相应的措施，阻止矛盾继续发展，从而抑制矛盾的激化。黄河流域环境犯罪抑制生长，实质上是环境犯罪预防手段，主要是采取一定的措施阻止黄河流域环境犯罪的生长，防止矛盾激化。抑制矛盾的生长可以从内因与外因两个方面进行。环境犯罪抑制生长的内因抑制，是通过协调不同利益主体的利益需求，规范其利益诉求的表达程序，从而使不同的利益主体可以达成利益共识；而环境犯罪的外部抑制可通过改善黄河流域环境犯罪的生长环境和条件以抑制黄河流域环境犯罪的发生。

5. 黄河流域环境犯罪的能量宣泄

黄河流域环境犯罪的能量宣泄主要是为环境犯罪危害的受损害方提供负

面情绪发泄通道,使环境利益受损方可以通过利益宣泄通道表达并释放因环境危害行为而造成的危害后果的利益诉求和情绪宣泄。环境犯罪的能量宣泄,主要目的是为环境利益受损的群体开通其表达内心愤懑和利益诉求的通道,预防和避免因负面情绪爆发而引发更加激烈的矛盾冲突,为和平解决环境危害矛盾奠定一定基础。通过搭建矛盾沟通平台、建立专门的投诉与反馈渠道、加强心理健康教育与咨询服务等措施构建环境犯罪能量宣泄机制,确保公众能够及时有效地表达环境利益诉求,能够预防和遏制黄河流域环境犯罪的发生。

6. 黄河流域环境犯罪的燃点提高

提高燃点是指提高社会成员对黄河流域环境危害的心理承受力或者降低社会成员对环境犯罪的心理敏感度,从而促进黄河流域环境犯罪的预防。黄河流域环境犯罪的燃点涉及两个主体:一是全体社会成员遇到矛盾不能简单归因,不能将不满情绪对准制度;二是矛盾双方的当事人面对矛盾时,应当以理性、制度化的方式解决矛盾。面对黄河流域环境犯罪,应当提高公众对矛盾的心理承受值。对于管理者而言,应当注重加强全社会的法治教育,从而培养公民的法治意识,营造良好的法治环境。对于社会成员而言,应当以理性的态度对待黄河流域环境犯罪,降低社会的结构性怨恨,从而促进黄河流域环境犯罪的预防。

(二)黄河流域环境犯罪的情境预防模式

20世纪70年代后期,罗纳德·克拉克提出情境犯罪预防模型。2003年,罗纳德·克拉克对最初的情境犯罪预防模型进行完善,并将其扩展为5大类共25项技术。[1]情境预防理论的发展与理性抉择理论和例行性活动理论是密不可分的。20世纪70年代克拉克提出的理性抉择理论的核心观点是,犯罪人在犯罪时所实施犯罪的决意行为是十分理智的,进一步说,犯罪人在实施犯罪行为之前,通常会对自己实施犯罪行为可能获得的收益与付出的代价进行成本收益分析。例行性活动最初由科恩等人提出,该理论的核心观点是,社会

---

[1] Cornish D.B., Clarke R.V., Opportunities, Precipitators and Criminal Decisions: A Reply to Wotley's Critique of Situational Crime Prevention, New York: Criminal Justice Press, 2003, p41-96.

生活中犯罪率的增加与人们日常活动模式有着十分密切的关系，而人们的日常活动对犯罪动机、合适目标和缺乏犯罪抑制物有着持久的影响。依据情境犯罪预防理论，如果人们因实施犯罪行为而获得的收益小于成本，此时犯罪发生的可能性较小；如果人们实施犯罪行为所获得的收益大于成本，此时犯罪便很有可能发生。鉴于此，依据情境预防理论，针对一些特定的犯罪行为，可以通过系统的方法来增加实施犯罪的难度或者风险，规划和管理犯罪实施环境，提高犯罪预防的质效。克拉克主要从增加犯罪难度、提高犯罪风险、降低犯罪收益、减少犯罪心理刺激、消除犯罪借口五个方面提出了具体的措施，以增加实施犯罪的难度和风险。因此，对于黄河流域环境犯罪而言，应当借鉴情境犯罪预防理论，可以通过增加黄河流域环境犯罪难度、提升环境犯罪风险、降低环境犯罪收益、减少潜在犯罪人的环境犯罪心理刺激、消除潜在犯罪人的环境犯罪借口等措施，从而实现预防黄河流域环境犯罪的目的。

二、黄河流域环境犯罪社会预防机制的优化

黄河流域环境犯罪预防是一个系统性工程，需要多元主体共同参与。根据环境犯罪社会预防模式，环境犯罪社会预防主体主要包括学校、企业、社区、家庭等。学校应当加大环保教育的投入力度，通过开展环保教育，提升公众环保意识。企业应当积极承担社会责任，在生产活动中应当采用环保经营方式以减少对黄河流域生态环境的破坏，避免为了追逐经济利益而实施破坏环境的行为。社区是人们非常重要的活动场所，应当注重社区自身建设，通过丰富多样的环保宣传活动，在社区内营造保护黄河流域生态环境的良好氛围。加强学校、企业、社区、家庭等多元社会主体协同参与黄河流域环境犯罪预防，是优化黄河流域环境犯罪社会预防机制的有效路径。

（一）增强黄河流域环境犯罪的学校预防

随着教育机构的普及和发展，学校主要承担着国家的教育职能，学校教育承担着家庭教育责任的一部分，并逐渐取代家庭教育成为个人接受教育的主要场所。除了教授基础文化知识，学校能够对个人的人格进行塑造。一个具有较高道德素养的人与一个品行不佳的人相比，后者更容易走上犯罪的道路。因此，学校是黄河流域环境犯罪预防的一道重要防线。

1. 设立专门的黄河流域环保课程

学校通过开设环保法律法规、环保知识等专题理论学习课堂，设置相应实践课程，让学生认识到自然的美丽与多样性，掌握自然与人类和谐共生的哲学观，鼓励学生形成对自己、对他人及对环境负责任的态度。使学生的环保意识在校园中得以培养和形成。[1]此外，为实现预防犯罪的目标，教育者本身也应当不断提升自身的法治思维水平。预防学生犯罪不仅是教师的责任，还需要全校师生承担环保责任，履行环保义务。法治思维的培养并非一蹴而就，它需要在日常的教学管理工作中逐渐渗透，潜移默化地增强学生对法律的尊重和信仰。

2. 构建学校预防体系

教育学生保护环境、预防犯罪是学校教育义务的重要组成部分，预防环境犯罪，学校预防是关键。构建学校预防体系，应着手做好以下几点：一是，坚持以学校教育为主抓手。学校与学生联系最为密切，学生的个性心理、情感特征、道德操守、宗教信仰的形成，在很大程度上受制于其所处的社会环境。相较于其他部门而言，学校是学生与外界接触的第一站，其对学生的道德操守具有最直接、最深刻的影响，这种影响赋予学校在环境犯罪预防体系中处于领头羊地位。二是，学校积极组织多元主体参与环境保护与环境犯罪预防。学校应积极发挥预防犯罪的主体性作用，在明确自身环保教育职责的基础上，还需要动员相关行政部门、团体组织、人大代表、司法部门等部门共同参与，形成学校牵头、多元单位协同参与的学校环境犯罪预防格局。三是，加强学校与检察机关在预防环境犯罪领域的合作。应加大校、检对学生环境犯罪预防问题的研究力度。检察机关和学校充分利用各方优势，联合开展学生犯罪行为研究，有针对性地采取预防学生犯罪的有效措施，有效发挥各自职责范围内的犯罪预防能动性。[2]

3. 完善学校环境犯罪预防手段

黄河流域环境犯罪的学校预防，要以学校为主体，多元部门配合，形成

---

[1] 吴乐：《基于三级预防理论的污染环境犯罪防治体系构建》，《福建警察学院学报》2021年第4期。

[2] 李牧、关帅锋：《检校联合预防大学生犯罪模式之完善》，《武汉理工大学学报》（社会科学版）2015年第6期。

学校、社会、家庭协同参与，在协同育人的背景下做好预防学生犯罪工作。[1]丰富犯罪预防方式是增强学校环境犯罪预防实效的有效策略，学校可以采取以下措施丰富环境犯罪预防方式：一是，加强学校法治教育的师资队伍建设。二是，发挥学校思政课的教育功能。学校思政课是培育学生良好道德品格的重要课程，教师应借助思政课堂，落实立德树人的根本任务，使得学生树立正确的人生观、世界观、价值观。三是，建立预防犯罪的工作台账或管理系统。各单位将犯罪学生（包括受到训诫、警告处罚人员、不起诉人员、宣告有罪人员、社区矫正人员等）的有关信息收集造册，统一管理和教育。四是，加强和完善家校沟通机制，及时掌握学生的实际情况。五是，加强校园犯罪监管和防控。加大学校网络建设，可以通过校园网络实时监控学校舆情，重点甄别和处理有关学生的违法信息并及时防控。六是，定期开展环保实践活动。环保意识影响学生的环境行为，可定期组织学生参与环保志愿服务活动，鼓励学生积极参与到环境治理实践，通过实践活动，引领学生亲身参与到垃圾处理过程，加强学生对环境破坏的深入理解，从而树立其预防环境犯罪的意识。

（二）提高黄河流域环境犯罪的企业预防

1. 增强企业的环境保护意识

为达到黄河流域环境犯罪的企业预防目的，增强企业自身环境保护意识尤为重要，可从以下几方面增强企业环境保护意识。一是，企业应树立环保生产理念，加强环保文化建设。企业应当坚持定期组织员工环保培训，将生产经营中所适用的环保法律法规、环保准则、环保政策等，贯穿和内化在企业工作全流程中，推动形成全员参与的环保文化。从而使企业环保文化外化于行、内化于心，提升黄河流域环保意识。二是，企业应建立完善的环境保护规范，并把环境保护规范落实到日常生产管理中。三是，加强环境犯罪警示教育和宣教。企业、媒体、行政主管部门及司法部门应形成环境犯罪警示教育和宣教合力，加强环保法规宣传力度，深化公众对环保知识的了解，加强环境犯罪警示教育，提高公众环保意识。四是，为提升企业环境保护实效，

---

[1] 周一：《多元化预防大学生犯罪路径研究》，《预防青少年犯罪研究》2024年第1期。

要发挥企业员工主体性作用。企业应确立环境保护奖励机制，对于在生产过程中严格遵循环保标准的员工应当予以奖励；对于在环保生产创新和环境保护管理工作中表现突出的管理人员应予以表彰。

2. 树立绿色生产理念

首先，坚持清洁生产原则。相较于传统生产理念，清洁生产要求整个生产过程坚持"绿化生产"理念，最大程度地节约能源和保护环境，实现生产过程无污染、少污染。这就要求企业为减少污染，在生产过程中全面预防生产污染，竭力降低污染环境的风险。实践中企业污染物排放的一大根源，在于其生产设备落后及环保标准不高，这就容易产生大量有害废弃物。[1] 推行清洁生产制度需要内部和外部力量双重努力。企业应以严守生产过程无污染、少污染为目标，在生产中全方位推行清洁生产制度，加强环保生产设备建设，推动企业朝着绿色发展目标转型升级。另一方面，国家应当为企业推行清洁生产制度提供制度支撑、政策扶持、加强环保监管等多方面的帮助，从而激发企业投身于清洁生产的热情。

其次，发挥企业排污许可交易以提高企业节能减排积极性。在规定时间内，国家允许企业在可控制的标准内排放污染总量，并且允许企业对排污许可进行交易。[2] 目前，排污许可制度已在我国全面实施，允许企业在满足自身降污需要情况下，将减排余下的排污许可出售，利用先进的技术赚取其产生的利润。鉴于企业在排污时，往往考量减污及购买排污权的成本。在实践中，技术水平较高的企业往往排污成本较低。总之，国家在鼓励企业排污权交易的基础上，既可提升企业产业技术升级的积极性，又可提高污染治理效率，实现企业经济发展与环境保护的双赢。

3. 加强企业环保综合监管

首先，积极接受人民监管。企业应加强环保生产信息公开透明度，强化环境信息披露，便于公民对企业排污现状进行了解和监管，促使企业保持警觉。居民是企业排污的直接受害者，企业可以加强与周边居民的沟通，定期走访企业周边的居民，随时把握排污动态。企业可以建立完善的回访机制，

---

[1] 吴乐：《基于三级预防理论的污染环境犯罪防治体系构建》，《福建警察学院学报》2021年第4期。

[2] 姚远：《论环境犯罪及其预防对策》，《江苏警官学院学报》2019年第2期。

公示环保热线，方便公民反馈污染问题。这些举措有利于加大公民对企业生产的环保监管力度，也有利于企业优化黄河流域环境犯罪预防机制。

其次，发挥"政府主导型"的监管实效。政府应建立一套全流程的企业监管体系，加强对企业的环保监管。企业准入阶段，政府在审批企业生产经营及引进项目时，应对其环保指标进行严格审核，对不符合标准的企业坚决不予发放生产许可证。为了遏制有效污染，政府应克服地方保护主义思想，坚决打击无证经营企业，对违规企业实施高于常规企业的处罚措施，可以给予企业罚金、通报批评以及剥夺评优评先资格等处罚。同时，政府需积极加强引导企业和排污机构的合作，落实排污责任。还需着力打击非法排污机构的经营行为，建立环保领域的黑白名单制度。在企业升级阶段，出台优惠政策激励企业引进高端设备和技术以节能减排。智能时代，政府在企业周围、工业区安装预警监视系统，对企业排污实时监控，可利用监控设备提高监管效率，降低污染风险，从而有效预防环境犯罪。

最后，加强企业自我环保监管。长期以来，"政府主导型"的监管模式使得企业自我监管意识不强。有必要逐步改变外部监管方式，从政府主导转变为企业主导，激发企业自我监管的内生活力，方便企业在生产流程中实时监控各项排污指标，有利于节约监管成本，提高监管实效，及时防控环境风险。

（三）加强黄河流域环境犯罪的社区预防

黄河流域环境犯罪的社区预防旨在通过社区居民的共同参与，充分发挥社区成员的主体作用，预防或遏制黄河流域环境犯罪的发生。黄河流域环境犯罪的社区预防需要充分调动社区居民的积极性和主动性，形成全民参与、共同预防的良好局面，为预防黄河流域环境犯罪贡献社区力量。

1. 社区预防的基本思路

关于社区预防的研究，著名学者特里沃·贝内特（Trevor Bennett）主张以社区为基础的犯罪预防干预理论可以分为4种，分别是社区解体理论（Community Disorganization Theory）、社区失序理论（Community Disorder Theory）、社区赋权理论（Community Empowerment Theory）和社区再生理论

（Community Regeneration Theory）。[1]

其一，社区解体理论。社会解体理论的核心是：一个人的居住地区是其参与非法活动可能性的重要决定因素。[2]经过克利福德·肖（Clifford R. Shaw）和亨利·麦凯（Henry D. McKay）对1900—1950年期间芝加哥社区犯罪与城市地区关系的研究，使该理论进一步发展。罗伯特·桑普森（Robert J. Sampson）和约翰·劳里森（John Lauritsen）认为，造成社会组织崩溃以及各社区犯罪率差异的关键的结构性因素是低经济地位、种族异质性和居住流动性。[3]其二，社区失序理论。社区失序理论起源于1982年詹姆斯·威尔逊（James Q. Wilson）和乔治·凯林（George L. Kelling）提出的"破窗效应"（Broken Windows）假说。该假说认为，无序行为是更严重的街头犯罪等的前兆，它在社区成员中引发恐惧，削弱了社会控制力并使其螺旋式下降。犯罪预防的范围主要在于努力解决轻微的无序行为和应对其他在社区扎根并导致更严重的刑事犯罪和社会衰退之前的状况。预防行动主要通过警方和当地社区居民之间的合作完成。其三，社区赋权理论。英国社会学家Adams认为，赋权是个人、群体和社区控制其处境、行使其权力和实现其目标的能力，以及个人和集体用来帮助自己和别人最大程度地提升生活质量的过程。[4]社区赋权理论主要是指通过增强社区成员的能力、开发社区内部资源等，使社区成员能够更有效地参与到社区事务中，从而实现预防犯罪的目的。社区赋权的核心理念包括社区成员的参与、社区成员能力的提升、社区资源的开发、社区凝聚力的提高、社区环境的改善。社区赋权理论强调构建健康、积极向上的社区文化，从而从根本上解决可能导致犯罪的社会问题。其四，社区再生理论。社区再生理论是特里沃·贝内特在1998年借鉴托布（Taub）、泰勒（Taylor）和邓纳

---

[1] Sherman W. L., Farrington, P. D., Welsh C. B., et al., *Evidence-based Crime Prevention*, London and New York: Routledge, 2006, p. 166-168.

[2] Rengifo F. A., Social Disorganization [EB/OL]. (2009-12-14) [2023-07-30]. https://www.oxfordbibliographies.com/display/document/obo-9780195396607/ob0-9780195396607-0008.xml.

[3] Sherman W. L., Farrington, P. D., Welsh C. B., et al., *Evidence-based Crime Prevention*, London and New York: Routledge, 2006, p. 166-168.

[4] Robert Adams:《赋权、参与和社会工作》，汪冬冬译，华东理工大学出版社，2013，第10-20页。

姆（Dunham）的工作成果基础上提出的理论。社区再生理论并不仅仅局限于社区安全，社区的整体福祉或健康是其关注的中心问题，而安全防范犯罪是其中一个方面。[1] 社区再生理论深入探究社区犯罪预防的影响因素，在个人或财产的安全层面上，其主要关注社区经济基础的影响或其可支配的资源，以防止犯罪因素的产生。该理论还概括了提姆·霍普（Tim Hope）的"资源动员"（Resource Mobilization）范式。该范式认为，"如果社区缺乏资源来解决破坏这种凝聚力的社会和经济条件，那么仅仅促进社区的社会凝聚力可能是不够的"。

2. 社区预防的主要措施

（1）加强社区政府主导预防

社区政府主导预防，是指主要以社区政府预防为主导，以社区成员预防为主体的一种环境犯罪预防方式。这种预防方式主要通过政府为社区提供场地、资金、人员等条件，促进社区预防工作的开展。黄河流域环境犯罪的社区政府主导预防可以从如下几个方面着手：一是，政府应当为社区开展黄河流域环境犯罪预防提供足够的资金支持。政府可通过设立专项资金促进社区开展预防工作。二是，政府可以为社区提供一定的场所与设施支持社区开展预防活动。三是，政府可以联合工会、共青团等部门以社区为主体形成预防合力。在社区政府主导下，加大对黄河流域环境保护的宣传力度，提升社区成员环境保护意识，以增强社区环境犯罪预防能力。

（2）提升社区环境犯罪预防水平

通过提升不同社区环境犯罪预防水平以增强黄河流域环境犯罪预防能力。黄河流域环境犯罪预防要根据社区的条件不同而采用不同的预防方式，预防的侧重点应当区别对待。首先，加大对经济落后社区环境犯罪预防的经济支持。通过加大财政支持落后社区的经济发展，提高其经济发展实力，为环境犯罪预防提供经济支持。其次，加强对社区黄河流域环境保护的法治教育和宣传，培养其黄河流域环境犯罪预防意识。最后，加强对经济优越社区环境犯罪预防的监管力度。通过完善政府监督、社会监督和民间组织监督等方式，

---

[1] Bennett T., The Handbook of Crime and Punishment, Oxford: Oxford University Press, 2000, p. 375-376.

促进社区环境犯罪预防资源的充分整合，从而为黄河流域环境犯罪预防贡献社区力量。

（3）完善社区预防的保障机制

黄河流域环境犯罪的预防应当完善社区预防保障机制。首先，在各个社区成立黄河流域环境犯罪预防工作机构。该工作机构应当在街道党政领导之下，由基层主要负责人牵头，联合公安、教育、文化、人民团体等，针对本区域的黄河流域环境犯罪预防制定相应的工作计划，同时应当建立相应的预防目标管理机制，积极促进相应工作计划的贯彻落实。为了促进各个部门的配合，可以成立环境犯罪预防工作小组，促进不同工作部门的协调与配合。其次，建立和完善社区黄河流域环境犯罪预防专门工作队伍。要明确该工作队伍的预防工作职责，并制定切实可行的预防手段。工作队伍可以通过日常巡查、环境监测、风险评估等多元化的方式来发现并预防黄河流域潜在的违法犯罪行为。最后，建立和完善社区预防的协同共治平台。通过建立环境犯罪社区预防的信息共享平台，实现与黄河流域环境治理相关部门的信息共享与实时交流，一旦发现环境违法行为或者线索，要有快速的反应举措，能够及时查处环境违法行为。社区预防工作机构应与公安、环保、消防等部门建立紧密的协调联动机制，联手预防和遏制社区环境违法犯罪行为。还应当鼓励社区居民积极参与黄河流域环境犯罪保护工作，鼓励公众举报环境违法犯罪行为，促进社区形成共同关注、共同参与环境预防的良好氛围，进而提升黄河流域环境犯罪社区预防质效。

（四）强化黄河流域环境犯罪的家庭预防

1. 提高家庭环境保护素养

黄河流域环境犯罪的家庭预防主要是通过构建合理的家庭生长环境，通过家庭环境保护教育，培养家庭成员形成良好的环境保护素质，从家庭层面防止黄河流域环境犯罪行为的发生。家庭环境对于家庭成员的成长至关重要，良好的家庭环境有助于培养孩子的良好品德和责任感，使他们更加关注环境保护问题。稳定的家庭结构、良好的家庭环境，可以有效减少家庭成员实施环境犯罪行为的概率。提高家庭环境保护素养，可以从以下两方面着手。一方面，家长应当提高自身的法律素养和环保意识。父母是孩子的第一任老师，父母在孩子的健康成长中发挥着十分重要的作用。家长要树立绿色生活理念，倡导低碳、节能、环保的生活方式，从日常生活中做起，分类投放垃圾，减少对环境的污染；定期参加环保知识讲座、阅读环保书籍或观看相关纪录片，了解环境犯罪的危害性和严重性，增强环保意识。家长要加强学习法律知识，学习《未成年人保护法》《中华人民共和国预防未成年人犯罪法》等相关法律知识，了解我国现行法规定的父母在预防未成年人犯罪中的职责，这样可以提高家长对子女法律素质的培养能力。家长要加强学习环保法律法规，不断提升自身的思想道德修养，为家庭成员的环境保护行为起到良好的示范作用，在潜移默化中培养子女的环境犯罪预防意识。另一方面，家长应加强对子女思想道德和环保素质的培养。家长应当注重教育方法的改进，良好的家庭素质教育可以促进子女的健康成长，减少青少年实施违法犯罪的可能。对于家长自身而言，要积极参加家庭教育培训，更新家庭教育理念，提升教育子女的能力。家长应当增强子女的法律素质，教育子女遵守环境保护的相关法律，增强子女的守法观念；加强培养子女良好的心理素质，减少子女负面心理，事前预防矛盾激化，减少违法犯罪行为的发生，从而减少子女实施黄河流域环境犯罪的概率。

2. 增强家庭环境犯罪预防职责

我国《预防未成年人犯罪法》虽然对父母或其他监护人预防未成年人犯罪进行了规定，但相关规定较为模糊，在实践中缺乏可操作性。为了更好地落实家庭对黄河流域环境犯罪的预防职责，可以从以下几方面着手。首先，增强家庭的环保责任感。家长首先要树立自己的环保责任意识，认真学习环保法律法规，了解和学习环保相关的法律法规，明确环境犯罪的法律后果和法律责任。家庭成员应当认识到自己作为社会成员的责任和义务，积极参与环保活动，培养子女的环保责任感，为保护环境贡献力量。其次，加强家庭成员间监管和约束，制定明确的家庭规则。明确家庭成员在环保方面的责任和义务，如不得随意丢弃垃圾、不得购买和使用不符合环保标准的产品等，并制定相应的奖惩措施。家庭成员之间要互相监督。家庭成员应密切关注各成员的日常行为，特别是他们在网络上的活动，防止他们接触和参与非法排污、倾倒危险废物等环境犯罪活动。最后，提高父母履行监护职责的能力。在实践中存在部分家长缺乏基本的家教方法，致使其无法有效地履行抚养、教育和保护孩子的职能。家庭教育的缺失容易导致孩子走上违法犯罪道路。对于家庭监护明显缺陷致使父母不能正确履行监护职责的，政府可以为家长开展相应的培训活动，通过有针对性的培训活动，提升家长的监护能力。如我国台湾地区《儿童福利法》规定：为正确履行监护职责的父母或者其他监护人，市、县主管机关责令其接受8小时以上、50小时以下的亲职教育辅导，并收取必要的费用。对于严重放纵孩子作恶等违法行为，可以对不负责任的父母实施一定的惩戒，督促和教育父母对自己孩子要认真履行监护职责，有利于孩子健康成长。总之，加强环境犯罪的家庭预防职责需要家庭成员增强法律意识和社会责任感，积极提高环保意识，加强家庭成员间的相互监督和制约，通过家庭成员的协同合作，能够有效地预防环境犯罪的发生。

三、黄河流域环境犯罪情境预防机制的优化

情境预防是一种重要的环境犯罪预防模式，增强黄河流域环境犯罪情境预防实效，应当借鉴情境犯罪预防理论，可以通过增加黄河流域环境犯罪难度、提升环境犯罪风险、降低潜在犯罪人的环境犯罪收益、减少潜在犯罪人的环境犯罪心理刺激、消除潜在犯罪人的环境犯罪借口等措施，优化黄河流域环境犯罪情境预防机制的实现路径。

（一）增加黄河流域环境犯罪难度

1. 严格落实水资源保护"四水四定"原则

首先，建立水资源保护红线管控目标。在对黄河流域生态环境监管的过程中应当始终坚持以改善水土生态环境质量为核心，以水土资源污染源防控为重点，流域内各水利管理部门应当从源头上严防开发用地扩张与流域水生态空间格局不匹配的问题。在水资源保护的过程中应建立水资源保护红线管控目标分解落实机制，完善水生态保护红线管控制度，健全水生态空间开发保护规范，有利于引导和约束城镇发展规划与水土资源布局的协调发展。各级水利管理部门应当严格黄河沿岸排污监督管理的审批权，加强跨区域部门间的协调合作，积极开展检查监督工作，规范黄河沿岸水资源管理。同时，流域内各水利管理部门应当加强联合执法检查，强化流域交界处管理，拓宽区域间监管力度。针对执法过程中发现的问题，要向流域内相关省级水利管

理部门发布公告并及时向有关省（区）通报。[1]

其次，根据"四水四定"原则建立水资源保护约束制度。在水资源开发利用的过程中，坚持"四水四定"原则，建立水资源保护刚性化约束制度，实现水资源的法治化和规范化管理。该制度主要包括"四水四定"的监督制度、奖惩制度、评价与考核制度以及相关法规和管理办法。在制定"四水四定"制度的基础上，应当处理好与现有的取水许可制度、节水评价制度、排污许可制度、河长制度等相关制度的区别和联系。例如山东省东营市2023年4月制定的《东营市节水控水管理办法》，为"四水四定"提供了制度依据。如宁夏回族自治区出台的《宁夏回族自治区用水权市场交易规则》，探索金融支持用水权改革的路径并规范用水权市场交易行为。[2]

水资源保护的"四水四定"原则，即以水定城、以水定地、以水定人、以水定产。根据"四水四定"原则，结合黄河流域环境犯罪预防实情，建立水资源保护约束制度可以从如下几方面着手：其一，根据水资源承载能力优化城市发展的空间布局，防止城市无序扩张。其二，严格黄河流域水土规划用途管理。根据区域水资源承载能力确定土地开发上限，确保土地利用规模适应区域水资源保护红线。其三，在人口增长和迁移方面，为实现水资源的可持续利用，应当避免过度开发而导致水资源短缺现象的发生。其四，在产业布局和生产规划中，应根据水资源保护红线确定产业结构和生产规模，促进产业结构的绿色转型和发展。

2. 加强企业排污监督力度

首先，企业应当建立在线环境监督系统。黄河流域监督管理部门应当依托互联网、大数据以及人工智能等现代科学技术，针对辖区内的重点排污企业建立在线环境监督体系。加强对黄河沿岸小微企业的环境管理，尤其要重视对企业生产链的闭合管理。对于高污染环境的企业，当地环保相关管理机关可以要求其建立和完善企业台账制度，对于企业原料进厂、产品出厂、污染物排放等行为建立相应的电子台账，对于企业延时登记台账或者虚假登记

---

[1] 杨文博、张颖、李昊、张军献：《强化黄河流域入河排污口监管的措施和建议》，《人民黄河》2012年第11期。

[2] 褚俊英、李孟泽、周祖昊、周添红、全满新：《水资源保护利用"四水四定"的创新管理模式》，《水资源保护》2024年第2期。

台账的行为应设定相应的行政处罚[1]，从源头端预防企业实施环境违法犯罪行为。其次，黄河流域环境保护部门应当加强环境专项调查工作。黄河流域环境保护部门要常态化开展环境专项调查工作，并逐步扩大环境专项调查的范围，将专项调查的范围拓展到其他水生物、水资源、天然砂等水上违法犯罪行为的治理当中。在环境监督的过程中，可以利用现代信息技术对已有的黄河流域环境资源数据库进行扩容，实现对黄河流域生态安全风险的动态监管，从而及时发现和预防黄河流域环境污染犯罪。[2]最后，沿岸的政府管理部门应当积极推动产业结构的低碳生产和绿色发展。黄河流域沿岸企业应当积极推进绿色转型升级，大力发展绿色新型产业，减少污染物的排放。通过环保部门与企业的协同合作，促进黄河流域生态环境的高水平保护和高质量发展协同推进[3]，进而从根源上预防黄河流域企业环境违法犯罪的发生。

3. 建立环境审计云平台

为了进一步提升黄河流域生态环境治理的效率和精准度，可以构建黄河流域生态环境审计云平台。这一平台的建立，能够动态上掌握环境资源数据，并能够对环境资源实况进行统计分析，可以从多个维度对集中采集的环境资源数据进行深度整合与处理，打破以往各个部门间的数据壁垒，实现环境资源数据的共享与集成，形成强大的数据集成效应，为黄河流域生态环境有效保护提供依据和指导。利用环境审计云平台，将黄河流域生态环境治理的各责任主体建立数据接口，流域生态环境审计大数据中心通过该接口可直接访问各责任主体的平台数据，进而实现对数据的实时传输、实时审计。[4]水利部及其相关部门利用审计云平台汇聚的环境实况信息进行分析和处理，加强环境审计云平台数据的整合和利用。应明确各区域、各层级的环保部门权限，

---

[1] 焦艳鹏：《论污染环境犯罪多元治理机制构建的关键性问题》，《政法论丛》2024年第1期。

[2] 叶小琴、李静：《重要江河环境犯罪系统治理的优化》，《中国人民公安大学学报》（社会科学版）2022年第6期。

[3] 李海生：《黄河流域生态环境问题系统识别与展望》，《环境科学研究》2024年第1期。

[4] 孙芳城、蒋水全、尹长萍：《长江流域环境审计协同治理：一个理论框架》，《财会月刊》2022年第3期。

加强各部门之间的合作。通常情况，黄河流域水利管理机构具体负责水资源调度、水沙调控和水旱灾害防控基础性事务[1]；各省黄河流域生态保护和高质量发展议事协调部门应当统筹全局、协调跨地区跨部门重大环境事项。黄河流域环境管理有关部门通过对审计云平台信息分析与整合，能够更加精准地锁定黄河流域环境疑点和线索，无论是污染源的追踪，还是生态破坏的评估，都能得到更加准确和全面的环境实况数据支持，为黄河流域生态环境保护和治理提供更加精准和有力的保障。

（二）提升黄河流域环境犯罪风险

1. 加大环境犯罪惩处力度

黄河流域环境犯罪涉及面较广，为了更好地预防黄河流域的环境犯罪，可以根据黄河流域上中下游生态环境的特点，建立和完善黄河流域跨区域办案的协同配套机制。对于流域内案件状况类似的案件，应当维护全流域生态环境案件裁判的一致性与整体性，从而在更大范围内促进黄河流域生态环境协同司法保护。[2]一方面，应分类构建跨区域集中管辖以及常态化司法协作机制以促进黄河流域司法机制的创新。在黄河流域范围内建立跨省联防联控机制，针对黄河流域内的重大环境污染行为应当及时查处和惩治，通过联防联控可以增强跨区域环境犯罪的打击效率。加强黄河流域范围内河长制的细化应用，推动不同地区河长制组织体系、制度体系、监督考核等方面的协调统一，对于市界、省界交汇处，应推广"联合河长制"在跨界河流治理中的应用。[3]完善黄河流域的跨界区域的环境综合治理，各省区可以针对黄河建立河湖健康档案，对流域环境进行健康评价，从而有利于预防和遏制黄河流域环境犯罪的发生。另一方面，通过创新黄河流域生态环境犯罪协同查处机制以健全黄河流域司法保障。人民法院应当创新黄河流域生态环境犯罪查处

---

[1] 廖建凯、杜群：《黄河流域协同治理：现实要求、实现路径与立法保障》，《中国人口·资源与环境》2021年第10期。

[2] 胡道才：《司法助力黄河流域生态保护和高质量发展》，《中国应用法学》2021年第6期。

[3] 王腾：《黄河流域环境资源犯罪的空间分异与司法应对》，《湖北社会科学》2023年第3期。

机制，各地人民法院可以通过司法机关与行政机关的合作，提升流域内违法犯罪行为的查处力度，也可以通过建立基层司法联络室等方式来促进流域内违法犯罪查处机制的创新。由于黄河流域生态环境司法治理具有复杂性，司法人员不仅需要专业的法律知识，而且还应当具备一定的生态环境保护专业知识。因此，创新黄河流域生态环境犯罪协同查处机制，需要提升黄河流域环境治理司法协作队伍的专业化水平。在提升司法工作队伍质量方面，司法机关可以与环境保护组织以及高校联合培养环境保护方面的复合型人才，提升黄河流域生态环境犯罪惩治工作队伍的素养。

同时，应强化环境治理的执法力度。环境犯罪具有危害面广、调查取证难度较大等特性，在环境治理过程中，如果仅依靠某个部门的力量，很难从根本上解决环境资源犯罪问题。因此，在环境犯罪查处中，公安、环保、林业、工商等职能部门应当充分整合现有的环境资源信息，建立联合执法机制，健全以信息共享、线索移送、共同配合、共同预防为主要内容的行政执法与司法衔接制度。[1]一方面，环境保护相关部门应当充分发挥督察和监管作用，对于公众投诉举报的信息应当及时地进行查处，对于地方政府在生态环境治理中出现的不足应当督促其及时改正。[2]另一方面，应加大对破坏生态环境行为的执法力度。对于流域内一般的违法犯罪行为应当及时进行行政处罚，对于流域内重大或者复杂的污染环境的行为，环境保护部门应当及时向公安、检察等机关移交相应的犯罪线索，通过公安、检察、环保等部门的协同配合，形成打击黄河流域环境犯罪的合力，从而起到预防黄河流域环境犯罪的良好效果。

2. 加强潜在环境犯罪行为的监督

第一，加强黄河流域各省区环境管理部门对流域内企业排污情况全程监督检查。在黄河流域环境犯罪的预防中，各省区环境管理部门应当对排污严重的产业采用事前、事中和事后全程监督。事前监督，是对于流域内的高耗能、高污染企业，环境保护部门应当采用多种多样的形式对其加强行政指导和监

---

[1] 李剑、蔺学文：《危害生态环境资源犯罪的成因及惩防之策》，《人民检察》2013年第10期。

[2] 王冰、刘启立：《四方面惩防跨地区倾倒固体废弃物》，《检察日报》2018年8月5日第3版。

督检查，对于可能出现的污染行为应及时通过行政指导的方式使企业进行改进。事中监管，是黄河流域生态环境管理部门对于沿岸企业的日常生产行为，可以通过环保检测设备和大数据技术进行分析，对企业生产经营过程中的行为进行监督管理，如果发现相应的违法行为应当及时制止。事后监管，是黄河流域生态环境管理部门在执法的过程中发现企业违反环境保护法律法规，应当及时通过相应的行政手段予以惩戒，通过事后监督可以及时制止潜在违法行为的升级。另外，各省区黄河流域环境管理部门对于流域内各企业排污情况要提高监督管理能力。应当对本区域的纳污能力进行科学的核定，实施严格的环境准入，强化对水土污染源头的防控，进一步建立区域差别化环境准入机制。[1]加强对入河排污口的审批管理，严格控制入河排污总量。

第二，鼓励人民群众参与监督。黄河流域生态环境的治理不仅需要政府积极有所作为，而且还需要发挥人民群众参与环境犯罪预防的重要作用。一方面，政府应当把环境治理理念由管控治理向协同共治的治理方式调整。长期以来，我国行政管理机关在环境治理中发挥着十分重要的作用，但是，很必要积极引入群众力量共同促进黄河流域生态环境治理。在黄河流域生态环境治理中，环境保护部门应当充分利用现代网络、微博、微信等互动交流平台扩宽群众的环境利益表达渠道，为群众参与环境治理提供保障。相关环保机关要不断提高环境决策的民主化和科学化，提升群众参与环境治理的能力与水平。[2]同时，针对公众举报的黄河流域环境犯罪问题，有关机关应当及时进行查处，对于侦破案件有功的举报人应当给予奖励。相关部门针对获取的线索应当进行统一集中管理、定期清理和分析处理，实行报上一级检察院备案等制度，防止有案不办、压案不查现象的发生。[3]另一方面，要鼓励人民群众积极参与黄河流域环境犯罪预防。应当充分发挥各类社会组织以及广大人民群众的作用，让人民群众参与到环境治理行为之中可以对政府和企业

---

[1] 许继军、陈述：《新时期长江流域水资源保护利用管理体制机制研究》，《长江科学院院报》2022年第7期。

[2] 潘加军：《协同治理视域下公民环境权益保障研究》，人民出版社，2022，第137页。

[3] 王治国：《坚持惩防并举回应社会关切服务科学发展》，《检察日报》2013年10月24日第1版。

的生态治理行为起到很好的监督作用。[1]人民群众可以在工作日以外的时间担任巡河员、治河员，弥补政府在黄河流域环境犯罪预防中的时间空当，也可以对政府的环保监管职责起到监督作用，还可以弥补环保相关部门监督缺位，增强环境犯罪的全方位预防。通过政府与人民群众的协同预防，能够增强对环境犯罪的监管质量。

3. 搭建环境管理智慧化系统

提高环境犯罪风险是有效预防和遏制环境犯罪的有效措施，而建立环境风险预警管理智慧化系统是提高环境犯罪风险的重要举措。智慧社会背景下，黄河流域环境治理应当注重智慧化、高效化的管理方式，这是推动管理模式从"技术智能化"向"管理智慧化"转变。实现环境管理智慧化转变需要一系列信息技术来支撑，也需要建立一套切实有效的环境管理智慧化系统，作为黄河流域治理技术实施效果的重要保障。[2]搭建环境管理智慧化系统可以从如下两方面入手。一是，构建一个立体式的管理智慧化系统对全流域生态环境实施全方位、动态化监管。合理规划和分配管理系统，在管理系统中明确流域环境资源总量控制与定额管理指标体系，根据管理系统中设定的管理指标对黄河流域环境资源进行实时的智能化监控。依托管理智慧化系统设置环境风险预警模块，实时监测环境实况，一旦监测到环境异常能够立即发出风险预警，便于环保相关部门应急处理环境风险，及时遏制环境违法行为。同时，需要设置黄河流域水环境智慧诊断评估模块，帮助我们更好地管理流域水环境，对流域水环境进行全面的健康评估，找准潜在的风险和隐患。二是，加强流域环境管理智慧化系统中环境信息整合与共享。黄河流域环境管理机构要统筹和加强黄河流域协同治理的顶层设计，要针对智慧管理系统预警的黄河流域环境问题开展跨学科、跨领域、跨层次的联合研究，从而提升黄河流域系统协同保护能力。[3]同时，黄河流域环境管理机构可以依托管理智慧

---

[1] 叶小琴、李静：《重要江河环境犯罪系统治理的优化》，《中国人民公安大学学报》（社会科学版）2022年第6期。

[2] 迟国梁：《关于新时代流域水环境治理技术体系的思考》，《水资源保护》2022年第1期。

[3] 李海生：《黄河流域生态环境问题系统识别与展望》，《环境科学研究》2024年第1期。

化系统搭建全流域信息共享智慧平台，对智慧平台承载的流域环境信息进行收集、分析和处理，并可以随时浏览和获取，从而实现黄河流域内的环境信息共享。

（三）降低潜在犯罪人的环境犯罪收益

1. 完善环境犯罪刑罚措施

首先，黄河流域环境犯罪的惩罚可以适当扩大罚金刑的适用范围。从经济学的角度来说，对实施黄河流域环境犯罪的行为人适用罚金刑的成本远远低于对其实施有期徒刑的惩罚成本。针对一些较为严重的环境犯罪行为可以实施惩罚性赔偿，通过提高赔偿金的数额来降低行为人实施环境犯罪的可能性。针对环境污染犯罪，可以适当实施惩罚性赔偿，增加环境犯罪中罚金刑适用的权威，从而使其获得与罚金刑相同的法律地位与性质。[1]

其次，单位环境犯罪处罚可以增加资格刑的适用。长期以来对于单位环境犯罪的处罚方式较为单一，仅适用罚金一种处罚方式。黄河流域环境犯罪的实施主体多为企业，由于对企业即单位这一犯罪主体惩罚力度不足，致使企业为了谋求较大的经济利益而不惜以破坏环境为代价，通过较低的罚金代价来谋求单位较大的利益，这种单一的处罚方式在一定程度上纵容了企业实施破坏环境的违法犯罪行为。因此，针对单位实施环境犯罪行为可以增加资格刑的适用，通过多元化的处罚方式以降低单位实施环境犯罪行为的可能性。

最后，环境犯罪处罚可以增加行为刑适用。环境犯罪分子在责任承担方式上，除了适用罚金刑以外，还可以适用行为刑。长期以来我国对环境犯罪分子往往判处罚金刑，即企业缴纳相应的罚金即可案结事了。由于环境犯罪适用附加刑不足，导致黄河流域环境犯罪持续增加。因此，在黄河流域环境犯罪的处罚上，也可以适用行为刑，如责令犯罪分子或企业恢复被破坏的水质、植被等。通过对环境犯罪分子、企业适用行为处罚，能够大大降低环境违法犯罪的可能。同时，在黄河流域环境犯罪责任的追究上，应当坚持恢复性司法理念。恢复性司法理念注重当事人共同参与解决犯罪所造成的后果，同时也应当创新恢复性措施。例如，巴西玛瑙环境法院的法官就有许多创新

---

[1] 谢登科：《环境犯罪罚金刑适用的困境与出路——基于东北三省209个案例的实证分析》，《知与行》2020年第5期。

方式：犯罪人可以选择去上环境夜校、造成环境污染的巴士公司可以张贴环保广告、偷猎者可以为野生动物保护机构做志愿工作、违法开发商和滥伐者可以去翻新公园或植树等。[1]另外，在恢复性措施标准的构建上，在黄河流域范围内应当构建统一的恢复性措施，确保恢复性措施可以真正发挥其应有的作用，从而更好地实现环境修复的目标。[2]

2. 完善刑事责任追究方式

首先，完善黄河流域环境污染立案标准。《刑事诉讼法》第109条规定：公安机关或者人民检察院发现犯罪事实或者犯罪嫌疑人，应当按照管辖范围立案侦查。目前的立案标准并不太适合于对黄河流域环境犯罪的刑事责任追究。其一，刑事案件立案的标准不仅要有危害社会的犯罪行为发生而且还需要相应的证据材料加以支持。是否有犯罪事实是需要通过调查才可以发现的，但黄河流域环境犯罪具有复杂性，在立案阶段收集相关证据材料会受到多种因素的影响，造成立案困难。其二，由于黄河流域环境犯罪行为往往在空间上具有跨区域性，危害后果具有滞后性，这些特征为侦破环境犯罪案件带来很大的难题。其三，如果仅追究刑事责任的案件才能进入刑事诉讼程序，容易造成惩罚滞后、以罚代刑现象。如果只有追究刑事责任的案件才能进入刑事诉讼程序，将会给环境犯罪嫌疑人带来可乘之机，容易造成行政责任与刑事责任惩治的混淆，容易导致以罚代刑的处罚问题。因此，应当明确严重破坏环境的实质含义，对环境犯罪案件的立案标准进行细化规定，从而实现刑法保护环境的目的。[3]

其次，完善黄河流域环境犯罪刑事责任的追究方式，加强适用责任推定原则和举证责任倒置原则。在刑事公诉案件中，应当由人民检察院承担举证证明责任，但环境犯罪不同于一般的刑事犯罪，其在因果关系的认定上较为困难和复杂，仅仅依靠传统的刑法理论或者办案经验很难查明案件事实。对于污染环境案件来说，其证据的取得往往较为困难，由于侦查机关很难获得足够的证据，检察机关在审查起诉后只好做出不起诉决定，即使检察院在证

---

[1] 乔治（洛克）·普林、凯瑟琳（凯蒂）·普林：《环境法院和法庭：决策者指南》，周迪译，中国社会科学出版社，2017，第78页。

[2] 陈珊：《水生态环境犯罪刑事法治体系研究》，法律出版社，2016，第123-124页。

[3] 同上。

据不足的情况下提起公诉，人民法院审理案件时也会因证据不足宣判无罪，致使犯罪嫌疑人逃脱法律的制裁，甚至会纵容犯罪嫌疑人继续实施环境犯罪行为。为了更好地发挥刑罚预防环境犯罪的功能，在污染环境犯罪责任承担的责任证明上，不应当采用直接认定因果关系的方式，而是实行责任推定原则，即对于环境污染行为与环境犯罪后果之间因果关系的认定上实行推定原则。

最后，应建立健全环境危险犯的刑事责任追究机制。目前我国环境犯罪刑事立法上，对环境犯罪仍然实行结果本位主义，即只有造成严重环境污染的破坏行为才成立犯罪。如此看来，如果行为人实施了环境污染的犯罪行为，但没有造成严重后果便不成立犯罪，不用承担刑事责任。对于环境犯罪仅实行结果本位主义的责任追究方式，这必将错过对于环境犯罪的行为犯和危险犯的刑事责任追究，由此导致行为人实施了危害环境的犯罪行为，由于该行为未能造成严重的危害后果就可以免予追究刑事责任，那么刑罚在预防环境犯罪方面的特殊预防功能将很难得到发挥。为了更好地预防黄河流域环境犯罪，在立法上应当完善刑事责任追究规范，有必要增加对环境危险犯的刑事责任追究规定，对实施了危险行为但未造成严重的环境危害后果的行为人，也应当追究其刑事责任，从而发挥刑法惩治环境犯罪危险犯的先期预防作用。[1]

（四）减少潜在犯罪人的环境犯罪心理刺激

20世纪80年代早期英国情境犯罪预防理论的主要倡导者罗恩·克拉克曾提出，减轻压力、避免冲突、减少情绪冲动、消除同伴压力以及减少犯罪模仿都是减少犯罪心理刺激的有效措施，对环境犯罪预防具有一定的借鉴意义。[2]例如，云南亚洲象群北迁之事，曾给沿线村落带来了巨额经济损失，导致象群的生活轨迹与沿线居民区发生了激烈的冲突，如果不及时有效地适当干预和引导，就可能会发生当地居民伤害或猎杀野生大象等违法犯罪行为，于是当地政府采取全覆盖野责险的方式，由当地政府投保，及时缓解和抵消

---

[1] 郭建安、张桂荣：《环境犯罪与环境刑法》，群众出版社，2006，第448页。

[2] 罗猛、李穆阳：《情境预防：致力减少犯罪机会》，2014年2月11日，https://news.sina.com.cn/o/2014-02-11/064029432259.shtml，访问日期：2024年9月20日。

了当地居民的不满情绪,这有效地解决了人与象群之间的矛盾。[1]云南亚洲象群北迁之事,由于当地政府及时正确的干预和处理,有效减少潜在犯罪人的犯罪心理刺激,从而预防犯罪的发生,具有一定的借鉴意义。结合情境犯罪预防理论,通过减少潜在犯罪人的环境犯罪心理刺激达到预防环境犯罪的目的,可以从如下几方面着手。

1. 减轻人民群众压力

许多暴力犯罪的导火索仅是一些日常琐事,如服务态度恶劣,长时间的排队等候以及少数无礼貌群众的插队等状况,这些状况会在无形之中增加人民群众的压力值,一旦达到临界值就容易爆发,甚至会引发暴力事件。为此,相关部门可通过营造社会环境氛围、精简办事程序和提高服务质量等外部手段,缓解群众无处安放的压力,从而达到预防犯罪的目的。倘若人们在社会中所得到的负面情绪大于正向情绪,则犯罪率将节节攀升。例如,如果垃圾处理的程序太过复杂或过于昂贵,人们将倾向于将废物非法倾倒,因为繁杂程序和高昂费用显然增加了人们生活成本,这将给人民群众带来负面情绪,最终导致人们选择非法倾倒或排放废物。又如,现实中建筑废物、医疗废物或其他废物的处理程序复杂、过程漫长、价格昂贵,人们易对合法排放废物产生抵触心理,这种抵触情绪驱使人们采取最简便、最廉价的处理方式,将垃圾直接倾倒在偏僻场所。再如,国外有些国家对狼、熊等野生动物的保护比对人保护得还要好,即便狼把家畜吃了也不能杀死狼。这使得当地居民非常沮丧和愤怒,这种愤怒情绪引发非法捕猎现象。

综上所述,在预防环境犯罪保护环境中,不能仅考虑环境保护力度,还需要关注环境保护的合理性与人们对环境保护的认可度是否平衡,否则无论程序设置得如何精密、保护的力度如何强劲,可能都无法实现环境保护的最终目的。

2. 消除同伴压力

人具有社会属性,通常人们的行为会受到同伴不同程度的影响,即"近朱者赤,近墨者黑"。在日常生活或社会活动中,由于许多人缺乏坚定的意志

---

[1] 高佳:《云南野象群北迁破坏以经济农作物为主,保险已赔付506.92万》,2021年6月29日,https://baiji-ahao.baidu.com/s?id=1703906484960623904&wfr=spider&for=pc,访问日期:2024年9月20日。

或过于在乎同事、同伴评价以致难以拒绝他们的一些不合理要求而造成违纪或违法。现实社会中不难发现许多罪犯最初并没有犯罪意图，而是在同伙或上级的引诱或逼迫下产生犯罪意图，并实施了犯罪行为。同理，在环境犯罪的预防中，应当不断提高思想道德素养，遵纪守法，重视消除同伴给予的压力并在实践中贯彻落实。就企业环境犯罪预防而言，由于企业高管之间存在激烈竞争，导致高管们一味追求经济效益，在产品设计和生产、销售等过程中忽视环保意识，导致企业以牺牲环境为代价获取较大的经济效益。以此为鉴，企业应当在追求高额利润的同时，也要坚持绿色生产理念，加强环境保护意识，消除或避免同行竞争的压力，不要仅关注经济效益而不顾环境保护，要坚持"经济效益和环境保护"兼顾，实现企业的绿色发展。

3. 避免人与环境冲突

黄河流域具有丰富的野生动物资源。以水生生物为例，据不完全统计，黄河流域有鱼类130种，底栖动物38种（属），水生植物40余种，浮游生物333种（属）。流域内分布有秦岭细鳞鲑、水獭、大鲵等国家重点保护野生动物。目前，黄河流域已建立水生生物、内陆湿地自然保护区58处，其中国家级自然保护区18处，国家级水产种质资源保护区48处。[1] 2002—2018年黄河流域耕地增加88.21 hm²，增加速率5.18万 hm²·a-1；青海段减少 5.36万 hm²，减少速率为0.20 hm²·a-1；甘肃段增加18.89万 hm²，增加速率为1.05万 hm²·a-1；宁夏段增加29.93万 hm²，增加速率为1.87万 hm²·a-1；内蒙古段增加44.74万 hm²，增加速率为2.46 hm²·a-1。[2] 黄河流域日益增加的耕地面积和野生动物保护之间存在难以避免的隔阂，因而在人和野生动物之间出现利益冲突也无可避免。为了保护生态环境，国家采取退耕还林、封山禁牧、草场限牧、禁猎等环保措施使得生态环境得以恢复和保护。很多地方都出现丛林茂盛、草场植被恢复、野生动物增多等生态环境好转的现象，但是，随之

---

[1] 生态环境部、农业农村部、水利部：《关于印发〈重点流域水生生物多样性保护方案〉的通知》，2018年4月3日，https://www.gov.cn/zhengce/zhengceku/2018-12/31/content_5437798.htm，访问日期：2024年9月20日。

[2] 韩春雷、沈彦俊、武兰珍、郭英、陈晓璐：《基于时序MODIS的黄河上游2002—2018年耕地时空变化特征分析》，《中国生态农业学报（中英文）》2021年第11期。

而来，出现了野猪、野鸡、野兔等野生动物糟蹋庄稼的现象。鉴于此，为了避免黄河流域沿岸的人民群众与野生动物之间的冲突升级，可以建立生态补偿机制，将野生动物造成的损害纳入生态补偿机制，实现野生动物保护与人民利益保护的平衡，从而实现人与自然环境和谐共生。

4. 减少情绪冲动

合理的情绪波动是人们在生活和工作中的正常表现，并不会带来什么危险，但是，有些情况下人们产生较为极端的情绪波动，将会带来一定的社会危险性。例如，由于青少年心智尚未成熟，面对淫秽和暴力内容的视频、图画和网络游戏时会产生较大的情绪波动，容易产生暴力和色情等违法倾向。尽管情绪冲动引起的犯罪多为暴力犯罪，很少会引起环境犯罪，但是也有例外。例如，患有纵火癖的人，他们时刻存有纵火的欲望，一旦暴力犯罪，就会对生态环境带来极大损害。因此对患有纵火癖的人应尽早发现为宜，可以在儿童体检中加入心理检查，通过与心理学家的交谈来及时发现纵火癖的倾向。[1]对动物的性骚扰是另一种常见的生态犯罪，也是由于强烈的情绪冲动引起的。此外，在一些虐待动物的案件中，如清华学生泼硫酸虐熊案，黑龙江中年妇女用高跟鞋虐猫案，墨镜男子活活肢解野驴案，温州江心屿景区四五名男女美工刀活剥猫皮案，行为人不仅仅表现为情绪冲动，更多的是存在心理障碍和精神障碍。一些行为人天生具有暴力倾向，但多数是由于工作和生活带来的巨大压力无处释放，从而以虐杀弱小的动物为乐或哗众取宠。对于这类行为人，应当及时对其进行精神疏导，使其生活和工作的压力通过其他正当的渠道得到发泄，通过减少情绪冲动以减少犯罪心理刺激。

5. 减少环境犯罪模仿

减少环境犯罪模仿对于黄河流域环境保护至关重要。根据威尔逊和凯琳的"破窗理论"，如果一个小过错所带来的负面影响不能被快速消除，会引发

---

[1] OrganizedWisdom.Resourcedocument[DB/OL].http://organizedwisdom.com/helpbar/index.html?return=http://organizedwisdom.com/Pyromania&url=www.usfa.dhs.gov/downloads/pdf/publications/fa-239.pdf.Accessed17Apr2014.[206]POPCenter.Resourcedocument[DB/OL].http://www.popcenter.org/25techniques/.Accessed5Mar2014.

一系列的模仿行为，甚至带来更为严重的违法行为。[1]现实中发现，一个被涂花了的长凳与完好的长凳相比，更容易被人损坏；一个社区如果刚出现乞讨、盗窃、诈骗等迹象而不及时采取措施，将会导致该类行为的增加，从而恶化社区环境。与此相反，如果对于轻微环境违法行为能够给予及时和适当的处理，则会在很大程度上避免后来者的环境违法模仿行为，也会营造一种祥和的环境氛围。众所周知，新加坡是一个拥有严格环境法律的袖珍国家。它的街道非常干净整洁，很少有非法倾倒垃圾的问题，就连运行状况不佳的船只也不会在新加坡港口停留，因为新加坡对危害环境的处罚具有比其他任何地方都严厉的制裁。[2]尽管是通过严厉的环境制裁手段营造出一种环境友好的社会面貌，但是这种环境氛围能够督促新加坡居民自觉遵守环保法律法规，自觉维护良好的环境。可见良好的环境氛围可以相互感染，不良的环境氛围也同样可以相互感染。如果不能及时制裁环境违法行为以及消除轻微环境违法行为造成的影响，就会有更多、更严重的环境违法行为发生。因此，根据"破窗理论"，应当及时消除轻微环境违法行为的不良影响。另外，为了减少环境犯罪模仿，预防环境犯罪发生，保护环境应当从小事做起。比如，对被随意堆放的废弃物及时进行清理处置，防止其他人在周边继续堆放；对被破坏的保护区围墙进行修复，以防止其遭受更为严重的侵害；对偷猎者进入森林的道路进行封锁，防止后来的偷猎者再次进入森林等及时保护环境的措施。

（五）消除潜在犯罪人的环境犯罪借口

1. 提高环境保护法律意识

犯罪分子在做出违法行为后往往会利用种种借口为其违法行为寻求合理化依据，或因当时的法律规范不明确，或因不知道自己的行为是否违法等理由，以抵消其内心的耻辱感，从而果断地实施环境犯罪行为。为避免现实中

---

[1] 破窗理论也叫破窗效应，该理论认为一扇窗户被打破，如果没有修复，将会导致更多的窗户被打破，甚至整栋楼被拆毁。由美国政治学家威尔逊和犯罪学家凯琳观察总结的"破窗理论"指出，环境可以对一个人产生强烈的暗示性和诱导性。

[2] Ekblom P., *Situational crime-prevention*. In: McLaughlin E., Muncie J., *The sage dictionary of criminology*, London: Sage, 2006, pp. 383-385.

环境违法者以不知情、不知法为借口大肆脱罪的情形发生,为有效预防黄河流域环境犯罪,应从黄河流域居民和企业的环保意识提升入手,采取两方面措施,消除潜在犯罪人的环境犯罪借口。

首先,加大环境保护普法教育,帮助黄河流域居民和企业知法。由于黄河流域环境犯罪主要集中于中西部不发达地区,那里的居民受教育程度普遍不高,对环保法律法规比较陌生,基本上不知道动植物属于国家法律保护的范围,也不清楚什么样的行为属于环境犯罪行为。例如,贵州省剑河县的一起滥伐林木案件,被告人因滥伐林木罪被检察机关提起公诉。人民法院经审理,查明被告人在"盘马"山场滥伐林木25.788立方米,是因为其自家的稻田被该片林木遮住了采光,影响了水稻生长,其滥伐林木并非为了其他个人私利。经调查发现,当地居民并不知道砍伐林木需要办理相关证件,更不知道其滥伐林木行为已经触犯了刑法,构成了犯罪。[1]因此,为减少上述情形的发生,有关部门应当明确环境保护的具体规则,加强黄河流域环境保护的普法教育和宣传,通过村委会、居委会为流域内居民发放宣传手册,通过多媒体平台宣传环保法律知识。重点开展《黄河保护法》《环境保护法》等相关环境保护法律的宣传教育,使人民群众深刻意识到保护环境、保护生态的重要性,深入了解到破坏生态资源的后果。加强对环境犯罪高发地区的法规宣传和典型案例讲解工作,使流域内居民认识到环境保护的必要性,并扭转相关法律法规束之高阁的尴尬局面。政府部门应支持企业的环保事业,加强对企业高层管理人员和员工进行强制性的环保教育培训。通过环境保护普法教育可以防止潜在犯罪人以不清楚环保法律规范为借口做出犯罪行为。

其次,引导和帮助黄河流域居民和企业守法。为实现环境犯罪预防,可以创造良好的环保氛围,使潜在的犯罪分子放弃实施污染环境行为转而实施守法行为。例如,在流域内公共场所提供更多的免费卫生间,可以有效减少随地大小便的行为;又如在街道上设置更多的垃圾箱,可以有效减少乱扔垃圾的行为。可以通过降低环保成本,实现犯罪预防的目标。例如,增设废物回收站,降低污水处理设施和废物处理费用并建立完整的废物回收处理流程线,降低企业排污成本,从而使得企业自主选择环保排放。政府可以通过财

---

[1] 贵州省剑河县人民法院刑事判决书〔2014〕剑刑初字第0108号。

政手段为企业排污设备的安装维护、污染治理技术指导以及技术人员培训等工作提供环保便利条件，从而增强企业的环保能力。可以通过增加环保收入促使环境保护落地生根。以生态旅游为例，在生态环境优良的地区大力发展旅游事业，从而给流域居民带来正向收益，有利于引导流域内居民和企业保护环境。另外，可以发挥环保先进个人的模范带动作用，引导人民群众守法。对于环境保护作出贡献的有关组织和个人给予相应奖励，并大力弘扬这种环保精神，积极引导人民群众参与到环境保护行动中来，形成良好的环保氛围，以此降低环境犯罪的发生。

2. 发挥环境违法警示教育作用

为预防和抑制黄河流域环境犯罪，通过环境违法警示教育手段唤醒行为人的环保良知也是一种可行方案。有关部门通过张贴告示来预防环境犯罪的方式在日常生活中已经较为普遍。这里所说的张贴告示是指将有关的公共行为准则张贴于特定场所，以最直观的方式使人们知晓相关环境保护的禁令和要求，减少不知法而违法的情形。例如，随处可见的"禁止乱扔垃圾""禁止吸烟""禁止停车"等告示牌。采取张贴标语、设置警示标牌、播放警示语等环保警示措施，可以使人们清楚地知道指定区域的环保规则，有利于低成本预防环境犯罪行为。我们经常看到自然保护区、公园或森林周边等地点张贴警告标志；在海关、港口等实施走私废物或进口固体废物犯罪行为的地点也增加警告标志，并加强对此类违法行为的道德谴责。此外，对于具有环境违法记录的公司，可以建立"被害人定期会面"机制，即安排公司高管或法定代表人与受其排污行为影响的被害人定期会面，有利于环境违法公司的管理者深入了解排污行为给被害人的生活和工作造成的不良影响和利益损害，使加害公司深入意识到环境违法造成的危害后果不是仅仅依靠金钱就能消除影响的，从而增强企业的环保意识。还需要说明的是，仅有警告标志还不够，可通过在指定区域增设具有检测功能的雷达系统、探头等监视设备，检测破坏环境行为，明确惩罚内容，提示其所要面临的惩罚，加强环境违法的警示力度。

本章小结

环境犯罪不仅会导致受害人的人身、财产、环境等方面合法权益受到侵犯，还会严重破坏生态环境，进而产生不可逆转的后果，仅仅通过刑罚措施难以全面修复生态环境。因此，在黄河流域环境犯罪治理上，应高度重视环境犯罪预防工作，不断优化黄河流域环境犯罪预防机制，从源头端遏制黄河流域环境犯罪行为的发生。依据环境犯罪预防及相关理论，有效预防黄河流域环境犯罪，应坚持社会预防和情境预防并用的预防思路，不断提高环境犯罪治理实效。

在社会预防方面，应当充分利用多元化的手段，通过发挥政府、学校、企业、社区、人民群众以及其他组织的力量来共同防止黄河流域环境犯罪的发生。一是充分发挥学校的环境犯罪预防功能。学校对一个人的成长发挥着十分重要的作用，学校应当通过设立黄河流域环保课程，构建多元化的预防体系，有效开展环保类实践活动，多角度拓展犯罪预防工作内容，着力培养学生保护生态环境的意识。二是提高企业环境犯罪预防质效。作为市场经济活动的重要主体，企业应当增强自身的环境道德意识。在生产过程中应当全面推广清洁生产制度，使环保意识外化于行、内化于心，在注重经济利益的同时也应当以保护环境为己任。企业应当坚持绿色生产原则，严守环保准入制，加强自身监管，通过建立实时排污监控系统来促进企业清洁生产。三是优化社区环境犯罪预防机制。社区是人们生活的重要场所，社区在预防黄河流域环境犯罪中发挥着十分重要的作用。在社区预防中，坚持政府主导，着力提升社区环境犯罪预防水平，完善社区预防的保障机制，充分调动社区居民的积极性和主动性，形成社区成员共同参与、共同预防的良好局面，为预防黄河流域环境犯罪贡献社区力量。四是加强环境犯罪家庭预防。家庭作为人们活动的重要场所，对家庭成员的成长影响重大。应当提高家庭环境保护素养，强化家庭环境犯罪预防职责，营造良好的家庭环境，进而减少乃至有效控制家庭成员实施黄河流域环境犯罪。

在情境预防方面，应当不断优化机制，降低黄河流域环境犯罪发生率。优化工作运行与监督机制，增加黄河流域环境犯罪的难度，提升环境犯罪风险，降低潜在犯罪人的环境犯罪收益，降低潜在犯罪人的环境犯罪心理刺激，消除潜在犯罪人的环境犯罪借口等。应当通过严格落实水资源保护"四水四定"原则，加强企业排污监督力度，建立环境审计平台等措施增加黄河流域环境犯罪的难度。应当增强环境犯罪司法和执法力度，加强潜在环境犯罪行为监督，搭建环境管理智慧化系统，降低黄河流域环境犯罪风险。应完善环境犯罪刑罚措施，优化刑事责任追究方式，降低潜在犯罪人的环境犯罪收益。应当通过减轻人民群众压力、消除同伴压力、避免人与环境冲突、减少情绪波动、减少环境犯罪模仿等途径，减少潜在犯罪人的环境犯罪心理刺激。应当提高环境保护法律意识，发挥环境违法警示教育作用，控制黄河流域内毒品和酒精适用等途径，消除潜在犯罪人的环境犯罪借口，从而不断优化黄河流域环境犯罪预防机制，进而实现黄河流域环境犯罪预防目的。

第六章
黄河流域环境犯罪惩治机制的完善路径

在21世纪后期的治理理论影响下，犯罪治理成为犯罪预防、犯罪控制与犯罪防控的功能性替代概念。治理理论强调国家作为强制机关的决策力与执行力。"治理"原意包含领航和引导之意。[1]犯罪治理指"运用国家正式力量和社会非正式力量解决犯罪问题的诸多方式的总和，是各方针对犯罪问题采取联合行动的过程"[2]。目的在于限制、消除产生犯罪的原因、条件，以防止、控制和减少犯罪。犯罪治理的内涵在犯罪对策的外部定位和内部结构两个维度均有所升华。外部定位升华是基于推进国家治理体系和治理能力现代化的理论框架，剖析应对犯罪的惩治现状及其相关问题根源。内部结构升华旨在充分汇聚国家治理资源的强大力量，形成治理合力，构建犯罪治理系统的运行机制。黄河流域环境犯罪惩治旨在保障黄河流域居民的环境权利及流域生态平衡，促进黄河流域生态环境的绿色发展和可持续性发展，也是践行"生态优先、绿色发展"战略体现。当前，面对复杂严峻的环境犯罪形势，为推动黄河流域环境犯罪的有效治理，需要从惩治理念、主体、手段、程序等层面完善环境犯罪惩治机制，全面系统地提高黄河流域环境犯罪惩治效能，推动国家环境生态可持续发展。

一、转变环境犯罪惩治理念

转变黄河流域环境犯罪惩治理念，是适应新时代黄河生态保护的迫切需要，也是推进惩治手段法治化的应有之义。目前，面对黄河流域环境犯罪的

---

[1] 余军华、袁文艺：《公共治理：概念与内涵》，《中国行政管理》2013年第12期。
[2] 焦俊峰：《犯罪控制中的治理理论》，《国家检察官学院学报》2010年第2期。

惩治问题，学界开始关注惩治理念。人们对报应性正义惩治理念进行了深入反思，普遍认为报应性正义理念在惩治犯罪过程中未能重视受害人的实质参与，导致犯罪行为人与受害人之间缺乏双向沟通协调机制，加剧了二者间的紧张对抗，会让犯罪行为人不愿承担其对受害人的赔偿责任，无法有效恢复已被破坏的社会关系。在报应性正义惩治理念下，犯罪行为人只需承担单独的刑罚责任，不必承担其他相关联的惩处责任。这种过于强调惩罚性的传统惩治理念，很难全面保护受害人的合法权益。而这种传统惩治理念用在环境犯罪惩治上则问题更加突出。报应性正义下的刑罚理念明显不利于环境犯罪惩治目的的实现[1]，急需转变惩治理念。转变黄河流域环境犯罪惩治理念，在惩罚环境犯罪行为时，既要强调刑罚的必要性，还要兼顾生态修复的重要性，真正做到"惩罚为主，兼顾修复"的综合惩治理念。

（一）树立恢复性司法理念

环境恢复性司法理念简称为恢复性司法理念，树立恢复性司法理念是环境生态绿色发展理念的重要内容。针对环境犯罪惩治，不能单纯地强调以重刑惩罚犯罪分子，必须注重被破坏的生态环境的可恢复性，要把生态环境的保护和可持续发展作为环境犯罪惩治的出发点和落脚点。因此，优化环境犯罪的惩治机制必须采取系统化、多元化的治理手段。既要做到对环境犯罪行为的有效惩罚和遏制，也要达到对生态环境的有效修复。司法中让犯罪行为人恢复被破坏的生态环境资源，既弥补了长期以来环境犯罪惩治手段的单一性问题，也促进了环境犯罪惩治手段的多样化。树立环境恢复性司法理念可以采取以下措施。

首先，遵循刑法基本原则。应当遵循人人平等原则，让每一个环境犯罪分子都有平等的机会通过修复被破坏的环境来弥补损害，继而达成减轻刑罚的结果。[2]应遵循罪刑法定原则，让所有的恢复性司法措施都必须有法律依据，

---

[1] 王世进、周志兴：《论恢复性正义在环境刑事司法中的适用》，《江西理工大学学报》2016年第2期。

[2] 王志祥、张伟珂：《刑事和解视野下民事赔偿影响刑事责任的正当性之辨正——以民事赔偿影响刑事责任与刑法基本原则之间的关系为视角》，《山东警察学院学报》2014年第5期。

并规定恢复性司法措施的适用范围和条件。应遵循罪责刑相适应原则，对于犯罪人采取恢复性措施只要符合法律规定，可以体现犯罪人的悔罪态度，就可以被认定为量刑情节。

其次，完善法律法规。在我国现行刑法中，只有对犯罪行为人进行非刑罚处罚时，才适用恢复性司法措施，对此所规定的内容少且较为模糊。关于需要实施刑罚的刑事案件是否可以同时适用刑罚辅助措施，现行法并没有相关规定。为了更好地贯彻恢复性司法理念，推动恢复性司法理论运用，可以考虑在刑法中增设刑罚辅助措施，即在原有的非刑罚处罚方式的基础上，新增一条恢复性措施。可以通过概括列举及兜底的方式，对清理环境污染、增殖放流等方式进行明确规定，也可以根据受破坏的环境类型，将相应的恢复性措施进行明文规定。法院可以根据犯罪行为的危害性能动司法，在审判中法官可以选择独立适用恢复性措施或者选择刑罚手段和恢复性措施并用，从而加强环境修复力度。另外，在恢复性措施适用的罪名上，扩张恢复性措施适用罪名。司法实践中，关于破坏林木、渔业类环境犯罪的惩处中恢复性措施适用较多，但是在大气类、水质类等新型环境犯罪类案件惩处中恢复性措施适用较少。其实大气类和水质类犯罪对环境的破坏更严重，对该区域的公众健康损害也更大，恢复生态的需求也更高。因此，应当完善环境刑罚，要根据环境犯罪新特点，完善环境恢复性司法适用，在环境犯罪司法裁判中，应将大气类、水质类等新型环境犯罪纳入恢复性措施的适用范围。

最后，构建多部门联动机制。恢复性措施的有效落地，需要环境领域多部门协作。一方面，在审判前，对行为人采取恢复性措施的，应当由公安机关与环保部门联合，必要时可聘请环境专家进行协助，对恢复性措施的实施效果进行鉴定与验收，由公安机关开具相应的证明。另一方面，在审判阶段，是在审判后实现恢复性措施的，应当由检察机关提起恢复性补偿公诉意见，法院认定清楚案件事实后作出要求被告人履行恢复性措施的判决，同时，法院可将被告人采取的恢复性措施作为从宽处罚情节。被告人实施恢复性措施过程中，可由社区矫正机关监管，增设矫正期间的实质性义务，明确相应的验收合格标准，并由检察机关和环境部门对恢复性措施的实施进度进行跟踪监测。

（二）树立环境本位理念

环境本位理念是一种强调环境生态在环境治理策略中应占据中心地位的哲学或方法论。环境本位理念认为，环境资源本身是刑法所要保护的对象，具有刑法上的独立价值，惩治环境犯罪的根本目的在于促进环境绿色有序发展。环境本位理念关注环境不公，即弱势群体往往承受更多环境负担。该理念主张推动建立更加公正的社会体系，确保每位公民都能平等地享受美好的环境权益。在环境犯罪的惩治策略上，我国已经开始转变原有的人类中心主义价值理念，逐渐树立环境本位理念。推进环境犯罪惩治理念的转变，树立环境本位理念应当做好两方面的工作。

一方面，完善环境犯罪的保护客体。环境本位理念下，环境犯罪的客体并不仅是生命、身体或财产法益，也包括"环境法益"。以"污染环境罪"为例，刑法修订之后，刑法在环境犯罪的惩治上确定了以环境为中心，刑法关于犯罪的界定不再以人身与财产损害为标准，而是以严重的环境损害为标准。并且立法者把犯罪的评判标准从较为苛刻的结果要求降低为"严重程度"的行为要求。由于严重的生态环境之破坏，将足以导致生命、身体或财产危险，故以刑法保护环境法益，亦属间接地保护个人的生命、身体或财产法益。[1] 保护环境法益是刑法惩治环境犯罪的出发点，将污染、破坏环境的行为成为刑法所明确禁止的对象，这扩大了危害环境的刑罚惩治范围，从而加强了对环境法益的保护力度。

另一方面，优化刑罚措施确保公民环境权益。为实现惩罚犯罪和修复环境的目的，应当优化经济制裁方式，加大经济打击力度，确保没收环境犯罪获得的非法收入。要优化环境犯罪的附加刑适用，合理适用罚金并发挥罚金的威慑作用。对于环境犯罪的惩处要完善附加刑的多样化适用，可以适当采用资格刑和行为刑。可以对犯罪者施加一定的限制性惩罚措施，规定犯罪者在一定期限内禁止从事相关行业；可以要求犯罪单位接受定期的环境审计和环境监管，尽量修复破坏的环境，进一步贯彻实施环境本位理念，确保公众能够平等地享受环境权益。

---

[1] 刘红：《环境权应为环境犯罪客体之提倡》，《中国刑事法杂志》2004 第 5 期。

（三）树立宽严相济理念

2019年初"两高三部"联合印发了《关于办理环境污染刑事案件有关问题座谈会纪要》（以下简称《纪要》），在《纪要》中要求司法实践中坚持从严惩治环境污染犯罪的精神，坚持最严格的环保司法制度、最严密的环保法治理念，统一执法司法尺度，加大对环境污染犯罪的惩治力度。[1]面对当前形势严峻的环境犯罪，我国的环境刑事政策也在逐步加紧，环境保护工作变得更加紧迫，严厉惩治犯罪与有效保护环境成为刑法在环境保护上的主要目的。但是一味地严刑峻法并不能达到有效保护生态环境和绿色发展目的，为了更好地保护生态环境可持续发展，必须树立宽严相济的环保法治理念。宽严相济理念能够平衡环境司法中的惩罚与教育、威慑与感化、公正与效率，从而实现环境生态的健康安全和可持续发展。

宽严相济的环境惩治理念主要包含两层含义。一方面，对于轻微的环境犯罪采取宽容惩罚态度较为合理。对于环境犯罪者实施过度的惩罚可能因为维权过度而造成侵权问题，对于轻微环境犯罪采取宽容惩罚态度可以更好地平衡惩罚与人权保障之间的关系。此外，宽容惩罚政策可以鼓励环境犯罪者认识到自身错误并进行改正，同时能够激励犯罪者主动自首和配合调查，从而及时采取相关措施防止污染加剧。因此，对主观恶性和危害性较小的环境犯罪要坚持宽容惩罚措施。对于初次违法并且情节轻微的环境违法犯罪，检察机关可以不予起诉，将案件移交给行政机关，给予行为人警告、罚款等行政处罚，同时要求犯罪者参加环境保护教育和培训，并担任一定时期的环境保护志愿者等环境公益服务工作。

另一方面，对于严重的环境犯罪应当实施严厉的刑罚措施。由于环境危害后果的不可逆转性，为有效遏制和制止严重危害环境的违法行为，更好地保护人们的环境权益，对于主观恶意和危害性较大的环境犯罪要给予严厉刑罚。对于造成重大环境损害、屡教不改或是故意犯罪的行为人，应当予以严厉惩罚，包括长期刑、高额罚金刑等处罚方式。对于企业环境犯罪，要追究企业与个人双重责任，不仅要追究企业责任，还应追究直接负责人的个人刑

---

[1] 周加海、喻海松：《〈关于办理环境污染刑事案件有关问题座谈会纪要〉的理解与适用》，《人民司法》2019年第16期。

事责任，确保责任落实到个人，同时还可以适用罚金、资格刑和行为刑等附加刑。综上所述，环境犯罪惩治采用宽严相济的刑事政策，建立分类施策的环境犯罪治理体系，是环境犯罪治理中实现刑事立法理念、司法理念和司法实践紧密结合，有力打击污染环境犯罪行为、威慑潜在污染者的必由之路。[1]

二、增强环境犯罪惩治主体能力

环境犯罪的惩治主体主要包括负责侦查的公安机关、负责提起公诉的人民检察院以及负责审判的人民法院等司法机关。为实现惩罚犯罪，保障环境权益的环境刑事诉讼目的，司法机关必须按照法律的规定，履行查获环境犯罪嫌疑人、搜集犯罪证据、查明案件事实的职责。为进一步完善环境犯罪惩治机制，有必要完善侦查主体、起诉主体、审判主体等主体的环境犯罪惩治职能，以增强环境犯罪惩治主体能力。

（一）完善侦查主体职能

侦查主体在黄河流域环境犯罪中扮演着非常重要的角色，其在环境案件中承担着早期预警、抓捕嫌疑人、询问、案件取证等工作，是制止环境犯罪活动、协调司法程序的关键枢纽。当前，面对更加隐蔽和复杂的环境犯罪手段，给侦查主体带来很大的挑战，为此，必须从职能定位、队伍建设、数字手段等方面加强侦查主体能力建设。

1. 加强专业化侦查队伍建设

为应对黄河流域复杂的环境犯罪侦查能力，应当采取多管齐下的策略，构建一支高度专业化的环境犯罪侦查队伍。一是，发挥教育系统内的公安院校的关键作用。鉴于当前"食药环"领域侦查队伍的专业能力不足，亟须进一步完善，公安院校可增设"食药环"侦查专业或相关课程，以培养兼具法律素养与环境科学、化学、生物学等跨学科知识的复合型人才。这种教育方案应根据各地区的具体需求进行定制。例如，在黄河沿岸省份，可以开设专门针对环境执法的课程或侦查专业，确保培养出的专业人员能够直接服务于当地的环保侦查需求。同时，考虑到环境犯罪侦查工作的综合性，除了依赖公

---

[1] 杨迪：《污染环境罪司法样态透视——基于刑事判决的实证分析》，《国家检察官学院学报》2020年第2期。

安院校的培训，还应拓宽人才引进渠道。通过公开招募、内部选拔或是从其他行业引入拥有计算机技术、无人机操作、环境监测、化学分析、生物科学等相关技能和经验的专业人士，可以进一步增强环境犯罪侦查队伍的技术实力和专业水平。这种多元化的人员构成不仅能够弥补公安队伍专业知识的不足，还能提高侦查技能，从整体上提高环境犯罪的侦查质效。

二是，制定一系列的在职继续教育计划以提高全国环境犯罪侦查队伍建设。为加强环境犯罪侦查队伍的建设，确保培养路径的多样性，公安部应牵头举办面向全国环境犯罪侦查人员的继续教育培训计划。这些培训计划的课程内容应涵盖职业道德、专业技能以及典型案例分析，旨在全方位提升侦查人员的综合素质。要推行侦查实战演练机制，以此强化理论与实践的结合。通过执法实战模拟，着重提升环境犯罪侦查人员在法律解读、案件调查、风险控制、复杂案件管理、智能化工具运用等方面的能力，旨在培育一批能够胜任黄河流域环境保护任务的专业人才和行业精英。此外，可以安排关键岗位人员进行脱产进修，前往检察机关、法院以及相关行政执法部门进行跟班学习。在司法机关的跟班学习中，深入理解环境犯罪案件的裁判标准和证据采纳规则，有利于推进案件向审查起诉阶段的有效过渡。总体而言，通过实施这些策略和充分整合所有可利用的执法资源，能够加速提升环境犯罪侦查队伍的专业水准和侦查效能，为黄河流域环境治理提供更高质量的环保服务。

2. 厘清侦查主体职能定位

近年来我国公安体系普遍存在的职能泛化和警种设置碎片化的问题，已难以应对复杂的黄河流域环境犯罪惩治需求。目前，针对黄河流域存在的犯罪组织结构化、犯罪行为隐蔽化、危害后果的广泛化和不可逆转性等特点，亟须对环境领域的执法机制进行调整与升级，试图形成综合性侦查机构，以加大环境治理侦查力度。为此，理论界和实务部门都关注于公安机关"大警种制"模式的改革与探索，以"多警联动合成作战"为核心的"警务合成作战"理念的形成，以"复合叠加模块化警力配置"为基础的"公安情报指挥中心"构建等改革。[1] 与此同时，为推进侦查机构"大警种制"模式的改革

---

[1] 虞乔木、秦立强：《公安情报指挥中心的建设创新和改革方向》，《湖北警官学院学报》2021年第3期。

发展，需推动实施跨部门、跨警种的侦查职能整合与改革。通过采取精简机构层级、优化资源配置、提升现有警力效能、确保警力分配合理等措施，避免因警种划分过细造成的警力分散、职能重叠、工作量不均衡以及信息共享不畅等问题，从而增强侦查机构的环境犯罪综合侦查能力。当前在贵州等地，"大警种制"改革已成效初显。关于"大警种制"改革的要旨，宏观上，是重组公安部门的架构；中观上，是整合与优化警力资源的布局；微观上，是重新定义和完善侦查主体的岗位职责。这一改革旨在通过系统性调整，构建一个更加高效、协调的公安体系，以有效应对复杂多变的环境犯罪挑战。[1]

优化侦查职责以增强侦查机构的环境犯罪综合侦查能力。当前在黄河流域的"食药环"领域，不同地区的警务系统对于这一专项职责的理解与执行存在差异，导致职能效能未能充分发挥。因此，我们提议从国家层面进行统一的制度建设，明确并强化"食药环"警务的综合性角色。这将确保此类警种能够全面承担起从预防到侦查"食药环"领域违法活动的全部责任，以提高打击此类非法行为的准确性和力度。特别是在黄河流域环境保护的紧迫形势下，鉴于该区域环境犯罪往往跨越多个行政区域，并且对于侦查技术有较高要求的特点，我们建议集合黄河流域沿岸各省的公安部门以及相关执法机构的力量，建立一个专门的黄河流域环境犯罪协调指挥部。黄河流域环境犯罪协调指挥部全面负责整个流域内环境违法案件的调查与整治，能够提升跨区域环境犯罪的治理效率和专业化水平；能够系统化配置侦查资源的权限，防止因权力交叉导致资源浪费和效率下降，这可以在加强黄河流域环境犯罪惩治力度的同时有效节约相应成本；能够提高环境警察对黄河流域犯罪治理的主动性，尤其在重大专项环境治理行动上，能够进行统一部署和指挥，推动多部门在环境犯罪惩治上的技术合作，弥补单一部门在技术、警力、资金上的能力不足。另外，黄河流域环境犯罪协调指挥部可以依托水利部、公安部、交通运输部等部门，就黄河流域内的环境污染、非法捕捞、非法采砂等破坏生态环境的重点、难点问题进行协商研究，并联合多部门对突出环境犯罪问题展开专项治理。

---

[1] 刘枧、张怀学、王祥珍：《公安机关大部门大警种制改革研究——以贵州试点为例》，《中国人民公安大学学报（社会科学版）》2018年第2期。

3. 推进环境侦查数字化发展

一是，通过"警务云+"战略构建一个全面的大数据支撑体系。随着数字中国的快速发展，互联网、物联网、大数据、云计算、人工智能及区块链等新兴信息技术，正以前所未有的速度推进社会治理数字化转型。在此背景下，公安机关应当前瞻布局，利用数字化和科技创新来强化环境犯罪的侦查能力。通过聚合海量的环境犯罪相关数据，并运用信息技术对数据整合与分析，可以揭示环境犯罪数据背后的犯罪规律。建立以"警务云"为中枢的公安大数据智能应用框架，实现数据资源全面共享、信息集成汇聚、技术综合运用，以及大数据应用的深度创新，以此获得环境犯罪的线索和证据，显著增强环境犯罪侦查效率。通过构建环境犯罪侦查大数据体系和人工智能分析模型试点，推动案件研判模型的革新，为未来的侦查工作提供科技支撑。环境犯罪侦查部门应将数据中心建设、数据融合共享、系统云端迁移、系统运维管理等关键环节融入"警务云"规划，作为"一体化"工程整体推进。在公安部相关部门的指导下，以省级"食药环"专门机构为主体，打破信息孤岛，全面整合结构化与非结构化数据，经过对环境犯罪数据标准化处理，为数据的云端汇聚、资源共享与实战应用奠定坚实基石。

二是，借助"云计算+"构建人机协作的侦查实战体系。应当打造人机协同的侦查模式，依托公安系统内外网大数据分析平台，强化情报分析的智能化辅助，引入水面巡逻机器人、机器狗、无人机等科技设备，探索"环境犯罪智推""环境犯罪智搜""案件研判""智能预警""异地执法共享"等领域的创新应用，以"云计算"为驱动，构建"人在做、数在跑、云在算"的智慧警务模式，形成新型战斗力，显著提升环境警察的侦查效率。应当优化环境犯罪预警体系，聚焦"人、船、砂、证、案、钱"等关键因素，从繁杂数据信息中提炼出犯罪人员定位、团伙结构、作案手法、通信方式等，智能分析犯罪趋势，评估犯罪嫌疑人风险等级，实现对环境犯罪案件的智能关联和高效研判，提前介入环境违法侦查，能够有效遏制环境犯罪发生。

三是，通过"智慧警务+"建立在线保障体系。环境犯罪侦查部门应以专业大数据、智慧警务和"公安网+"为支柱，建立执法指挥中心，配备无线专网和雷达监测系统，实现对黄河流域重点水域的实时监控和可视化指挥。搭建水域视频监控中心，组建警用航空队伍，综合利用视频、雷达和无人机进行常态化的水域巡查，设立信息勤务核心岗，全天候在线监控。组建专门团队，建立全天候监测响应机制，对云端设施进行全面监控、集中管理和细致维护，确保"智慧警务"系统的安全可靠运行。同时，建立黄河流域环境违法犯罪舆情监测系统，对敏感舆情及时跟踪，深度分析环境潜在风险，防患于未然。

（二）优化起诉主体职能

检察机关是我国法定的起诉主体，负责对侦查机关移送的案件进行审查起诉，检验案件事实是否清楚，证据是否确实充分，是否符合提起公诉的条件。为了精准有效地打击黄河流域环境犯罪，尽早发现黄河流域环境犯罪线索，将涉嫌黄河流域环境犯罪的被追诉人纳入刑事程序中，确定其刑事责任，从而在审前程序中，发挥程序把关作用。对环境犯罪起诉主体的优化，可从如下两方面进行探讨。

1. 强化监督以提升办案质效

运用新公共服务理论的核心在于将公民置于公共行政的中心，强调政府的责任、公平与公共利益，以及与公民之间建立和谐的关系，优化政府主体职能。与此不同，优化起诉主体职能，需要从强化内部监督和健全外部监督两个方面强化监督质效，以增强黄河流域环境犯罪惩治功能。一方面，强化内部监督。应优化案件审查流程，实施检察官联席会议制度，增强集体决策能力，特别是在重大、敏感案件上，确保多层面审查，提高案件处理的专业性和公正性。通过主任检察官责任制，明确个人职责，提升案件处理效率和质量。应当对案件实施全程监控，综合管理办公室负责环境案件的全流程监督，实时监控案件详情，发现问题立即纠正，确保权力行使的合规性。要定期与不定期地开展案件评查，形成闭环监督机制，保证案件处理的合法性与合理性。此外，应规范司法行为，落实"三个规定"，防止不当干预，确保检察官廉洁自律，维护司法独立与公正。加强对"三个规定"执行情况的监督，特别是对于零报告现象的深入调查和严肃处理，确保审查起诉政策得到有效执行。另一方面，加强外部监督。在健全外部监督上，要引入社会力量，可邀请具有法律知识背景的特邀检察监督员、人大代表、政协委员和辩护律师参与案件监督，增加透明度和公众参与度。通过整合多方资源，形成监督合力，优化检察监督职能，提升检察机关的社会公信力。要规范听证程序，对于符合条件的案件，开展听证会，广泛听取意见，确保决策过程公开透明，同时注重提高听证质量。听证会不仅作为监督手段，还应促进案件的妥善解决和社会和谐，使之成为制度性要求。要发挥特邀监督员作用，特邀监督员可参与案件的多个环节，如强制措施决定、起诉与否、羁押必要性审查等审查起诉环节，提出独立意见，收集并反馈民众声音，确保检察工作得到社会各界的监督和支持，有利于充分发挥起诉主体职能。

2. 发挥铁路运输检察院职责

现阶段，治理环境犯罪的起诉、审判主体结构不合理。截至2024年6月30日，在中国裁判文书网上以"刑事案件"类型，以"黄河"为关键词进行检索，能够得到30171份判决书。然后以环境犯罪，非法捕捞水产品罪，危害珍贵、濒危野生动物罪，非法狩猎罪，非法占用农用地罪，非法采矿罪，危害国家重点保护植物罪，盗伐林木罪以及滥伐林木罪为关键词可以得到419份判决书。在419份判决文书中，发现黄河流域环境犯罪案件的起诉和审判主要由常规的地方司法机构和铁路运输司法部门承担。具体而言，约74%的环境污染案件是由地方基层检察院提起公诉，随后由相应的地方基层法院审理；而剩余的26%则由铁路运输检察院提起，最终交由铁路运输法院裁决。这表明在起诉环境犯罪的职能分配上存在不平衡的现象，铁路运输检察院的潜力未能得到充分利用，导致铁路运输检察院的职责闲置。鉴于此，有必要重新评估铁路运输检察院的角色功能，明确其审查起诉职责定位，以优化司法资源配置。特别是在铁路司法体系改革的进程中，铁路运输检察院完全有能力覆盖黄河流域的环境犯罪起诉职责。环境犯罪，尤其是那些破坏黄河经济带生态平衡的违法行为，因这些环境违法行为具有较高的专业性和复杂性，往往面临管辖权确定困难、取证困难、司法鉴定不统一、法律适用模糊以及惩罚执行难等挑战性问题。解决这些问题的有效途径之一是实行跨行政区划的集中管辖，这不仅能够减少管辖争议，避免地方政府干预，还能简化司法程序，提高司法效率，加大对破坏生态环境犯罪行为的法律制裁力度，为黄河经济带的发展营造有序的法治环境。

发挥铁路运输检察院的主体功能，可以借鉴长江经济带的成功经验。长江经济带已经建立了较为完善的铁路检察机关网络，包括上海、武汉在内的5个铁路检察分院，以及重庆、南京等17个基层铁路检察院，其地理分布与长江经济带的走向高度一致，为跨区域案件的管辖提供了坚实的组织、层级和人才基础。因此，借鉴长江经济带的成功实践，建议在黄河经济带内设立或指定铁路检察分院、跨行政区划检察分院及基层检察院，专门负责该区域内涉及环境公益诉讼案件以及沿黄河流域发生的各类环境犯罪案件，以提高环境司法服务能力。同时，还应探索与黄河经济带的地方行政机关构建案件移送、调查协作等机制，建立健全快速高效的诉讼监督机制，维护法律统一正确实施。[1]

（三）优化审判主体职能

1. 提高审判队伍的专业技能

环境资源庭作为专门处理环境犯罪案件的司法部门，在创建初期，黄河流域各行政区划与不同层级的法院就采取了差异化的设置策略。尽管这些法院已经设立了相应的环保审判部门，但由于地方编制数量不足的限制，它们大多选择将环境资源庭的职能嵌入现有的法庭结构中。通常高级和中级人民法院将其环境资源庭的工作纳入民事法庭的范畴，偶尔也会挂靠在行政法庭，而基层法院一般将环境资源庭融入刑事法庭。以上这些做法导致环境资源庭的角色定位不清晰。然而，随着司法制度的完善发展，环境资源庭的职能逐渐明朗化，呈现出"三合一"的发展趋势，也即是将涉及环境的刑事、民事和行政案件统一由环境资源庭审理。这一司法职能转变体现了国家对环境污染案件综合惩治的一大进步，旨在通过刑事追责、民事赔偿和行政监管的多部门协同作用，提升司法效能。

为提高环境犯罪惩治能力，需要优化审判主体职能，提高环境案件审判队伍的专业技能，需要采取以下策略。第一，加强与高等院校合作，创建环境犯罪研究中心，借助学术专家的宝贵资源，深化理论研究和司法实践指导。第二，安排法官到处理环境案件经验丰富的法院进行学习培训或短期任职交流，以增强其专业审判技能和实际操作能力。培育一批既懂法律又熟悉环保知识的复合型人才，为环境司法提供有力的人才支持。第三，激发法官的主观能动性，建立健全职业激励机制。鉴于基层法院法官面临的结案压力，以

---

[1] 罗继洲：《建议设置跨行政区划检察院集中管辖案件》，《人民检察》2018年第19期。

及案件数量与绩效挂钩的现状，应调整法院内部考核体系，可以将同案同判、高效办案纳入法院内部考核评估指标，以办案质量作为关键性衡量标准，确保法官办案的准确性和高效性。通过对司法队伍的外部培训和内部激励相结合的方式，可以多维度确保环境犯罪案件的办案质量，满足黄河流域民众对环境司法的新需求，为黄河生态文明建设贡献司法力量。

2. 建立和完善黄河流域环境法院

建立和完善黄河流域环境法院旨在加强流域生态环境的司法保护。鉴于黄河流域法院的统一布局与流域生态整体性司法保护存在不协调的问题，建立和完善黄河流域环境法院需要兼顾生态整体性思维，需全面考量流域生态的完整性，综合考虑流域生态的连贯性、地域跨度、案件的专业属性、诉讼便捷性以及我国法院体系的层级特性，为实现流域环境犯罪治理提供有力的司法保障。在环境法院的选址上，鉴于黄河流域的地域广阔性，应充分考虑地理分布与生态环境的多样性，要坚持诉讼便捷原则，便于当事人参与诉讼。此外，要构建法院之间不同层级协作机制，明确流域环境法院与现有法院体系的衔接与协作模式。建立和完善黄河流域环境法院可以采取以下具体策略。

首先，根据宏观地理特征建立中级黄河流域环境法院和基层黄河流域环境法院。建立中级环境法院应以黄河的主干流与环境犯罪多发频发地为司法管辖区而设立，负责统管全流域的环境案件。中级和基层黄河流域环境法院的裁判活动都应受检察机关的严格监督。基层黄河流域环境法院是指以黄河主干流以外的主支流及其汇集的湖泊为司法管辖区而设立的第二层次的黄河流域环境法院。可以根据黄河流域的湿地和保护区等功能区，以及在环境犯罪案件多发地和干流生态屏障脆弱地的区间设立若干基层黄河流域环境法院，比如汾河流域环境法院、洮河流域环境法院、渭河流域环境法院等。这些基层黄河流域环境法院主要负责黄河主支流及湖泊区域的环境案件。

其次，根据高效便民原则，在黄河流域环境法院内部可以设立环境巡回法庭。巡回法庭作为我国司法体系的一项创新之举，可以有效解决当事人诉讼的便捷性和跨行政区划诉讼的难题。在黄河流域环境法院体系中设立环境巡回法庭，能够缓解因流域区域跨度广泛而带来的诉讼不便问题。一方面，中级黄河流域环境法院设立环境巡回法庭，可以在其管辖的主干流和主要支流交汇的关键监管区域，设立巡回法庭作为远程审判点，运用远程视频等技术手段，方便主支流范围内的环境违法案件进行高效处理，从而提升审判效率。另一方面，基层黄河流域环境法院设立环境巡回法庭，可以在主支流与次支流交界的重要生态区域，部署环境巡回法庭作为针对次支流环境纠纷案件的专门审判点，通过巡回审判的方式，方便次支流地域的环境违法案件处理，确保司法服务的便捷性和及时性。各巡回法庭的管辖范围由其所属的环境法院划定，以所属法院名义作出裁判，坚持司法审判权的合理分配与协调统一。这种"黄河流域环境法院＋黄河流域环境巡回法庭"的黄河流域环境法院内设机构的合理配置模式，能够合理划分司法管辖权限，确保全流域环境资源案件的统一管理和高效处理。综上所述，建立和完善黄河流域环境法院，使得中级黄河流域环境法院能够专注于流域内重大环境案件的审理，能够统一适用环境法院审判制度，整合审判资源，保障生态环境法律法规的有效执行，避免以往针对环境纠纷案件过度依赖上级指示、请示汇报等解决途径的局限性，形成更为科学、合理的黄河流域环境法院体系，为黄河流域环境案件的审理提供了坚实的组织保障，显著提升了法院处理审理环境案件的专业性和高效性。

最后，优化黄河流域环境法院的内设机构。一方面，可以根据黄河流域环境法院的业务类型和案件专业化程度进行环境法院内设机构的优化与整合。参考传统法院内设机构设置模块，即审判业务、司法辅助和司法行政三大模块，可以将黄河流域环境法院简化为司法审判部门和司法综合部门两大模块。司法综合部门将司法辅助与司法行政功能融合，整合审判资源进而提高审判效率。司法审判部门则摒弃传统的民事、刑事、行政审判庭分类，将按照案件类型优化配置专业化审判团队。基于黄河流域环境违法犯罪案件的具体情况，这些专业化审判团队可以进一步细分，以实现案件精细化管理和专业化审判，有利于提高审判质量和效率。另一方面，完善黄河流域环境法院的内部组织结构。加强精简法院内部编制，减少行政管理机构，将法院传统机构设置由"院长、庭长、普通法官、审判辅助人员"机构模式转变为以"法官、审判辅助人员"为核心的扁平化机构模式，突出法官的审判主体地位。这一机构改革弱化了行政层级，减少法院中间管理层级，法官能够更加直接地参与到案件的审理过程中，增强法官能动性和审判主体地位，还能充分发挥法官独立的审判权,保障审判人员的权责统一。[1]

(四)增强多元主体协同能力

增强多元主体协同能力,是有效实现黄河流域环境犯罪协同治理的前提条件。实现黄河流域环境犯罪协同治理是指在环境犯罪协同治理进程中运用各种策略和途径,在发挥政府主导作用的同时,充分发挥多主体作用,协同多方力量惩治环境犯罪的机制。环境犯罪治理是在环境犯罪治理的框架下,促进政府主体、市场主体及社会主体之间的协同合作,通过整合各主体资源优势,形成协同治理合力,以更加高效地应对环境犯罪问题,有效实现惩治和遏制环境犯罪的目标。从宏观层面看,环境犯罪惩治的多元主体包括政府、社会和市场。政府主体包含人大、政协、司法机关和政党等行使公权力的机构。市场主体特指那些从事工业生产,有可能实施环境污染行为的法人实体和个体经营者。社会主体是指公民和非政府社会组织。

长期以来,政府绝对主导环境治理在取得治理成效的同时,也带来执法不严、监管不到位、惩治力量不足等一些问题。因此,应当认识到政府在环保治理的政策制定、执法检查、程序衔接等关键治理环节具有重要的主导作用,但是也应当清醒地认识到政府主导能力的有限性。为弥补政府主导能力的不足,需增强市场主体和社会主体在环境犯罪治理中的角色地位。增强多元主体协同共治环境犯罪的能力可以采取以下策略。第一,明确政府在黄河流域环境犯罪治理中的引导角色。应当打破政府在环境犯罪治理上大包大揽的局面,认识到政府主导职能具有一定的边界与局限,政府职能失灵现象在环境犯罪治理中经常显现。因此,政府应当转变职能,积极发挥政府在环境治理中的监管和指导作用。第二,发挥市场主体和社会主体参与环境治理的主体地位。环境治理离不开社会各界的共同努力,市场主体和社会主体是黄河流域环境犯罪协同治理的重要力量,他们在环境政策的制定、执行和评估方面将会发挥着重要作用。政策制定阶段,市场主体和社会主体可以提供宝贵的意见和建议;执行阶段,他们可协助环保部门贯彻落实和参与监督;评估阶段,他们可以提供多种视角和方法。政府应当开通参与渠道和平台,确

---

[1] 余晓龙:《法院内设机构扁平化塑造的内在逻辑与实践路径》,《重庆理工大学学报(社会科学)》2020年第5期。

保多元主体能够有效参与环境犯罪治理的每一环节。因此，要让市场主体与社会主体真正参与到环境犯罪惩治中来。一方面，在环境犯罪惩治过程中，要充分保证公众提起环境诉讼的权利。公众可以采用集体诉讼或公益诉讼的方式，旨在制止环境犯罪、保护环境权利以及寻求环境侵害赔偿。另一方面，法院在审理环境犯罪过程中，法院可以邀请公众线上或现场进行旁听。近年来，我国在黄河流域环境犯罪治理中，进一步深化与社会多元主体的合作，通过教育与警示，提升了公众意识，凝聚了社会共识，营造了一个"不敢犯、不能犯"的法治环境，切断了企业违法排污的动机链，夯实环境犯罪防治的社会基础，形成多元主体协同共治的良好局面。

三、丰富环境犯罪惩治手段

丰富和优化环境犯罪惩治手段是完善黄河流域环境犯罪惩治机制的重要策略，是增强环境犯罪惩治力度的有效手段。黄河流域环境犯罪的惩治手段应当是一个综合性的策略体系，既要强化环境刑罚手段的威慑力，也要重视非刑罚手段的生态环境修复的重要性。

（一）完善附加刑刑罚惩治手段

1. 规范环境犯罪罚金刑

我国在环境犯罪的刑事处罚上，罚金刑的应用较为广泛。目前环境犯罪所依据的"抽象罚金制"，以"犯罪情节"决定罚金数额，缺少相应法律依据，不利于法官在审判中进行把握，容易导致同案不同判现象发生，也有悖于罪刑法定原则。鉴于此，罚金刑适用应当与环境犯罪刑罚目的和刑罚效果有效契合，应将罚金刑的处罚依据明确化，构建比例和情节相结合的罚金刑客观适用模式，可以优化环境犯罪罚金刑惩治手段适用质效。具体而言，可以根据环境犯罪主体实施环境犯罪所获得的犯罪收益作为罚金数额的基本依据，再结合环境犯罪主体的危害情节，法院最终判处犯罪主体承担其犯罪收益数额的百分之五十以上至百分之二百以下的罚金刑。犯罪危害性包括犯罪主体实施环境犯罪时的主观恶性、社会影响、危害结果等情况。将最低罚金数额确定为犯罪收益数额的百分之五十，是因为除了犯罪收益数额和社会危害性因素以外，还需考虑犯罪主体被判处自由刑等主刑的轻重，以及犯罪主体是否已经或者将要承担有关的行政责任与民事责任。最高罚金数额确定为犯罪收益数额的百分之二百，适用于存在主观恶性大，社会影响恶劣，多次作案等情形的环境犯罪主体。此外，应构建客观的环境损失评估标准和评估方式。在确定环境损失时，应当由具有环境鉴定资质的部门负责环境损失评估，并出具评估报告，法官审判时要依据有环境鉴定资质的部门出具的评估报告作为环境损害程度的证据，依此对犯罪主体判处相应的罚金。综上所述，根据罪责刑相适应原则，不能过度追求对犯罪的惩治而导致罚金刑过重。通过罚金比例和犯罪情节相结合，能够明确罚金刑的标准和范围，既能有效防止罪责刑不适应而导致同案不同判问题，也能保证法官合理的自由裁量权，更加有效地惩治环境犯罪。

2. 增加环境犯罪资格刑

环境犯罪的主体在很多情况下是具有从业资格的单位，并且单位实施环境犯罪往往能够获取较大的经济利益，如果对单位环境犯罪处罚仅判处罚金，在某种程度上可以起到对环境犯罪惩治和预防的效果，但是，由于刑罚威慑和打击力度不足，并不能有效遏制环境犯罪的再次发生。因此，要加大环境犯罪惩罚力度，增加适用环境犯罪资格刑尤为必要。司法部门要根据环境犯罪的不同情形，遵守罪责刑相适应原则，而增加相应的资格刑。

首先，对环境犯罪的个人或单位适当增设限制或剥夺从业资格刑。对于利用从业资格进行环境犯罪的个人或单位，若犯罪情形轻微，可以限制其一定时限的从业资格；对于犯罪情形严重，或屡教不改的，可永久剥夺其从事相关业务或活动的资格。比如在破坏性采矿罪中，可根据犯罪情节的轻重，对其采矿经营权进行限制或剥夺，使其难以再次通过从业资格实施破坏性采矿的行为。根据罪责刑相适应原则，合理适用资格刑不仅使犯罪人得到应有的惩罚，而且使不法从业者产生环境违法的心理恐惧，让其不敢为了追求利益而铤而走险实施环境犯罪行为。

其次，对环境犯罪单位适当增设勒令歇业整改刑。企业在生产过程中应当对环境保护严加要求，对于部分疏于环境管理，未能达到环境标准的单位，如果让其继续生产作业，可能会对当地生态环境造成严重破坏。鉴于此，对环境犯罪单位判处一定时限的生产禁令，不仅有利于保护生态环境，也有利于促进环境犯罪单位转变生产理念，走绿色可持续发展道路。因此，发现黄河流域沿岸的企业在生产过程中破坏生态环境的，可以勒令其停止生产作业，歇业整改，直到其排污符合国家环境保护的相关规定，达到排污验收标准后才能生产。如果环境违法单位在生产禁令期限内，不积极进行歇业整改，经环保部门检查仍然未能达到环保生产标准的，可以对其加大惩处力度。

最后，对环境犯罪单位适当增设强制关闭刑。强制关闭刑是一种较为严厉的环境资格刑，对单位来说没有回转的余地，因此，对于环境犯罪单位实施强制关闭刑时一定要慎重考虑，要严格遵守罪责刑相适应原则，既要考虑企业的生存发展，又要考虑到生态环境保护，科学合理地权衡企业发展与生态环境保护之间的利弊。对环境犯罪单位增设强制关闭刑，应当严格限制适用，一般适用于实施严重危害环境犯罪且危害后果非常严重，或多次严重实施环境犯罪屡教不改，或者企业绿色转产成本巨高，或企业停业整改仍不能环保达标等环境犯罪严重情形。

3. 增设环境犯罪行为刑

判处环境犯罪主体行为刑目的在于让犯罪者通过自身行为来补偿对环境遭受到的破坏，尽力修补法益侵害结果。[1] 环境犯罪主体通过其环境修复行为可以得到量刑的宽大处理，也可以减轻国家对此环境修复所耗费的人力、财力等资源。法院判处环境犯罪主体附加环境修复行为刑，这种行为刑既可以适用于自然人也可以适用于单位。一方面，对于自然人环境犯罪判处的行为刑。法院可以对环境犯罪分子判处缓刑并附加环境修复的行为刑，要求犯罪分子限期对其破坏的生态环境进行修复。在对犯罪分子判处有期徒刑缓期执行并附加环境修复行为刑的刑罚时，在执行刑罚过程中，对于犯罪分子不执行或消极执行刑罚的，应当撤销缓刑，转为执行有期徒刑；而对于犯罪分子积极实施环境修复行为且恢复效果较好的，缓刑考验期满后，可以不予执行主刑。若犯罪分子积极实施环境修复行为，确实认真执行刑罚表现较好而导致撤销缓刑的，还可以根据其环境修复质效对其适当减轻刑罚。另一方面，对于单位环境犯罪判处的行为刑。针对单位环境犯罪，可以判处多种附加刑，在判处单位资格刑、罚金刑的同时还可以并处行为刑。如果环境犯罪单位对环境修复效果良好，环保条件符合国家要求后可以对恢复其被限制的从业资格。此外，法院在判处相应行为刑的同时可设立行为保证金制度。法院对环

---

[1] 李梁：《环境犯罪刑法治理早期化之理论与实践》，《法学杂志》2017年第12期。

境犯罪主体判决行为刑后,应要求其预缴一定金额的保证金,如果犯罪主体有效完成恢复环境的行为后,保证金应当退还;但在法定时限内未完成判决中规定的环境修复要求的,对其缴纳的保证金应当进行收缴并用于支付被破坏的环境修复费用。

(二)优化环境修复非刑罚惩治手段

1. 灵活适用环境修复措施

适用环境修复措施在黄河流域环境犯罪治理中具有重要意义。黄河流域环境具有复杂多变的特征,要全面考察生态环境遭受破坏的实际情况,灵活应用相应的环境修复措施。当前司法机关应转变环境修复措施的惯性思维,需要在充分考察流域环境特性的基础上,灵活适用生态修复措施。对于水生生态环境的修复,要实现有效的修复效果,不仅需要投入大量人力、物力和精力,且必须采取合适的生态修复方式。流域水体的质量与各种植物和生物的数量和种类紧密关联。比如鱼类的觅食活动会影响水生植物的种群数量,其排泄活动也会加速水体营养物质循环,影响透明度等问题。不同鱼类对于水体的意义也不同,肉食性、滤食性及草食性鱼类在水体中承担着不同的"生态角色",过多放养草鱼将会减少水生植物数量,降低水体自净能力;而过多放养肉食性鱼类则危及小鱼种群生存空间,这些现象说明放养不同生活习性鱼类、选择性捕捞对水生态系统的结构、功能、演化有显著影响。[1]不仅仅是鱼类,水体中的所有生物和植物是一个密切联系的系统,任何一部分生态出现问题都可能会对整体生态环境造成巨大的影响。因此,黄河流域生态环境修复必须秉持综合性思维,要结合生态环境具体受损情况,灵活适用精准的生态修复措施。

2. 完善生态环境修复的标准

一是,规范生态环境修复标准。根据恢复性司法理论,在环境犯罪惩处实践中,对于生态环境损害可以修复的,以修复至生态环境受损前的基线水平为生态环境修复标准。关于生态环境修复标准,学界有不同观点。有学者认为,如果被破坏的环境资源有国家标准或行业标准的,恢复后的生态环境

---

[1] 李传红、谢贻发、刘正文:《鱼类对浅水湖泊生态系统及其富营养化的影响》,《安徽农业科学》2008年第9期。

达到国家标准或行业标准的最低标准之时，便可以称之为"已恢复"。[1]但是，以国家标准或行业标准的最低标准作为生态环境修复标准并不适合所有的生态环境修复。比如原有的生态环境有着非常优良的基础，那么该环境即使受到了某种行为的破坏，其受破坏后的环境标准可能依然高于国家标准或行业标准的最低标准。因此，不能以国家标准或行业标准的最低标准作为生态修复的唯一标准。另有学者认为，生态环境恢复是将破坏的环境资源修复到其可以发挥正常的作用和功能。[2]这种"正常功能说"更为贴合当前黄河流域的环境实际。生态恢复与民事私法中的"恢复原状"不同，生态修复责任具有浓厚的公法属性。[3]此外，由于环境自身的特殊性，环境即使进行有效恢复，也难以做到百分百复原。2022年4月，多部委联合发布《生态环境损害赔偿管理规定》，其中第9条便明确"生态环境损害可以修复的，应当修复至生态环境受损前的基线水平或者生态环境风险可接受水平"[4]。因此，"正常功能说"的生态修复标准更加符合当前黄河流域生态环境保护的现状。

二是，加强生态基线评估与生态修复效果验收。一方面，在修复前要进行生态基线评估。生态修复前对黄河流域环境进行详细的生态基线调查，确定受损害环境区域的原始生态状态，包括生物多样性、土壤质量、水质条件等生态状态。应识别遭受影响的生态系统的关键组成部分和生态服务功能，为环境修复提供依据。同时，应根据生态基线评估设定具体的生态修复目标，如设定特定物种数量、改善水质、恢复植被覆盖率等生态修复目标。另一方面，科学合理进行生态修复的规划与验收。对生态修复效果要进行科学规划与验收，需要采用生态学和环境科学的方法，确保生态修复的科学性和可行性，同时要通过部门联合、专家咨询、公众监督等方式，确保环境修复后能

---

[1] 王立新、黄剑、廖宏娟：《环境资源案件中恢复原状的责任方式》，《人民司法》2015年第9期。

[2] 周启星、魏树和、张倩茹等编著《生态修复》，中国环境科学出版社，2006，第163页。

[3] 徐本鑫、储源：《生态修复行政追责的路径回归与功能补强》，《江西理工大学学报》2020年第2期。

[4] 生态环境部等：《生态环境损害赔偿管理规定》，2022年4月28日，https://www.mee.gov.cn/xxgk2018/xxgk/xxgk03/202205/t20220516_982267.html，访问日期：2024年10月15日。

够发挥正常的作用和功能。

3. 提高环境修复的管理能力

生态环境修复是一项复杂工程，要保证生态环境修复标准和质效，提高生态环境修复的管理能力尤为关键。提高生态环境修复的管理能力可以从生态环境管理部门的协同监管能力、科学可行的生态修复规划、管理技能等方面着手。一是，应加强多元管理主体协同监管能力。成立由司法、环保、林业、国土、水利等部门组成的生态环境管理综合部门，负责黄河流域环境案件的执行监督管理。也可以根据具体情形，利用社会资源，委托具有资质的第三方环保咨询公司或科研机构，对黄河流域生态修复项目进行评估、设计、施工监督及效果验收。各部门应明确职责分工，加强协同共治，确保生态修复工作遵循环境保护法规、符合修复标准。二是，制定科学可行的生态修复规划。黄河流域所在地的政府要定期发布生态修复工程的修复指南和验收标准，确保生态修复工作有章可循，及时指导修复工作，避免因标准不合标而导致执行生态修复标准存在偏差。生态环境修复流程应涵盖生态修复前的环境评估，修复方案设计，生态环境修复中的全程监控，生态环境修复后的长期监测管理。三是，提升环境修复管理人员的专业技能。对司法、执法及第三方机构的专业人员应进行定期技术培训，提升他们在环境科学、生态修复技术等方面的专业知识和技能，确保他们能够准确执行生态修复计划。同时，应当提高生态管理人员利用信息技术的能力，培养技术人员能够熟练应用遥感监测、物联网、大数据等现代信息技术，实时监控生态修复项目的进展实况，收集和整合生态修复数据，评估生态修复效果，保证生态环境修复质量，进而提高对生态环境修复的管理能力。

四、优化环境犯罪惩治程序

优化黄河流域环境犯罪惩治程序，完善惩处黄河流域环境犯罪案件的流程和方式，能够确保环境犯罪案件得到及时、准确的识别与处理，提高环境犯罪惩治的公平公正和效率。通过优化行刑衔接程序、立案程序、侦查程序、审查起诉程序和审判程序，加强惩治程序畅通，能够有效优化黄河流域环境犯罪惩治程序，确保环境犯罪得到及时、准确、有力的惩处，从而完善黄河流域环境犯罪惩治机制。

（一）完善黄河流域环境犯罪行刑衔接程序

黄河流域环境犯罪行刑衔接程序优化是针对黄河流域环境犯罪惩处中涉及行政处理与刑事处罚相互衔接的衔接流程进行改进和完善。优化黄河流域环境犯罪行刑衔接程序旨在提升行政机关与刑事司法机关之间在案件移送、证据转换、信息共享、联合执法等方面的协同合作和办案效率，确保环境犯罪行为得到及时、准确、有力的惩处，试图有效保障黄河流域环境犯罪的惩治质效。

1. 完善案件移送及受理程序

为破解黄河流域环境犯罪案件移送程序与受理程序衔接不当的困境，保证黄河流域环境犯罪案件有序流转，应当构建明确的环境犯罪案件移送和受理程序。首先，赋予检察机关移送通知权。在环境违法犯罪案件中，存在着应当移送而不移送的情况。在实践中，检察机关一般通过向行政机关提出检察意见的方式，建议行政机关移送案件。然而，检察机关因缺乏强制效力和指令性，检察意见难以有效发挥作用。鉴于此，有必要赋予检察机关移送通知权。收到通知书的行政机关应当在一定期限内移送案件。对于应当移送而不移送的环境犯罪案件，检察机关有权要求行政机关说明理由，如果理由不能成立，则检察机关可以自行开展调查，并根据调查结果决定是否出具《涉嫌犯罪案件移送通知书》。如果不及时移送甚至拒绝移送环境案件，检察机关可以向该行政机关的上级机关或者监察委员会发出给予相关责任人员的处分建议和意见，最终的处分决定应当抄送检察机关。

其次，规范案件移送内容。案件移送包括移送的标准、材料、受移送主体等内容。移送标准，是指行政机关对于破坏黄河流域环境的案件是否需要移送检察机关的判断标准。由于行政机关并非司法机关，对案件移送标准进行判断时应当低于刑事立案标准，只要有证据证明存在环境违法事实，可能构成环境犯罪，就足以将案件移送至检察机关，最终是否构成犯罪还需后续司法机关根据危害事实和相关法律进行准确判断。对于移送材料，应当包括行政机关在环境执法过程中有关环境违法犯罪行为的证据以及相关的记录和说明。如果行政机关已对行为人作出行政处罚的，应当随案移交行政处罚决定书。对于受移送主体，行政机关一般应将需要移送的案件移交给同级的公安机关，可能构成涉嫌职务犯罪的，应移送至同级的监察机关。

最后，完善案件受理程序。完善案件受理程序可以从案件受理时间、受理机关的法律义务等方面着手。在受理时间方面，可参照《刑事诉讼法》的相关规定，根据案件相应情形规定明确的受理时间。关于受理机关的法律义务，若公安机关认为环境案件达到立案标准，可能构成环境犯罪进行受理的，应当书面告知行政机关；如果公安机关认为案件没有达到立案标准，不予受理，也应当书面通知行政机关并说明理由。

2. 完善行刑证据衔接程序

为畅通黄河流域环境违法犯罪案件行刑衔接，优化环境犯罪惩治程序，解决当前执法人员在调查环境犯罪时行刑证据适用不衔接的问题，确保环境犯罪得到有效惩治，完善行刑证据衔接程序是关键。

首先，明确承认环境行政执法过程中取得的有关危害环境的证据可以用作刑事诉讼证据。环境行政执法过程中取得的有关环境犯罪的证据资料对认定环境犯罪具有重要作用。行政执法和刑事司法都对证据收集的程序有着明确的规定，且均要求证据同时具备客观性、合法性、关联性。二者在证据的类型划分和标准要求上也基本一致，这为行刑证据衔接程序提供了有力基础。环境行政执法过程中，环境违法证据的收集主体一般为环境执法人员。如果仅从证据收集主体的角度看，由于环境违法证据的收集主体与刑事诉讼的证据收集主体存在差异，环境行政执法过程中取得的环境违法证据，就不能直接用于认定环境犯罪。但是，很多证据具有不可替代性和脆弱性，环境刑事司法如果不使用行政执法过程取得的证据，很多环境违法情况难以被认定为环境犯罪。因此，行政执法和刑事司法主要差异在于证据收集主体不同，以刑事证据标准对行政执法取得的证据进行审查，符合刑事证据标准后，该证据就可以用于认定环境犯罪。

其次，明确行刑证据转化规则。在证据转化过程中，现行规范性法律文件一般都规定，对于行政执法阶段获取的除鉴定意见外的言词证据，原则上应当重新收集；对于行政执法阶段获取的实物证据，经审查核实后可以直接在刑事司法阶段作为证据使用。因为，在排除行政执法过程中不合法的言词证据后，侦查人员也能够向行为人再次取证，不会影响证据链完整性。但如果直接排除实物证据，则可能使关键证据缺失而无法认定犯罪。因此，在行刑衔接的证据转化上，行政机关收集的言词证据应由司法机关向行为人重新收集。行政机关取得的实物证据经司法机关审核后，如果达到刑事司法证据标准，可以适用于刑事诉讼，具有刑事证据效力。司法机关以刑事证据标准对行政证据进行审查，能够有效解决环境犯罪证据收集主体不适格的问题。司法机关通过证据审查，应当防止刑讯逼供等违法取证的现象发生，确保诉讼程序合法。

（二）优化黄河流域环境犯罪立案程序

1. 完善案件线索收集程序

面对形势严峻的黄河流域环境犯罪，侦查机关必须结合自身优势，拓展案件线索来源，完善案件线索收集程序。一是，要充分依靠现代数字技术。破坏环境犯罪经常与其他违法犯罪行为交织，公安机关必须加强与相关部门的联系。可以建立或优化黄河流域环境信息共享平台，确保所有相关执法机构能够实时获取流域内的环境信息。此外，环境信息共享平台可根据卫星影像、无人机监控、水质监测站收集的流域环境信息，进行环境数据整合，及时发现并处理环境违法行为。二是，畅通案件线索提供渠道。设立专用的举报热线和在线举报平台，可以通过网站、公众号、微博、短视频平台等多种渠道，鼓励公众提供黄河流域环境犯罪线索。为鼓励公众参与的积极性，可以根据举报信息价值大小给予举报人相应的奖励。三是，要构建案件跟踪与反馈机制。公安机关对于已经取得的有关黄河流域环境犯罪的线索，必须进行有效的研讨和评估，可根据线索进行秘密调查，同时要建立黄河流域环境案件的跟踪系统，确保每一条线索都有后续的跟踪调查、处理记录和责任人。

2. 完善立案初查规范

《环境保护行政执法与刑事司法衔接工作办法》第26条规定，公安机关对于环保部门通报的在执法检查时发现的违法行为明显涉嫌犯罪的，"认为有必要的"，"可以依法开展初查"，环保部门在公安机关立案侦查前应当"继续对违法行为进行调查"。根据《公安机关办理刑事案件程序规定》第174条有关公安机关初查活动的规定[1]，公安机关根据需要可以在审查行政机关通报的材料时开展调查、核实活动，即"初查"。对于环保部门移送的涉嫌犯罪行为，因条件严格，甚至会按照刑事立案标准，即"有犯罪事实需要追究刑事责任"进行把握，公安机关往往不启动初查，或者即便启动初查，立案率也偏低。鉴于此，应明确公安初查的启动标准，明晰行政调查、公安初查及刑事侦查之间的初查界限。不能将初查界定为侦查行为或者任意侦查行为，防止因立案程序与侦查程序的边界模糊化进而侵害当事人权利。在初查阶段，公安机关履行的是犯罪识别职能，将初查界定为行政行为显然不合适。办案机关基于初查活动，不属于正式的诉讼活动，主要功能在于判断和决定是否开启刑事诉讼程序，初查活动不具有侦查的属性。同时，针对侦查行为，《刑事诉讼法》构建了较为严格的约束性机制，并且刑事诉讼中的犯罪嫌疑人、被告人在侦查程序中享有的知情权、律师协助权、请求调查证据权、申请监督权等诉讼权利[2]，也基本不适用于初查程序。在初查程序中，办案机关采取的询问、查询、勘验、检查、鉴定、调取证据材料等不限制被调查者人身、财产权利的措施，不属于正式的刑事诉讼措施，不能查封、扣押、冻结初查对象的财产，更不能采用强制措施和技术侦查措施。

3. 建立健全配套保障制度

为了实现行政机关与司法机关的协作配合，保障环境违法犯罪案件移送制度的有效实施，还应建立健全行政机关与司法机关联席会议工作制度、信息共享平台机制、案件咨询制度等。应当探索联席会议工作制度，加强行政机关、公安机关与检察机关之间协调配合。采取定期会议或临时会议的形式，主要讨论环境犯罪案件行刑衔接机制运行中的疑难问题，由行政机关牵头组

---

[1]《公安机关办理刑事案件程序规定》第174条："对接受的案件，或者发现的犯罪线索，公安机关应当迅速进行审查。发现案件事实或者线索不明的，必要时，经办案部门负责人批准，可以进行调查核实。调查核实过程中，公安机关可以依照有关法律和规定采取询问、查询、勘验、鉴定和调取证据材料等不限制被调查对象人身、财产权利的措施。"

[2] 根据《人民检察院讯问职务犯罪嫌疑人实行全程同步录音录像的规定》，检察机关在自侦案件的侦查讯问中，应一律进行录音、录像，但讯问初查对象需要录音录像的，应当告知初查对象。由此可见，职务犯罪嫌疑人在这两个阶段的权利保障方式存在区别。

织召开。为方便不同机关的及时沟通,可指定一至两名联络员。对某一案件的看法,不同机关相互交换意见,不同机关集中汇报案件的处理、移送、受理、立案及其监督情况等。在必要时,行政机关可以商请同级公安机关或检察机关提前介入,讨论与研究在执法过程中发现的罪与非罪、移送的程序、证据材料的移交与转化等关键问题,充分发挥部门联动及协调配合之优势。

为了解决行刑衔接机制运作中信息交流不畅问题,可以建立健全信息共享机制,有效简化案情通报、案件移送等流程,保证案件信息在各机关部门之间流动及共享。由享有法律监督职能的检察机关牵头,统一规划和推动执法信息平台建设,明确执法信息录入标准、时间、案件范围、案件内容及移送案件的后续处理等。行政机关应及时准确地将环境违法案件处罚情况上传至信息平台,公安机关应在规定时间内将案件处理情况录入平台。

为了实现权力分工、彼此制约以及更好地保障公民权利,可建立健全环境违法犯罪案件咨询制度。为形成合力进而迅速侦破案件,行政机关、公安机关、检察机关共同参加,围绕环境违法犯罪的个案进行分析,对案件事实认定、法律适用及操作规程进行商讨。但是,各机关的这种协调合作,不得背离《刑事诉讼法》《黄河保护法》等立法目的。

(三)优化黄河流域环境犯罪侦查程序

1. 完善检察机关提前介入侦查制度

对于社会影响比较大尤其是涉及社会公共利益、公共安全的案件,检察机关认为确有必要,主动介入或者经由侦查机关请求,可以提前介入侦查环节。检察机关提前介入侦查环节,能够及时引导侦查机关正确认定案件性质、收集固定保全环境违法犯罪证据材料以及监督侦查机关的侦查行为。检察机关提前介入侦查核心工作是为了便于开展监督侦查,通过对侦查机关的侦查合法性、侦查完毕后是否及时准确地移送案件等方面的监督,有利于提高办案质量和效率。当然,在办理环境案件遇到疑难问题时,侦查机关可以主动邀请检察机关参与案件办理,试图提升办案衔接质量和效率。需要明确指出,检察机关提前介入侦查的这种程序性前置,绝不能模糊侦查权与检察机关法律监督权的界限,更不能违反《刑事诉讼法》确立的"分工负责,互相配合,互相制约"原则的基本要求。

2. 优化案件侦查程序

完善黄河流域环境犯罪惩治程序，优化黄河流域环境犯罪侦查程序是关键。优化黄河流域环境犯罪侦查程序旨在对环境犯罪侦查过程中，要确保侦查过程的真实性、公正性和合法性，避免冤假错案的发生，保障犯罪嫌疑人的合法权益，确保真正的犯罪分子受到应有的法律制裁。由于黄河流域环境犯罪具有隐蔽性、复杂性、危害结果的滞后性等特性，目前环境犯罪案件的立案侦查程序难以适应侦查机关的实践需要，也影响对此类案件的侦查效能。为进一步优化黄河流域环境犯罪侦查程序，需要做到以下几方面。一是，优化环境犯罪案件的立案审查流程。对于环境犯罪侦查过程中的非关键环节进行简化，将更多司法资源集中用于本案关键证据的审核上。同时实行分级审查，对于明显达到立案标准的案件应加速审批流程。二是，环境纠纷正式立案前可以建立预审制度。在环境纠纷正式立案前，公安机关可以与环保行政等部门进行初步的联合预审，收集案件相关材料和证据，缩短环境纠纷正式立案后的审查时间。三是，针对环保专业性高、案情复杂的环境纠纷案件可适当延长立案审查期限。侦查机关在规定期限内未能完成侦查任务，就案件实际情况应书面告知与本案相关的行政机关和检察机关，并说明理由。检察机关可以根据环境案件复杂程度对于立案审查期限给予合理延长。

3. 完善司法鉴定规范

司法鉴定程序对于增强证据的科学性与权威性、促进公正审判与司法公正以及推进环境保护与可持续发展等方面具有重要意义，司法部门应当加强司法鉴定工作管理，优化司法鉴定程序。一是，应增加环境案件司法鉴定机构的数量以提升司法鉴定效率。司法部门和行政机关应根据现有环境案件的罪名类型和地域特征，从司法机关内部或社会中遴选出鉴定技术过硬、综合素质良好、经验丰富的鉴定机构，从而增加环境司法鉴定机构的数量，提高司法鉴定效率。此外，在黄河流域环境犯罪多发的地区，稳步增加司法鉴定机构数量的同时，环境行政部门必须严格落实鉴定机构的准入标准和相关程序，保证每一个环境司法鉴定机构的各项资质符合要求。同时要对现有的环境鉴定机构进行不定期秘密审查，确保环境司法鉴定机构始终保持良好的鉴定能力，对于不合格的司法鉴定机构，应当进行警告和整改，整改后不合格的应当进行淘汰。二是，统一案件鉴定的收费标准。司法和行政机关可以对当前我国环境司法鉴定的收费标准进行统计和分析，根据不同的环境类型和地域经济水平制定统一收费标准。为充分考虑不同案件的特殊性，可以赋予鉴定机构在一定金额范围内的自主定价权，使得环境鉴定价格在保持统一性的同时，也可以充分考虑不同案件的特殊性。同时也要加强环境鉴定费用的监管，对于恶意收费的机构要采取一定的惩戒措施。三是，要建立环境鉴定的统一技术标准。努力促进全国不同地区环境鉴定机构的技术交流与协作，尽量避免不同鉴定机构对于同一环境问题的鉴定结果出现较大的鉴定差别。要根据司法人员和不同鉴定机构的意见，建立统一的环境案件鉴定技术标准。

（四）优化黄河流域环境犯罪审查起诉程序

检察机关是宪法规定的法律监督机关，在审查黄河流域环境犯罪案件时，应依法严格履行监督职责。为保障检察机关依法履行职责，还应进一步完善黄河流域环境犯罪审查起诉程序。

1. 保障检察机关的相对独立性

保障检察机关的相对独立性，应当保障其经济地位相对独立。当前检察机关各项经费受当地政府约束，其履行法律监督职权难免会受到当地政府的影响，对于政府庇护的环境污染企业的监督难以有效实现监督质效。因此，地方检察机关的办案资金应由上级检察机关直接划拨，不仅契合检察机关领导体制，也能保障检察机关履行法律监督、审查起诉职能时的相对独立性，不受行政机关、社会团体、个人的干涉。

2. 完善审查起诉制度体系

环境行政部门和公安部门应及时将黄河流域环境涉案信息全面、及时地向检察部门披露。通过建立黄河流域信息数据共享平台，行政执法机关将黄河流域内的环境行政处罚案件信息在共享平台上及时公示，保障检察机关有效行使法律监督职能。对于涉嫌黄河流域环境犯罪的案件，若行政机关未履行移送义务或公安机关违反规定未立案的，检察机关可以要求行政执法机关说明具体理由，并有权对案件进行深入调查。通过调查认为案件应当移送或者立案的，检察机关应向侦查机关出具"环境案件移送通知"或"环境案件查处通知"，行政机关或公安机关收到通知后应尽快对环境案件进行移送或查处。

3. 确立检察机关专门法律监督部门

检察机关应在内部确立专门的监督部门负责立案侦查监督和行政执法监

督。当前检察院的侦查监督科由于主要负责刑事案件，忽视了对行政执法过程的法律监督。我国检察院推动捕诉合一后，检察院公诉和批捕职能一起归入公诉部门。此时可在检察机关内部增加行政执法监督职能，并建构相应的侦查监督组和行政执法监督组，原侦查监督部门可设为检察监督部门。从而通过专门的检察部门负责环境案件行刑衔接过程中的法律监督职能，有效解决当前的监督难题。

（五）优化黄河流域环境犯罪审判程序

审判程序是黄河流域环境犯罪惩治的至关重要的环节，法官坚持以事实为依据，以法律为准绳，确保罪责相适应的原则，通过公正、公开的法庭审理，确保环境犯罪行为人受到应有的惩罚，维护法律的尊严和权威。但在环境犯罪公益诉讼程序、环境犯罪的证明责任和证明方法上还需不断完善，从而促进环境犯罪审判程序的优化。

1. 完善环境犯罪公益诉讼程序

一是，要促进诉讼提出主体多元化。环境污染案件涉及范围广、危害性大、隐蔽性强，严重影响当地群众的生活质量和生命健康，若单一主体提出诉讼力量有限，面对严峻复杂的黄河流域环境犯罪案件难以进行有效惩治。根据我国《民事诉讼法》《中华人民共和国民法典》《关于审理环境民事公益诉讼案件适用法律若干问题的解释》等规定，除检察机关外，相关法律规定的机关和组织也可以提起环境民事公益诉讼。目前，检察机关的刑事附带民事环境公益诉讼主体资格已经通过《检察公益诉讼解释》得以确认，而其他组织的环境公益诉讼主体资格尚未明确。最高院《关于审理环境民事公益诉讼案件适用法律若干问题的解释》虽然规定"法律规定的机关和有关组织"可以提起民事公益诉讼，但是并未明确刑事附带民事公益诉讼的主体范围。鉴于此，为有效遏制环境犯罪发生，刑事附带民事环境公益诉讼主体应与民事公益诉讼一致，均包括"法律规定的机关和有关组织"。这主要有两方面的原因：一方面，虽然刑事附带民事公益诉讼是附带式诉讼[1]，但本质上属于刑事诉讼与民事诉讼的复合之诉，附带式的诉讼模式不影响民事部分的独立性，二者

---

[1] 汪劲、马海桓：《生态环境损害民刑诉讼衔接的顺位规则研究》，《南京工业大学学报》（社会科学版）2019年第1期。

启动主体一致是环境案件诉讼程序优化的应有之义。另一方面，从环境保护目的上，适格原告的多元化是我国生态损害综合预防与补救的关键部分[1]，不仅可以最大限度地提高公众的环保意识，鼓励公众共同保护环境，严厉惩治环境犯罪行为，而且能够加强多元主体的监督，有效保护生态环境健康可持续发展。

二是，刑事附带民事公益诉讼的诉前公告程序的适用，应当全面考量刑事附带民事公益诉讼的启动条件。为了保障环境犯罪裁判的公正统一性，诉前公告的合理适用，应明晰刑事附带民事公益诉讼的启动条件，避免同案不同判现象。关于刑事附带民事公益诉讼的诉前公告程序的存废，理论与实践存在争议，学界基于被告人的羁押期限[2]，提高诉讼效率、节约司法资源等价值追求[3]，学者普遍认为刑事附带民事诉讼中不宜进行诉前公告。但是最高人民法院、最高人民检察院（简称"两高"）《关于人民检察院提起刑事附带民事公益诉讼应否履行诉前公告程序问题的批复》仍然要求落实诉前公告程序。"两高"批复的具体考量无从得知，但是刑事附带民事公益诉讼的诉前公告确实有诸多弊病。除前述理由外，有学者认为，在诉前程序将社会组织等广泛的社会群体纳入，卷宗的"保密性"则受到冲击。[4]鉴于此，在考量是否发起刑事附带民事的环境公益诉讼时，应当全面评估诸多关键要素，包括但不限于污染物的类型、排放的地理位置、污染物总量、污染影响的地域范围、超出法定标准的程度、具体的排污方法、受波及的人口规模、直接经济损失以及违法活动的非法收益等要素。同时，在决策是否发起刑事附带民事的环境公益诉讼时可以通过设立一系列量化指标加以规范，比如污染影响的地理边界一旦达到预设的阈值，受影响的民众数量超过多少数目时，即可达到相应的环境公益诉讼的启动条件。

---

[1] 竺效：《生态损害公益索赔主体机制的构建》，《法学》2016 年第 3 期。

[2] 马登科：《环境民事公益诉讼判决的效力扩张结构》，《国家检察官学院学报》2022 年第 2 期。

[3] 毋爱斌：《检察院提起刑事附带民事公益诉讼诸问题》，《郑州大学学报》（哲学社会科学版）2020 年第 4 期。

[4] 高星阁：《论刑事附带民事公益诉讼的程序实现》，《新疆社会科学》2021 年第 3 期。

2. 优化黄河流域环境犯罪证明责任

黄河流域环境犯罪证明责任的优化需要做好两方面工作。一方面，要明确公安机关在环境犯罪案件中的主要证明责任。在黄河流域环境犯罪中，公安机关通过对案件进行侦查、抓捕和讯问犯罪嫌疑人等形式，在环境案件惩治中承担着重要职责，也是环境犯罪证明工作的主要内容。当前，在惩治环境犯罪过程中，公安机关在黄河流域环境犯罪中的证明角色经常被忽视，证明责任较为模糊。明确公安机关在环境犯罪中的证明责任，既可以促使复杂环境案件的事实证明更加清楚，也方便被告人就相关案件事实直接向公安机关办案人员进行质证。另一方面，构建环保部门、公安机关、人民检察院多部门协同证明责任模式，以提高环境犯罪证明质效。其一，环保部门与公安机关要保证环境案件的证据共享。拓展案件证明的取证方式，保证案件证据具备法律效力。其二，公安机关与检察院应当确保证据收集程序的合法性以及证据的充足性，避免审判过程出现非法证据导致环境关键事实难以证明。采用公安机关为主的多部门协同证明责任模式，可以提高诉讼效率，有利于复杂环境案件的审判工作顺利进行。

3. 完善黄河流域环境犯罪证明方法

完善黄河流域环境犯罪证明方法是优化黄河流域环境犯罪审判程序的重要内容。一是，坚持以逻辑推理为主的证明方法是完善黄河流域环境犯罪证明方法的关键。回溯在审理环境犯罪案件过程中，逻辑推理证明方法占据首要地位。因为案情是办理案件的关键，是开展侦查、审判等一系列司法活动的前提，从发现案情到结案，其间无处不贯穿逻辑推理。通常认定证据所运用的都是演绎推理的形式，并且要求对证据的证明和反驳也要遵守逻辑规则，这样得出的结论才具有必然性。[1] 即使单个污染者的排放量不足以单独造成环境损害，但是如果多个污染者的行为加在一起足以导致损害结果的发生，其中每个污染者的行为都是这个损害结果的必要组成部分。显然每个污染者的污染物排放量是水体污染的必要因素之一。另外，环境犯罪中因果关系的判断不仅需要逻辑推理，还需要使用与环境相关的科学方法和手段。通过科学技术检测环境污染物，评价其对环境的负面影响，根据环境实际损害的因

---

[1] 杨继文：《污染环境犯罪因果关系证明实证分析》，《法商研究》2020年第2期。

果链条，环境专家运用专业知识和科学技术解析出污染行为与环境损害之间错综复杂的关系，找到它们相互作用的科学依据，这一严密推理过程对于确立环境犯罪责任至关重要。鉴于此，在黄河流域环境犯罪的因果关系证明上需要逻辑分析和推理方法，必须考虑多源头的系统效应。即使单个污染者的行为看起来微不足道，也可能因为与其他环境污染行为的叠加而造成环境严重损害，只要能够证明所有污染者的行为集合起来导致了环境严重损害，那么每个污染者都可能要承担法律责任，这种案件事实因果关系的判定需要逻辑分析和推理。

二是，加强心证证明方法的运用。在司法实践中，心证即法官内心的确信，它不再仅仅是主观感受，而是要求法官在自由裁量权范围内，基于全面的证据评价，形成对案件事实的判断。特别是在环境污染犯罪案件中，对案件事实的证明需要涉及污染行为、污染物特性以及环境损害后果等构成要件的严格证明。公诉方在承担环境犯罪证明责任时，必须遵循刑事诉讼法设定的证据证明标准，确保所呈现的证据确凿充分，且足以支撑起对被告人行为的指控。环境污染犯罪案件中，考虑到环境犯罪的复杂性以及刑事政策的导向，对于因果链条的证明应当采取一种审慎的态度，从污染行为到环境损害的整个过程的因果关系链条，需要进行详尽而严谨的论证，允许一定程度的自由证明空间。需要强调的是，这并不意味着降低证明标准，而是要求在确保公正的前提下，灵活运用证据规则，以实现对被告人责任的合理界定。

本章小结

优化黄河流域环境犯罪惩治机制，是推进国家治理体系和治理能力现代化的重要举措，也是践行"生态优先、绿色发展"战略体现。黄河流域环境犯罪惩治旨在保障黄河流域居民的环境权利及流域生态平衡，促进黄河流域生态环境的健康可持续性发展。当前，面对复杂严峻的环境犯罪形势，为推动黄河流域环境犯罪的有效治理，需要从惩治理念、主体、手段、程序等层面不断完善环境犯罪惩治机制，全面提高黄河流域环境犯罪惩治效能。

首先，转变黄河流域环境犯罪惩治理念是适应新时代黄河生态保护的迫切需要。当前，人们在深入反思报应性惩治理念的基础上，普遍认为报应性正义理念在惩治犯罪过程中未能重视受害人的实质参与，导致犯罪行为人与受害人之间缺乏双向沟通协调机制，不利于有效恢复已被破坏的社会关系。鉴于此，应转变惩治理念，秉持恢复性司法理念、环境本位理念、宽严相济理念，在惩罚环境犯罪行为时，既要强调黄河流域环境犯罪惩治与刑罚的必要性，还要兼顾生态修复的重要性，真正做到"惩罚为主，兼顾修复"的综合惩治理念。其次，提高环境犯罪惩治主体的能力是完善环境犯罪惩治机制的必然要求。环境犯罪的惩治主体主要包括负责侦查的公安机关、负责提起公诉的人民检察院以及负责审判的人民法院等司法机关。为实现惩罚犯罪，保障环境犯罪刑事诉讼目的的实现，需要进一步完善环境犯罪惩治机制，通过完善侦查主体、起诉主体、审判主体的职能以及提高多元主体协同能力，以增强环境犯罪惩治主体能力。再次，丰富环境犯罪惩治手段是增强环境犯罪惩治力度的有效措施。完善环境犯罪惩治手段应当是一个综合性策略体系，通过完善附加刑刑罚惩治手段和优化环境修复非刑罚惩治手段，既能强化环境刑罚手段的威慑力，也能兼顾非刑罚手段生态环境修复的重要性。最后，优化环境犯罪惩治程序是实现程序正义的必然要求。通过优化黄河流域环境犯罪行刑衔接程序、立案程序、侦查程序、审查起诉程序、审判程序，能够有效优化黄河流域环境犯罪惩治程序，使得各程序之间实现有效对接，保障惩治程序畅通，避免出现程序拖延，从而确保惩罚犯罪与保障人权等目的的有效实现。

参考文献

一、专著

[1] 吕志祥.黄河流域生态治理法律协调机制综论[M].北京：中国民主法制出版社，2023.

[2] 胡金焱.母亲之河：黄河流域生态保护和高质量发展[M].重庆：重庆大学出版社，2022.

[3] 夏军，程绪水，张翔，等.淮河流域水质–水量–水生态联合调度[M].北京：科学出版社，2022.

[4] 中国光大环境（集团）有限公司.环境保护与碳中和：详解环境气候演变与减污降碳协同[M].北京：中国科学技术出版社，2022.

[5] 吕忠梅，窦海洋.生态恢复论：环境侵权新法理[M].北京：法律出版社，2022.

[6] 应培礼.中国犯罪治理现代化研究[M].北京：商务印书馆，2022.

[7] 林振义，董小君.黄河流域发展蓝皮书：黄河流域高质量发展及大治理研究报告[M].北京：社会科学文献出版社，2021.

[8] 吕忠梅.沟通与协调之途：公民环境权的民法保护[M].北京：法律出版社，2021.

[9] 中国法制出版社.最新环境保护法律政策全书[M].北京：中国法制出版社，2021.

[10] 刘宝玲，李刚，尤宏.流域水污染环境风险综合评价与时空信息管理[M].北京：化学工业出版社，2021.

[11] 吕忠梅.长江流域立法研究[M].北京：法律出版社，2021.

[12] 王勇，李胜.协同政府：流域水资源的公共治理之道[M].北京：中国

社会科学出版社，2020.

[13] 最高人民法院环境资源审判庭.环境资源审判实务手册[M].北京：人民法院出版社，2020.

[14] 任保平，师博，等.黄河流域高质量发展的战略研究[M].北京：中国经济出版社，2020.

[15] 马聪.污染环境罪刑事惩治研究[M].北京：知识产权出版社，2020.

[16] 冯军.环境污染犯罪治理问题研究[M].北京：法律出版社，2019.

[17] 刘蕊.刑法中的赔偿制度研究[M].北京：中国政法大学出版社，2018.

[18] 中共中央文献研究室.习近平关于社会主义生态文明建设论述摘编[M].北京：中央文献出版社，2017.

[19] 中国社会科学院语言研究所词典编辑室.现代汉语词典：第7版[M].北京：商务印书馆，2016.

[20]《中国大百科全书·环境科学》编委会.中国大百科全书（环境科学）[M].北京：中国大百科全书出版社，2002.

[21] 关伯仁.环境科学基础教程[M].北京：中国环境科学出版社，1997.

[22] 刘斌斌，李清宇.环境犯罪基本问题研究[M].北京：中国社会科学出版社，2012.

[23] 蒋兰香.环境犯罪基本理论研究[M].北京：知识产权出版社，2008.

[24] 周珂.环境法[M].北京：中国人民大学出版社，2008.

[25] 赵秉志，王秀梅，杜澎.环境犯罪比较研究[M].北京：法律出版社，2004.

[26] 赵秉志.比较刑法暨国际刑法专论[M].北京：法律出版社，2004.

[27] 付立忠.环境刑法学[M].北京：中国方正出版社，2001.

[28] 赵秉志.环境犯罪及其立法完善研究：从比较法的角度[M].北京：北京师范大学出版社，2011.

[29] 胡雁云.环境犯罪及其刑事政策研究[M].北京：法律出版社，2018.

[30] 周峨春，孙鹏义.环境犯罪立法研究[M].北京：中国政法大学出版社，2015.

[31] 张建伟.刑事诉讼法通义：第2版[M].北京：北京大学出版社，2016.

[32] 李斯特.德国刑法教科书[M].徐久生，译.北京：法律出版社，2006.

[33] 陈兴良. 刑法的价值构造 [M]. 北京：中国人民大学出版社，1998.

[34] 侯艳芳. 环境资源犯罪常规性治理研究 [M]. 北京：北京大学出版社，2017.

[35] 李洁. 罪与刑立法规定模式 [M]. 北京：北京大学出版社，2008.

[36] 佐伯仁志. 制裁论 [M]. 丁胜明，译. 北京：北京大学出版社，2018.

[37] 乌杰. 系统哲学 [M]. 北京：人民出版社，2008.

[38] 金瑞林，汪劲. 20世纪环境法学研究述评 [M]. 北京：北京大学出版社，2003.

[39] 高铭暄. 中华人民共和国刑法的孕育诞生和发展完善 [M]. 北京：北京大学出版社，2012.

[40] 林灿铃. 国际环境法 [M]. 北京：人民出版社，2004.

[41] 叶俊荣. 环境政策与法律 [M]. 北京：中国政法大学出版社，2003.

[42] 黑格尔. 法哲学原理 [M]. 范扬，周企泰，译. 北京：商务印书馆，1982.

[43] 梁根林. 刑事制裁：方式与选择 [M]. 北京：法律出版社，2006.

[44] 罗尔斯顿. 环境伦理学 [M]. 杨进通，译. 北京：中国社会科学出版社，2000.

[45] 考夫曼. 法律哲学 [M]. 刘幸义，译. 北京：法律出版社，2004.

[46] 张远煌. 犯罪学原理 [M]. 北京：法律出版社，2008.

[47] 冯树梁. 论预防犯罪 [M]. 北京：法律出版社，2008.

[48] 列斐伏尔. 空间的生产 [M]. 刘怀玉，等译. 北京：商务印书馆，2021.

[49] 温铁军，唐正花，刘亚慧. 从农业1.0到农业4.0：生态转型与农业可持续 [M]. 北京：东方出版社，2021.

[50] 韩延龙. 中国近代警察制度 [M]. 北京：中国社会科学出版社. 2018.

[51] 乐有金. 水域警务理论与实践 [M]. 北京：群众出版社. 2019.

二、期刊

[1] 习近平. 在黄河流域生态保护和高质量发展座谈会上的讲话 [J]. 求是，2019（20）：5-12.

[2] 安树伟，李瑞鹏. 黄河流域高质量发展的内涵与推进方略 [J]. 改革，

2020（1）：76-86.

[3] 姜长云，盛朝迅，张义博.黄河流域产业转型升级与绿色发展研究[J].学术界，2019（11）：68-82.

[4] 彭峰，侯婉颖，闫立东.环境污染犯罪中证据问题的实证分析[J].环境保护，2015（6）：56-58.

[5] 任惠华，殷福杰.论危害环境犯罪案件的侦查：以证据调查为中心[J].犯罪研究，2008（3）：41-45；64.

[6] 张瑞萍，赵凤宁.风险视阈下环境犯罪法益保护及行为构造：以污染环境罪为例[J].重庆理工大学学报（社会科学），2021（7）：118-126.

[7] 李梁.污染环境罪侵害法益的规范分析[J].法学杂志，2016（5）：97-102.

[8] 高铭暄，郭玮.德国环境犯罪刑事政策的考察与启示[J].国外社会科学，2020（1）：21-29.

[9] 孙国祥.反思刑法谦抑主义[J].法商研究，2022（1）：85-99.

[10] 郎胜.在构建和谐社会的语境下谈我国刑法立法的积极与谨慎[J].法学家，2007（5）：60-63；132.

[11] 张道许.风险社会视角下环境刑法的理论调适[J].河南警察学院学报，2019（3）：70-77.

[12] 陈兴良.刑法的刑事政策化及其限度[J].华东政法大学学报，2013（4）：4-15.

[13] 何群，储槐植.论我国刑罚配置的优化[J].政法论丛，2018（3）：130-138.

[14] 李梁.德国环境刑法的立法模式及其对我国的借鉴意义[J].法学杂志，2018（11）：64-70.

[15] 应建廷.缓刑实践的调查与思考[J].中国刑事法杂志，2000（5）：24-30.

[16] 汪劲.环境法学的中国现象：由来与前程：源自环境法和法学学科发展史的考察[J].清华法学，2018（5）：24-35.

[17] 唐旭斌.新中国成立30年来农村环境的污染与治理[J].江苏大学学报（社会科学版），2011（3）：64-69.

[18] 王世洲. 现代刑罚目的理论与中国的选择[J]. 法学研究, 2003（3）: 107-131.

[19] 赵星, 安然. 环境犯罪对传统刑罚目的之挑战与应对[J]. 法学杂志, 2009（4）: 44-46.

[20] 陈德敏, 杜辉. 论环境犯罪的伦理特征及其刑法控制基础[J]. 江西社会科学, 2009（5）: 166-172.

[21] 曹海军. 新区域主义视野下京津冀协同治理及其制度创新[J]. 天津社会科学, 2015（2）: 68-74.

[22] 许源源, 孙毓蔓. 国外新区域主义理论的三重理解[J]. 北京行政学院学报, 2015（3）: 1-8.

[23] 全永波. 基于新区域主义视角的区域合作治理探析[J]. 中国行政管理, 2012（4）: 78-81.

[24] 刘娟, 于虹. 新区域主义视域下大气治理的制度设计与模式创新[J]. 治理现代化研究, 2019（4）: 91-96.

[25] 李磊, 晏志阳, 马韶君. 城市群"互联网＋医疗健康"的内涵解析与路径构建：基于新区域主义视角的分析[J]. 北京行政学院学报, 2020（4）: 1-9.

[26] 曹海军, 霍伟桦. 城市治理理论的范式转换及其对中国的启示[J]. 中国行政管理, 2013（7）: 94-99.

[27] 彭向升, 祝健. 新区域主义视角下福建自贸区深化两岸金融合作研究[J]. 福建论坛（人文社会科学版）, 2016（12）: 182-187.

[28] 姚佳, 陈江龙, 姚士谋. 基于新区域主义的空间规划协调研究以江苏沿海地区为例[J]. 中国软科学, 2011（7）: 102-110.

[29] 吴鹏. 生态修复法律概念之辩及其制度完善对策[J]. 中国地质大学学报（社会科学版）, 2018（1）: 40-46.

[30] 杜焱强, 刘瀚斌, 汪涛. 生态补偿应以降低经济活动强度为导向［J］. 环境经济, 2016（Z8）: 68-71.

[31] 王金南, 刘桂环, 文一惠. 以横向生态保护补偿促进改善流域水环境质量：《关于加快建立流域上下游横向生态保护补偿机制的指导意见》解读［J］. 环境保护, 2017（7）: 14-18.

[32] 李奇伟. 我国流域横向生态补偿制度的建设实施与完善建议［J］. 环

境保护，2020（17）：27-33.

[33] 李亚菲. 黄河全流域横向生态补偿机制构建［J］. 社会科学家，2022（8）：104-111.

[34] 沈满洪，何灵巧. 外部性的分类及外部性理论的演化［J］. 浙江大学学报（人文社会科学版），2002（1）：152-160.

[35] 张式军. 完善流域横向生态补偿制度［J］. 国家治理，2023（6）：49-53.

[36] 高中意. 长江保护立法的理论建构：基于整体论的分析［J］. 南通大学学报（社会科学版），2021（3）：34-41.

[37] 李荣. 试论我国资格刑的缺陷与完善[J]. 河北法学，2007（7）：66-70.

[38] 敦宁，冯军. 环境犯罪"三元化"制裁体系之建构：以制裁目的之有效实现为中心展开[J]. 河北大学学报（哲学社会科学版），2015（4）：119-124.

[39] 肖融，柯坚.《黄河保护法》制定背景下流域宏观生态调控机制建构［J］. 重庆大学学报（社会科学版），2022（2）：195-206.

[40] 何艳梅.《长江保护法》关于流域管理体制立法的思考［J］. 环境污染与防治，2020（8）：1054-1059.

[41] 彭本利，李爱年. 流域生态环境协同治理的困境与对策［J］. 中州学刊，2019（9）：93—97.

[42] 董战峰，邱秋，李雅婷.《黄河保护法》立法思路与框架研究［J］. 生态经济，2020（7）：22-28.

[43] 吕忠梅. 关于制定《长江保护法》的法理思考[J]. 东方法学，2020（2）：79-90.

[44] 吴贤静，吴晓薇. 中国流域立法的价值表达与规范构造[J]. 中南民族大学学报（人文社会科学版），2023（8）：94-104；185.

[45] 张祖增，王灿发. 整体系统观：黄河流域生态保护与高质量发展法治建构的应然逻辑[J]. 西北民族大学学报（哲学社会科学版），2023（2）：175-188.

[46] 吕忠梅.《长江保护法》适用的基础性问题[J]. 环境保护，2021（Z1）：

23-29.

[47] 张文显. 习近平法治思想的系统观念 [J]. 中国法律评论, 2021 (3): 1-17.

[48] 叶金育. 论环境保护税征管中环保部门的权责配置 [J]. 华东政法大学学报, 2020 (4): 160-177.

[49] 宋蕾. 世界流域水资源立法模式之比较 [J]. 武汉大学学报（哲学社会科学版）, 2009 (6): 768-771.

[50] 陈亮, 杨攀. 流域立法的法理追问 [J]. 烟台大学学报（哲学社会科学版）, 2023 (1): 18-30.

[51] 徐以祥. 论我国环境法律的体系化 [J]. 现代法学, 2019 (03): 83-95.

[52] 吕忠梅. 中国环境立法法典化模式选择及其展开 [J]. 东方法学, 2021 (6): 70-82.

[53] 周骁然. 体系化与科学化：环境法法典化目的的二元塑造 [J]. 法制与社会发展, 2020 (06): 51-66.

[54] 刘超, 吕稣. 我国生态环境监管规范体系化之疏失与完善 [J]. 华侨大学学报（哲学社会科学版）, 2021 (02): 110-122; 131.

[55] 陈书全, 赵艳丽. 借鉴国际经验重构我国环境税制法律体系 [J]. 生态经济, 2005 (11): 53-56.

[56] 彭峰. 环境法法典化之难题及其克服：以党政联合规范性文件与法律之关系为视角 [J]. 政治与法律, 2021 (11): 30-40.

[57] 张璐. 促进人与自然和谐共生的中国式法律协同观 [J]. 法学研究, 2023 (3): 19-35.

[58] 陈海嵩. 生态环境政党法治的生成及其规范化 [J]. 法学, 2019 (5): 75-87.

[59] 吕忠梅, 窦海阳. 民法典"绿色化"与环境法典的调适 [J]. 中外法学, 2018 (4): 862-882.

[60] 王旭光. 环境权益的民法表达：基于民法典编纂"绿色化"的思考 [J]. 人民法治, 2016 (3): 26-27.

[61] 朱从谋, 王珂, 张晶, 等. 国土空间治理内涵及实现路径：基于"要素—结构—功能—价值"视角 [J]. 中国土地科学, 2022 (2): 10-18.

[62] 冯广京，王睿，谢莹. 国家治理视域下国土空间概念内涵 [J]. 中国土地科学，2021（5）：8-16.

[63] 张杨，杨洋，江平，等. 山水林田湖草生命共同体的科学认知、路径及制度体系保障 [J]. 自然资源学报，2022（11）：3005-3018.

[64] 刘佳奇. 论空间视角下的流域治理法律机制 [J]. 法学论坛，2020（1）：31-39.

[65] 孟庆瑜，张思茵. 论流域生态安全的法学逻辑与法治保障 [J]. 治理现代化研究，2022（6）：66-76.

[66] 刘录三，黄国鲜，王璠，等. 长江流域水生态环境安全主要问题、形势与对策 [J]. 环境科学研究，2020（5）：1081-1090.

[67] 姜超，祝晓光，刘瑜. 中国环境犯罪的空间分布特征与机制 [J]. 地理与地理信息科学，2021（5）：101-109.

[68] 吴勇. 我国流域环境司法协作的意蕴、发展与机制完善 [J]. 湖南师范大学社会科学学报，2020（2）：39-47.

[69] 李健勇. 我国跨省区流域污染问题治理的困境及司法对策：论司法体制改革与对策研究 [J]. 东方法学，2014（6）：105-111.

[70] 王树义，冯汝. 我国环境刑事司法的困境及其对策 [J]. 法学评论，2014（3）：122-129.

[71] 高洪景. 关于公安机关绩效管理工作的实践探索：以天津市公安机关为例 [J]. 公安研究，2022（2）：86-90.

[72] 陈俊豪，王勇鹏. 论战略管理思维下公安机关绩效管理体系之构建：以平衡计分卡为参照 [J]. 中国人民公安大学学报（社会科学版），2011（6）：89-95.

[73] 陈晓景. 流域发展国家战略与环境刑事规制的完善 [J]. 兰州大学学报（社会科学版），2021（6）：21-30.

[74] 黄锡生. 我国环境司法专门化的实践困境与现实出路 [J]. 人民法治，2018（4）：29-31.

[75] 姜明，王莹. 侦查监督与协作配合办公室实质化运行路径探析 [J]. 警学研究，2023（5）：57-63.

[76] 刘远. 行政执法与刑事司法衔接机制研究 [J]. 法学论坛，2009（1）：

72-79.

[77] 魏红，邓小勇. 生态修复刑事司法判决样态实证分析：以清水江流域破坏环境资源保护罪司法惩治为例 [J]. 贵州大学学报（社会科学版），2020（5）：104-116.

[78] 余德厚，任洪涛. 环境审判非刑罚处罚措施的生成及完善路径 [J]. 行政与法，2017（1）：112-120.

[79] 殷航. 黄河流域生态保护及经济可持续发展策略 [J]. 社会科学家，2021（9）：98-102.

[80] 李华琪. 论中国预防性环境公益诉讼的逻辑进路与制度展开 [J]. 中国人口·资源与环境，2022（2）：96-106.

[81] 刘洁. 试论环境民事公益诉讼起诉主体顺位选择 [J]. 河北环境工程学院学报，2022（2）：32-38.

[82] 饶冠俊. 再论我国环境公益诉讼原告资格问题：基于生态文明建设的要求 [J]. 前沿，2019（5）：108-114.

[83] 刘晓燕. 关于黄河水沙形势及对策的思考 [J]. 人民黄河，2020（9）：34-40.

[84] 王瑛. 行政协议认定标准探讨 [J]. 法商研究，2021（3）：160-174.

[85] 王海峰. 试论行政协议的边界 [J]. 行政法学研究，2020（5）：24-36.

[86] 彭贵才，娄金炜. 跨部门协同法治化：定位、困境与进路 [J]. 青海民族大学学报（社会科学版），2021（4）：118-126.

[87] 竺效. 论绿色原则的规范解释司法适用 [J]. 中国法学，2021（4）：83-102.

[88] 刘艳红. 民法典绿色原则对刑法环境犯罪认定的影响 [J]. 中国刑事法杂志，2020（6）：3-19.

[89] 李潇洋. 民法典中缔约信赖保护的规范路径 [J]. 法学，2021（6）：106-122.

[90] 王子晨. 论行政语境下的信赖保护原则 [J]. 江西社会科学，2021（11）：189-199.

[91] 杨红梅，涂永前. 环境恢复性司法：模式借鉴与本土改造 [J]. 国外社会科学，2021（3）：71-82；159-160.

[92] 李传轩. 绿色治理视角下企业环境刑事合规制度的构建 [J]. 法学, 2022（3）: 163-176.

[93] 谢秋凌. 生态法治之实践维度 [J]. 思想战线, 2020（3）: 159-165.

[94] 梁兰珍. 黄河流域生态环境的治理与可持续发展研究 [J]. 环境科学与管理, 2021（5）: 171-174.

[95] 付乐, 迟妍妍, 王夏晖, 等. 黄河保护立法中生态环境管理制度建设的若干思考 [J]. 环境生态学, 2022（1）: 91-96.

[96] 刘卫先. 黄河流域生态环境保护视角下污染环境罪定罪量刑的优化 [J]. 兰州大学学报（社会科学版）, 2021（6）: 31-39.

[97] 谷玲, 王玉杰. 黄河流域生态环境保护的法治探索 [J]. 河南司法警官职业学院学报, 2021（2）: 82-86.

[98] 刘德法, 蔡阳杰. 黄河流域生态环境问题刑事规制研究 [J]. 河南警察学院学报, 2020（5）: 58-66.

[99] 赵志强. 黄河流域生态保护和高质量发展协同机制及对策思考 [J]. 理论研究, 2021（5）: 73-80.

[100] 顾向一, 高媛. 水行政执法与刑事司法衔接机制优化研究 [J]. 人民长江, 2023（3）: 35-42.

[101] 蒋云飞. 生态环境保护行政执法与刑事司法衔接机制实证研究 [J]. 中南林业科技大学学报（社会科学版）, 2021（2）: 53-62.

[102] 何勤华, 顾盈颖. 生态文明与生态法律文明建设论纲 [J]. 山东社会科学, 2013（11）: 5-11.

[103] 康慧强. 我国环境行政执法与刑事司法衔接的困境与出路 [J]. 郑州大学学报（哲学社会科学版）, 2017（1）: 23-27; 158.

[104] 殷福才, 沈世伟, 顾震, 等. 地方环境违法案件行政执法与刑事司法衔接机制探讨：以安徽省为例 [J]. 环境保护, 2016（7）: 75-77.

[105] 蒋云飞. 环境行政证据向刑事证据转化：影响因素与完善路径 [J]. 中南林业科技大学学报（社会科学版）, 2020（1）: 32-37; 52.

[106] 北京市大兴区人民检察院课题组. "两法衔接"机制中行政执法信息准入标准 [J]. 山西省政法管理干部学院学报, 2013（2）: 28-30.

[107] 刘竹梅, 朱婧, 徐阳.《最高人民法院关于贯彻实施〈中华人民共和

国黄河保护法〉的意见》的理解与适用 [J]. 法律适用，2023（11）：88-97.

[108] 范伟义，邱友诗. 走在公益诉讼前沿的检察"工匠"[J]. 环境教育，2021（9）：21-23.

[109] 李小东. 论检察机关对生态文明的司法保障 [J]. 广东社会科学，2019（6）：244-251.

[110] 陈海嵩. 流域立法的审思与完善：以《黄河保护法（草案）》为中心 [J]. 荆楚法学，2022（4）：73-84.

[111] 薛澜，杨越，陈玲，等. 黄河流域生态保护和高质量发展战略立法的策略 [J]. 中国人口·资源与环境，2020（12）：1-7.

[112] 周伟. 黄河流域生态保护地方政府协同治理的内涵意蕴、应然逻辑及实现机制 [J]. 宁夏社会科学，2021（1）：128-136.

[113] 李景豹. 论黄河流域生态环境的司法协同治理 [J]. 青海社会科学，2020（6）：94-103.

[114] 陈海嵩. 中国环境法治发展总体结构与环境法典编纂指引：以"生态文明入宪"为中心的分析 [J]. 法学论坛，2022（4）：127-137.

[115] 征汉年. 国家治理现代化视野下生态环境检察的功能价值研究 [J]. 河南社会科学，2021（3）：61-70.

[116] 胡卫列，王莉，刘盼盼. 充分发挥公益诉讼检察制度在生态文明建设中的职能作用：最高人民检察院第四十批指导性案例解读 [J]. 人民检察，2022（20）：28-33.

[117] 胡道才. 司法助力黄河流域生态保护和高质量发展 [J]. 中国应用法学，2021（6）：246.

[118] 杨慧侠，刘盼盼，刘家璞. 检察公益诉讼推动重大生态环境修复治理探析 [J]. 中国检察官，2022（22）：7-11.

[119] 江华，杜宴林. 生态环境保护中检察机关法律监督职能探究 [J]. 社会科学家，2020（5）：109-114.

[120] 巩固. 生态环境损害赔偿诉讼与环境民事公益诉讼关系探究：兼析《民法典》生态赔偿条款 [J]. 法学论坛，2022（1）：129-139.

[121] 周高军，李媛. 生态环境损害赔偿制度背景下检察机关实践路径 [J]. 中国检察官，2021（17）：51-54.

[122] 自正法. 生态环境检察监督的转型面向：法理基础与规范逻辑 [J]. 政治与法律，2021（9）：15-25.

[123] 李梁，田玉明. 我国环境犯罪刑事政策的现状、困境与完善路径 [J]. 新疆财经大学学报，2022（3）：63-70.

[124] 穆斌. 生态环境的法益观研究 [J]. 中国政法大学学报，2020（3）：14-25；206.

[125] 王秀梅，戴小强. 刑法修正案（十一）修订污染环境罪的理解与适用 [J]. 人民检察，2021（7）：53-58.

[126] 靳匡宇. 生态修复量刑情节的司法适用研究：以187份长江环境资源刑事裁判文书为样本 [J]. 交大法学，2020（3）：143-158.

[127] 颜运秋，彭海青. 刑事公益诉讼的价值分析与制度构建 [J]. 河北法学，2006（2）：29-33.

[128] 马春娟，渠瑞. 检察机关提起刑事附带民事公益诉讼问题研究：基于黄河流域125份判例的实证分析 [J]. 宜春学院学报，2021（2）：15-19；63.

[129] 周新. 刑事附带民事公益诉讼研究 [J]. 中国刑事法杂志，2021（3）：123-140.

[130] 庄玮. 刑事附带民事公益诉讼制度理论与实践问题研究 [J]. 中国应用法学，2021（4）：196-211.

[131] 周艳琼. 环境刑事附带民事公益诉讼的适用路径探究：以野生动物保护为切入点 [J]. 黑龙江生态工程职业学院学报，2022（4）：65-70.

[132] 汤维建. 刑事附带民事公益诉讼研究 [J]. 上海政法学院学报（法治论丛），2022（1）：28-43.

[133] 吕梦醒. 生态环境损害多元救济机制之衔接研究 [J]. 比较法研究，2021（1）：133-151.

[134] 柏屹颖，翁芳洁. 行政检察监督与公益诉讼检察监督衔接机制研究 [J]. 中国检察官，2020（18）：49-53.

[135] 叶小琴. 长江大保护中治理非法采砂犯罪的多元共治法律机制 [J]. 环境保护，2020（Z1）：81-84.

[136] 方露露，许德华，王伦澈，等. 长江、黄河流域生态系统服务变化及权衡协同关系研究 [J]. 地理研究，2021（3）：821-838.

[137] 李雷, 李庆保, 张勇. 京津冀协同环境司法中的集中管辖问题研究[J]. 河北法学, 2017 (11): 89-98.

[138] 李启家, 姚似锦. 流域管理体制的构建与运行[J]. 环境保护, 2002 (10): 8-11.

[139] 金帅, 盛昭瀚, 刘小峰. 流域系统复杂性与适应性管理[J]. 中国人口·资源与环境, 2010 (7): 60-67.

[140] 王曦, 胡苑. 流域立法三问[J]. 中国人口·资源与环境, 2004 (4): 137-139.

[141] 张明楷. 污染环境罪的争议问题[J]. 法学评论, 2018 (2): 1-19.

[142] 伊藤. 環境（刑）法総論：環境利益と刑法的規制[J]. 法政研究, 1993 (3-4): 381-410.

[143] 刘艳红. 环境犯罪刑事治理早期化之反对[J]. 政治与法律, 2015 (7): 2-13.

[144] 王勇. 环境犯罪立法: 理念转换与趋势前瞻[J]. 当代法学, 2014 (3): 56-66.

[145] 李梁. 环境犯罪刑法治理早期化之理论与实践[J]. 法学杂志, 2017 (12): 133-140.

[146] 李琳. 立法"绿色化"背景下生态法益独立性的批判性考察[J]. 中国刑事法杂志, 2020 (6): 39-54.

[147] 焦艳鹏. 生态文明保障的刑法机制[J]. 中国社会科学, 2017 (11): 75-98; 205-206.

[148] 赵秉志, 詹奇玮. 当代中国环境犯罪立法调控问题研究[J]. 中国地质大学学报（社会科学版）, 2018 (4): 12-22.

[149] 侯艳芳. 环境法益刑事保护的提前化研究[J]. 政治与法律, 2019 (3): 111-120.

[150] 蒋兰香. 生态修复的刑事判决样态研究[J]. 政治与法律, 2018 (5): 134-147.

[151] 梁云宝. 民法典绿色原则视域下"修复生态环境"的刑法定位[J]. 中国刑事法杂志, 2020 (6): 20-38.

[152] 徐祥民. 习近平生态文明法治思想的基本命题: 环境保护优先[J]. 中

国政法大学学报，2021（3）：5-18.

[153] 黎宏. 预防刑法观的问题及其克服 [J]. 南大法学，2020（4）：1-21.

[154] 汪维才. 再论污染环境罪的主客观要件 [J]. 法学杂志，2020（9）：76-84.

[155] 熊琦. 环境法益视野下长江流域非法采砂行为刑法规制的重构 [J]. 学习与实践，2019（7）：67-74.

[156] 钱小平. 环境刑法立法的西方经验与中国借鉴 [J]. 政治与法律，2014（3）：130-141.

[157] 高铭暄，孙道萃. 预防性刑法观及其教义学思考 [J]. 中国法学，2018（1）：166-189.

[158] 曾粤兴，周兆进. 环境犯罪单位资格刑立法探析 [J]. 科技与法律，2015（2）：306-320.

[159] 邱秋. 域外流域立法的发展变迁及其对长江保护立法的启示 [J]. 中国人口·资源与环境，2019（10）：11-17.

[160] 孟庆瑜，张思茵. 流域法治的空间审思与完善进路 [J]. 北方法学，2021（2）：89-101.

[161] 秦天宝. 我国流域环境司法保护的转型与重构 [J]. 东方法学，2021（2）：158-167.

[162] 王鹏飞. 恢复性司法：一种理念、制度与技术 [J]. 江苏警官学院学报，2015（4）：27-30.

[163] 曲晓婷，王世进. 预防性环境行政公益诉讼构建的理论探析与制度设计 [J]. 江西理工大学学报，2022（1）：20-26.

[164] 王树义，赵小姣. 环境刑事案件中适用恢复性司法的探索与反思：基于184份刑事判决文书样本的分析 [J]. 安徽大学学报（哲学社会科学版），2018（3）：102-110.

[165] 李挚萍，田雯娟. 恢复性措施在环境刑事司法实践中的应用分析 [J]. 法学杂志，2018（12）：109-121.

[166] 吕忠梅，窦海阳. 修复生态环境责任的实证解析 [J]. 法学研究，2017（3）：125-142.

[167] 朱滨，郑海涛，乔晔，等. 长江流域淡水鱼类人工繁殖放流及其生

态作用 [J]. 中国渔业经济, 2009（2）: 74-87.

[168] 姜亚洲, 林楠, 杨林林, 等 . 渔业资源增殖放流的生态风险及其防控措施 [J]. 中国水产科学, 2014（2）: 413-422.

[169] 秦伯强, 高光, 胡维平, 等 . 浅水湖泊生态系统恢复的理论与实践思考 [J]. 湖泊科学, 2005（1）: 9-16.

[170] 李传红, 谢贻发, 刘正文 . 鱼类对浅水湖泊生态系统及其富营养化的影响 [J]. 安徽农业科学, 2008（9）: 3679-3681.

[171] 王立新, 黄剑, 廖宏娟 . 环境资源案件中恢复原状的责任方式 [J]. 人民司法, 2015（9）: 9-13.

[172] 徐本鑫, 储源 . 生态修复行政追责的路径回归与功能补强 [J]. 江西理工大学学报, 2020（2）: 31-38.

[173] 陈瑞华 . 鉴定意见的审查判断问题 [J]. 中国司法鉴定, 2011（5）: 1-6.

[174] 於方, 田超, 张衍燊 . 我国环境损害司法鉴定制度初探 [J]. 中国司法鉴定, 2015（5）: 13-17.

[175] 朱晓勤 . 生态环境修复责任制度探析 [J]. 吉林大学社会科学学报, 2017（5）: 171-181; 208.

[176] 王腾 . 黄河流域环境资源犯罪的空间分异与司法应对 [J]. 湖北社会科学, 2023（3）: 130-138.

[177] 李霞 . 黄河流域环境犯罪司法协同治理机制的构建 [J]. 河南警察学院学报, 2022（4）: 15-21.

[178] 李景豹 . 论黄河流域生态环境的司法协同治理 [J]. 青海社会科学, 2020（6）: 94-103.

[179] 刘志仁 . 黄河流域生态环境协同治理司法协作机制的建构 [J]. 法学论坛, 2023（3）: 97-104.

[180] 邱卫佳, 张祖增 . 黄河流域生态环境司法治理的问题检视与完善建议 [J]. 江西理工大学学报, 2022（6）: 33-41.

[181] 陈婷婷, 陈广杰 . 黄河流域环境司法协作的现实困境突破 [J]. 黑龙江生态工程职业学院学报, 2023（3）: 54-61.

[182] 曹霞, 刘宇超 .《黄河保护法》实施框架下流域协同治理的法治保障路径 [J]. 干旱区资源与环境, 2023（7）: 184-189.

[183] 冯莉.《黄河保护法》实施背景下流域生态环境规制思路与完善对策：基于法律政策文本量化分析 [J]. 干旱区资源与环境，2023（7）：190–196.

[184] 秦天宝. 以黄河保护法的有效实施保障黄河流域水安全 [J]. 中国水利，2023（5）：14–17.

[185] 吴强，俞昊良，王俊杰. 国家战略法律化的重要典范：黄河保护法 [J]. 中国水利，2023（1）：22–25.

[186] 祖雷鸣. 深入贯彻实施黄河保护法　沿着法治轨道推进黄河保护治理 [J]. 中国水利，2023（5）：6–9.

[187] 杨临萍. 坚持以习近平生态文明思想为指导　贯彻实施好《黄河保护法》[J]. 法律适用，2023（6）：3–10.

[188] 张庆萌.《中华人民共和国黄河保护法》实施后黄河流域治理的法律保障 [J]. 水利经济，2024（3）：86–93.

[189] 徐祥民. 关于在《黄河保护法》中建立环境调查制度的构想 [J]. 山西大学学报（哲学社会科学版），2022（3）：118–127.

[190] 徐祥民.《黄河保护法》执行权模式选择 [J]. 甘肃社会科学，2022（2）：125–135.

[191] 罗平平，朱伟，王双涛. 关于黄河流域高质量发展综合立法的思考 [J]. 人民黄河，2023（12）：14–18.

[192] 徐祥民，孙明烈. 关于渤海特别法的执行体制的思考 [J]. 中国人口·资源与环境，2014（7）：5–11.

[193] 徐祥民，巩固. 关于环境法体系问题的几点思考 [J]. 法学论坛，2009（2）：21–28.

[194] 徐祥民，孙喜雨. 流域绿色高质量发展及其环境法保障："黄河流域发展会议"引发的思考 [J]. 河南大学学报（社会科学版），2022（1）：35–41；153.

[195] 徐祥民. 地方政府环境质量责任的法理与制度完善 [J]. 现代法学，2019（3）：69–82.

[196] 徐祥民，刘旭，王信云. 我国环境法中的三种立法设计思路 [J]. 海峡法学，2016（1）：28–38.

[197] 徐祥民. 环境质量目标主义：关于环境法直接规制目标的思考 [J]. 中

国法学，2015（6）：116-135.

[198] 董璞玉. 生态环境犯罪司法裁判效能的反思与优化 [J]. 河南大学学报（社会科学版），2024（4）：41-46；153.

[199] 孙佑海. 生态安全的刑法价值及其实现机制研究 [J]. 法学，2024（06）：56-71.

[200] 高利红，张俊生. 环境行政执法与司法衔接中权力运行的优化 [J]. 湖南师范大学社会科学学报，2024（3）：29-40.

[201] 孙国祥. 累积犯视野下"严重污染环境"的新诠释 [J]. 政法论坛，2024（4）：88-98.

[202] 王红. 长江经济带生态环境污染的刑法治理 [J]. 湖北警官学院学报，2022（5）：96-109.

[203] 杨二慧. 长江大保护背景下环境犯罪侦查之困境与出路 [J]. 湖北警官学院学报，2021（6）：69-79.

[204] 安契. 刍议我国环境警察制度的构建 [J]. 湖北警官学院学报，2021（4）：47-54.

[205] 自正法，刘倩楠. 论环境案件中赔偿影响量刑的实证检视及其规范路径 [J]. 浙江社会科学，2024（5）：46-58；157.

[206] 冯瀚元. 论环境犯罪被害人补救体系的法制完善 [J]. 江西理工大学学报，2024（2）：30-38.

[207] 谢玲，莫雅珺. 环境刑法视域下生态修复性司法之执行困境及其纾解 [J]. 广西政法管理干部学院学报，2024（2）：30-39.

[208] 杨博文. 污染环境罪再犯问题研究：基于527份裁判文书的实证分析 [J]. 犯罪与改造研究，2024（5）：19-25.

[209] 王春梅，成晓忆. 基于环境设计的虚拟空间犯罪预防 [J]. 中国刑警学院学报，2024（2）：86-94.

[210] 王盛航. 生态文明下环境法典刑事责任体系研究 [J]. 中国软科学，2024（5）：90-100.

[211] 张明楷. 生态环境法典的罪刑条款设置 [J]. 政法论丛，2024（2）：28-39.

[212] 谢小剑. 行政犯"行刑衔接"困境破解：从分离式到联动式 [J]. 中国

法学，2024（2）：287-304.

[213] 肖峰. 论环境领域刑事诉权与民事公益诉权的协调 [J]. 中南大学学报（社会科学版），2024（2）：51-63.

[214] 安诗凤. 环境执法中的案件移送制度研究 [J]. 中国价格监管与反垄断，2024（3）：62-65.

[215] 程红.《生态环境法典》编纂中刑事责任的规定方式与内容 [J]. 湖南科技大学学报（社会科学版），2024（2）：90-99.

[216] 高巍. 环境法法典化视野下的环境犯罪法益识别 [J]. 湖南科技大学学报（社会科学版），2024（2）：100-107.

[217] 黄明儒，刘涛. 论统一生态环境法典中行刑衔接条款的设置 [J]. 湖南科技大学学报（社会科学版），2024（2）：108-116.

[218] 赵子童. 污染环境犯罪中集体法益的限制性适用 [J]. 天津法学，2024（1）：104-112.

[219] 赵天鹏. 环境监测在生态环境保护中的作用及发展策略研究 [J]. 黑龙江环境通报，2024（3）：67-69.

[220] 张孚嘉. 论环境法益刑事保护提前化的必要界限 [J]. 江西理工大学学报，2024（1）：38-46；73.

[221] 阮方晓，袁钰静. 法益恢复理论视域下企业环境刑事合规的建构 [J]. 湖北工业职业技术学院学报，2024（1）：77-84.

[222] 戴洁. 制度转型、组织行为与犯罪的多元治理：一种新的犯罪解释论及治理框架 [J]. 法学，2024（2）：85-101.

[223] 葛畅，张学永. 试析我国环境警察的执法困境及其突破 [J]. 领导科学论坛，2024（2）：92-95；128.

[224] 叶小琴，王晶. 我国流域环境刑事司法保护机制的优化 [J]. 中国人民公安大学学报（社会科学版），2024（1）：10-24.

[225] 金自宁，宋洋溢. 环境刑事司法中适用"认购碳汇从宽"的实践反思与制度调适 [J]. 南京工业大学学报（社会科学版），2024（1）：49-68；114.

[226] 李灿. 污染环境犯罪功能回应型立法模式之提倡 [J]. 法律方法，2023（3）：531-551.

[227] 焦艳鹏. 论污染环境犯罪多元治理机制构建的关键性问题 [J]. 政法论

丛, 2024（1）: 94-106.

[228] 梅扬, 王森弘. 再论环境行政执法与刑事司法的衔接 [J]. 湖湘法学评论, 2024（1）: 121-132.

[229] 汪予佳. 环境犯罪学视阈下乡村犯罪原因与治理路径探析：以江西省 N 县 B 镇为例 [J]. 江西警察学院学报, 2024（1）: 48-56.

[230] 朱浩然, 邓雁玲. 污染环境犯罪案件侦查的现实困境与纾困路径 [J]. 北京警察学院学报, 2024（2）: 61-68.

[231] 禹婷婷, 单勇. 环境犯罪技术治理的反思及完善 [J]. 青少年犯罪问题, 2024（1）: 126-136.

[232] 秦天宝. 野生动物刑法保护法益之重构 [J]. 法商研究, 2024（1）: 71-88.

[233] 李晨华, 周辉, 饶定康. 环境污染刑事案件的侦办现状与完善方向：基于广东省典型代表城市已办结案件的调研 [J]. 公安教育, 2024（1）: 46-51.

[234] 庆海涛, 陈乃婷, 鞠鹏. 企业合规视角下污染环境犯罪预防的路径探索 [J]. 森林公安, 2023（6）: 2-7.

[235] 郝一洋. 海洋污染犯罪行为的教义学展开：兼论污染环境罪的激活 [J]. 海洋开发与管理, 2023（12）: 108-116.

[236] 孙明泽. 黄河流域生态检察官制度及其发展路径 [J]. 青海社会科学, 2023（6）: 146-155.

[237] 周兆进. 恢复性司法适用于环境犯罪的省思及优化 [J]. 中国人民公安大学学报（社会科学版）, 2023（6）: 43-51.

[238] 焦艳鹏. 生态环境犯罪中的拟制财产权 [J]. 中国法学, 2023（6）: 243-262.

三、报纸

[1] 习近平. 决胜全面建成小康社会　夺取新时代中国特色社会主义伟大胜利：在中国共产党第十九次全国代表大会上的报告 [N]. 人民日报, 2017-10-28（1）.

[2] 习近平. 高举中国特色社会主义伟大旗帜　为全面建设社会主义现代化国家而团结奋斗：在中国共产党第二十次全国代表大会上的报告 [N]. 人民

日报，2022-10-26（1）.

[3] 胡锦涛．坚定不移沿着中国特色社会主义道路前进　为全面建成小康社会而奋斗：在中国共产党第十八次全国代表大会上的报告[N]．人民日报，2012-11-18（1）.

[4] 王怀，薛维睿，李婷，等．破解多头执法　这里有全国首批"熊猫警察"[N]．四川日报，2023-10-24（7）.

[5] 张军．最高人民法院关于人民法院环境资源审判工作情况的报告：2023年10月21日在第十四届全国人民代表大会常务委员会第六次会议上[N]．人民法院报，2023-10-25（1）.

[6] 蔡传磊．最高人民法院与推动黄河流域生态保护和高质量发展领导小组办公室签署合作协议[N]．人民法院报，2021-02-11（1）.

[7] 周文馨，赵志锋．建立黄河全流域生态环境司法保护机构：访甘肃省高级人民法院院长张海波代表[N]．法治日报，2022-03-10（8）.

[8] 陈波．对跨区域重大环保案统一受理、统一审查、统一量刑标准，重庆探索建立"长江生态检察官制度"[N]．重庆日报，2018-09-14（1）.

[9] 饶学兵，刘旸．社会治理检察建议如何靶向发力[N]．检察日报，2022-04-19（7）.

[10] 陈波．"既判刑又进行生态修复，还要公开赔礼道歉"[N]．重庆日报，2022-01-08（3）.

[11] 刘艳红．积极推进中国式刑事法治现代化建设[N]．中国社会科学报，2022-04-29（005）.

[12] 习近平．在深入推动长江经济带发展座谈会上的讲话[N]．人民日报，2018-06-14（2）.

[13] 习近平．共同抓好大保护协同推进大治理　让黄河成为造福人民的幸福河[N]．人民日报，2018-09-20（1）.

[14] 习近平．把建设美丽中国化为人民自觉行动[N]．人民日报，2015-04-04（1）.

[15] 张勇．人民日报新论：生态修复，重现美丽山川[N]．人民日报，2019-08-02（5）.

[16] 张志钢．刑法修正案（十一）对污染环境罪进行了修改：分层设计客

观构成要件突破实践困境[N].检察日报，2022-07-05（3）.

四、电子资源

[1] 习近平.在黄河流域生态保护和高质量发展座谈会上的讲话[EB/OL].（2019-10-15）[2023-12-05].https://www.gov.cn/xinwen/2019-10/15/content_5440023.htm.

[2] 王蒙徽.立足新发展阶段　贯彻新发展理念　努力建设全国构建新发展格局先行区　奋进全面建设社会主义现代化新征程：在中国共产党湖北省第十二次代表大会上的报告[EB/OL].（2022-06-24）[2023-12-05].http://www.hubei.gov.cn/zwgk/hbyw/hbywqb/202206/t20220624_4190211.shtml.

[3] 王忠林.政府工作报告：2023年1月13日在湖北省第十四届民代表大会第一次会议上[EB/OL].（2023-01-31）[2023-12-05].http://www.hubei.gov.cn/zwgk/hbyw/hbywqb/202301/t20230131_4501158.shtml.

[4] 陶强.天津市检二分院：公益诉讼"随手拍"举报平台上线[EB/OL].（2022-03-18）[2023-12-05].https://www.spp.gov.cn/spp/dfjcdt/202203/t20220318_549445.shtml.

[5] 最高人民检察院.生态环境和资源保护检察白皮书（2018—2022）[EB/OL].（2023-06-05）[2023-11-05].https://www.spp.gov.cn/spp/xwfbh/wsfbh/202306/t20230605_616291.shtml.

[6] 黄磊.广德法院公安协作　破解执行"找人难"[EB/OL].（2022-09-27）[2023-12-05].http://fzr.ahnews.com.cn/news/2022/09/27/c_274527.htm.

[7] 青岛市中级人民法院.多元共治共建生态文明　生态环境损害刑民衔接暨生态环境修复联动协作机制启动仪式在青岛中院举行[EB/OL].（2022-08-26）[2023-12-05].http://qdzy.sdcourt.gov.cn/qdzy/394632/394597/8776158/index.html.

[8] 王伟.山东黄河河务局与山东省高院联合建立黄河流域生态司法保护协作机制[EB/OL].（2020-08-17）[2022-03-30].http://sdb.yrcc.gov.cn/ywyx/08/1037007.shtml.

[9] 于子平.中国环境司法发展报告（2020）[EB/OL].（2021-06-04）[2022-03-30].https://www.court.gov.cn/zixun-xiangqing-307461.html.

[10] 刘嫚.最高法：全国法院已设立2149个环境资源审判专门机

构[EB/OL].（2021-12-10）[2022-03-30].https://www.163.com/dy/article/GQSQNPS005129QAF.html.

[11] 张海燕，魏自民，田源. 豫鲁11县区完善公益诉讼线索信息共享 携手保护黄河[EB/OL].（2020-09-17）[2022-03-30].https://www.163.com/dy/article/FMN7RVBT05346982.html.

[12] 孙睿. 跨界水体监测信息共享"甘青兄弟"共护黄河流域生态[EB/OL].（2021-09-05）[2022-03-30].https://gs.ifeng.com/c/89EOou5LiBW.

[13] 王喆. 省内黄河流域环境资源案件集中管辖一年受理案件870件 发出司法建议37份[EB/OL].（2021-10-18）[2022-03-30].https://www.henan.gov.cn/2021/10-18/2328170.html.

[14] 习近平. 习近平在省部级主要领导干部学习贯彻党的十九届六中全会精神专题研讨班开班式上发表重要讲话[EB/OL].（2022-01-121）[2024-09-18].http://cpc.people.com.cn/n1/2022/0112/c435113-32329501.html.

[15] 魏少璞. 习近平在河南主持召开黄河流域生态保护和高质量发展座谈会[EB/OL].（2019-09-19）[2024-09-18].https://china.huanqiu.com/article/9CaKrnKmVbH.

[16] 新华社. 习近平主持召开深入推动黄河流域生态保护和高质量发展座谈会并发表重要讲话[EB/OL].（2021-10-22）[2024-09-18].http://www.gov.cn/xinwen/2021-10/22/content_5644331.htm.

[17] 山东公安. 守护蓝天、碧水、净土！山东公安严打污染环境和破坏自然资源违法犯罪[EB/OL].（2021-06-02）[2024-09-18].http://www.zhongbaonews.com/zbnews/vip_doc/20622484.html.

[18] 李丽静. 河南开展"黄河行动"严打涉黄河流域生态环境犯罪[EB/OL].（2020-05-29）[2024-09-18].https://henan.china.com/m/news/fz/2020/0529/253078938.html.

[19] 河南省高级人民法院. 守护黄河，河南高院严打非法开采水资源等违法犯罪[EB/OL].（2021-09-27）[2024-09-18].https://henan.china.com/news/yw/2021/0927/2530209148.html.

[20] 宋向乐. 河南通报8起黄河流域环资案件典型案例 郑州某电力公司排放浓度超标成被告[EB/OL].（2021-9-27）[2024-09-18].http://www.henan100.

com/news/2021/1045411.shtml.

[21] 最高人民法院. 最高人民法院关于为黄河流域生态保护和高质量发展提供司法服务与保障的意见 [EB/OL].（2020-06-05）[2021-07-07].https://www.hncourt.gov.cn/public/detail.php?id=181151.

[22] 最高人民法院. 长江流域生态环境司法保护典型案例 [EB/OL].（2021-02-25）[2021-03-31].https://www.chinacourt.org/article/detail/2021/02/id/5822529.shtml.

[23] 河南省人民检察院. 河南对外公布8起黄河流域公益诉讼的典型案例 [EB/OL].（2020-09-15）[2021-03-31].https://www.dgbzy.com/201435.html.

[24] 云南省公安厅森林警察总队. 非法侵占林地、种茶毁林……云南通报10起典型案例 [EB/OL].（2020-09-29）[2021-03-31].http://www.xsbn.gov.cn/lyj/81729.news.detail.dhtml?news_id=1442691.

[25] 最高人民检察院."携手清四乱　保护母亲河"专项行动检察公益诉讼十大典型案例 [EB/OL].（2019-08-29）[2021-03-31].https://www.spp.gov.cn/spp/zdgz/201908/t20190829_430279.shtml.

[26] 习近平. 推动我国生态文明建设迈上新台阶 [EB/OL].（2019-01-31）[2021-07-07].http://www.gov.cn/xinwen/2019-01/31/content_5362836.htm.

五、学位论文

[1] 崔盼盼. 黄河流域能源消费碳减排成效评价及减排潜力研究 [D]. 南京：南京师范大学，2021.

[2] 赵丹. 高校腐败问题及其治理机制建构研究 [D]. 长春：东北师范大学，2021.

[3] 徐新卫. 环境犯罪与环境刑法的完善 [D]. 济南：山东大学，2009.

[4] 臧金磊. 水污染环境犯罪刑事司法裁量研究 [D]. 重庆：西南政法大学，2020.

[5] 胡雁云. 环境刑事政策研究 [D]. 武汉：武汉大学，2015.

[6] 谭轲. 我国水污染犯罪刑法规制研究 [D]. 武汉：华中师范大学，2018.

[7] 杨红梅. 污染环境罪刑事制裁研究 [D]. 重庆：重庆大学，2021.